刘诗白——著

刘诗白选集

第六卷

社会主义产权理论研究

·上册·

四川人民出版社

图书在版编目（CIP）数据

社会主义产权理论研究：全2册 / 刘诗白著. — 成
都：四川人民出版社，2018.12
（刘诗白选集；第六卷）
ISBN 978-7-220-10866-2

Ⅰ.①社… Ⅱ.①刘… Ⅲ.①产权理论—文集
Ⅳ.①F121.21-53

中国版本图书馆CIP数据核字（2018）第184862号

SHEHUIZHUYI CHANQUAN LILUN YANJIU SHANGCE

社会主义产权理论研究（上册）

刘诗白　著

责任编辑	吴焕姣　唐海涛
封面设计	陆红强
版式设计	戴雨虹
责任校对	王　璐　袁晓红
责任印制	王　俊
出版发行	四川人民出版社（成都槐树街2号）
网　　址	http://www.scpph.com
E-mail	scrmcbs@sina.com
新浪微博	@四川人民出版社
微信公众号	四川人民出版社
发行部业务电话	（028）86259624　86259453
防盗版举报电话	（028）86259624
照　　排	四川胜翔数码印务设计有限公司
印　　刷	成都东江印务有限公司
成品尺寸	170mm×240mm
印　　张	24.75
字　　数	300千
版　　次	2018年12月第1版
印　　次	2018年12月第1次印刷
书　　号	ISBN 978-7-220-10866-2
全套定价	3000.00元（全13卷）

兼并是企业产权转让的一种重要形式　......177

论国有资金流失及克服的方法　......185

关于当前经济形势和搞活国营大中型企业的若干问题　......197

论构建国有企业产权制度的重要意义　......209

再论现代股份公司与企业产权　......218

论产权制度及其功能　......238

大力推进以产权制度为核心的企业改革　......252

构建适应市场经济的现代企业产权制度　......259

《决定》为企业体制创新指明了道路　......266

国有企业改革要重点突破　......269

国有产权改革：国有企业的九种形式　......273

大力推进产权改革，实现全面制度创新　......276

法人财产权辨义　......286

对四川省建立现代企业制度的考察　......294

论企业重组　......312

与刘诗白教授谈国有企业的产权制度改革　......333

解决国有企业过度负债刻不容缓　......337

转轨期的经济运行和国有企业改革　......339

有关国有企业深化改革的若干问题　......348

社会主义市场经济与主体产权制度的构建　......359

着力制度创新　转换企业机制　......379

论中国的社会主义产权改革　......382

目 录（上册）

论 文 001

全民所有制企业经营管理的新形式

　　—— 试论自负盈亏与生产资料所有制的关系 003

论社会主义全民所有制企业的自负盈亏 009

论企业及其活力 023

试论社会主义股份制 035

试论我国金融体制的改革 062

企业之间横向经济联合的几点认识 073

再论社会主义股份制 087

论产权构建 097

试论国有企业的产权制度 110

产权转让及其机制的形成 124

论产权自主转让 135

试论国营企业的产权制度 166

论文

全民所有制企业经营管理的新形式[①]

——试论自负盈亏与生产资料所有制的关系

在我省扩权试点的工作中，全民所有制企业实行独立核算、国家征税、自负盈亏试点，已经取得了显著的经济效果，初步显示了这一新的经营管理形式的优越性。全民所有制企业自负盈亏的试点工作，引起了经济理论工作者的广泛兴趣，大家围绕着这一问题展开了争论和探讨。争论的核心，就是全民所有制企业能不能实行自负盈亏，自负盈亏是不是向集体所有制倒退。

这一问题的争论，牵涉到什么是自负盈亏，以及自负盈亏与生产资料所有制是什么关系等一系列问题。本文就着重在这方面谈谈自己的看法。

自负盈亏是商品经济的范畴，它是以生产单位用资金收入提供资金支出为特征的经营管理形式、方法与原则。经营管理形式与生产资料所有制是有联系又有区别的。所有制形式首先体现的是生产资料归谁所有，是生产资料的归属问题，而经营管理形式所体现的，则是企

---

① 原载《四川日报》1980年9月6日。

业组织生产要素与运用资金的形式与方法。在资本主义商品经济中，独立核算、自负盈亏这种经营管理形式，显然是资本主义私有制的特征。但是社会主义社会的个体经营以及合作经营，也是实行独立核算、自负盈亏的。可见，自负盈亏这种企业经营管理形式，从来是可以与多种多样的所有制形式相联系的。

在社会主义社会，仍然存在着商品经济。独立核算、自负盈亏这种企业经营管理的形式，与社会主义所有制形式也是有联系又有区别的。它既适用于社会主义集体所有制企业，也可以适用于社会主义全民所有制企业，社会主义制度下的个体经营也是自负盈亏的。一般说来，所有制形式具有稳定性，而经营管理形式具有多样性，能够更为灵活地根据具体条件的变化而进行调整。可以设想，社会主义国家即使是在更大范围内实行了自负盈亏，对于某些投资大、盈利少，一时难以自负盈亏的企业，仍然有必要采取统负盈亏的经营管理方式，使这些企业获得正常发展的条件，而不能由其自生自灭。所以，如果认为自负盈亏只能是私人资本主义经济的范畴，或者只能是集体所有制经济的范畴，那就既是混淆了社会主义与资本主义商品经济的区别，又是混淆了企业经营管理形式与所有制的区别。

认为全民所有制企业不能实行自负盈亏的同志，往往以社会主义国营企业的收入只能属于全民所有而不能归企业所有，以企业经营状况国家不可能不承担一定责任作为理由。其实，社会主义国营企业中的自负盈亏，本来就是带有相对意义的。它只是与统负盈亏、"吃大锅饭"的管理办法相区别，而不是表明国营企业在经济上从此彼此分离，并且与国家脱钩。实行这种管理方法，不是让企业将收入全部留归自身支配而不再上缴国家，也不是表明国家对这些企业从此就撒手不管，不去进行领导、管理与扶持，听任企业自由活动与自流地发展。恰恰相反，企业的利润大部分要作为税金按规定上交给国家，国家也要采取措施来保证自负盈亏企业的顺利发展，对于亏损企业，国家仍然要协助它进行整顿，做好关、停、并、转工作，并且保证职工的最低的工资。即使是社会主义集体所有制企业的自负盈亏，也并不是"绝对的"。在社会主义制度下，集体所有制经济与全民所有制经济是密切联系和互相交叉的，集体经济是在全民所有制经济的支援和扶持下发展壮大。国家对集体企业在经济上特别是财政信贷上的支援，表明社会主义集体所有制经济的自负盈亏，已经突破了私有制经济自负盈亏的那种绝对的界限。

事实上，与社会主义经营管理的灵活性相适应，社会主义全民所有制企业目前实行的独立核算、自负盈亏，是一个有弹性的范畴。这里，按照企业对自身的资金的支配程度以及经营管理的自主程度，可以将它区分为初步的、较充分的和完全的自负盈亏形式。社会主义国家在实行自负盈亏时采用何种形式，必须根据具体条件，从有利于国家对国民经济的计划管理与充分发挥企业的积极性出发，认真加以选择。在我国当前的条件下，只能采取初步的自负盈亏的形式，即在保证国家必要税金收入的前提下，划分国家与企业的利润占有比例，在此范围内实行以收抵支。比较充分的自负盈亏的形式，则必须以企业的更多的利润支配权与更充分的生产经营自主权为前提。能不能和需不需要进一步实行更充分更完全的独立核算、自负盈亏，不应该凭主观意识来决定，而要以总结实践经验为基础，以各种具体条件是否成熟为转移。

特别重要的是，独立核算、自负盈亏这种经营管理形式，不仅不是背离社会主义全民所有制，而且是充分地适应了我国现阶段的不成熟的社会主义全民所有制的要求，这是因为，在不发达的社会主义阶段，由于物质生产力水平的限制，全民所有制还是不完全的。它表现在：尽管国营企业的生产资料属于全民所有，企业生产的产品却不是归全民完全地占有，而是存在着企业的局部占有；企业活动还不是体现完整的、无差别的全民利益，而是体现有部分的企业局部利益；企业劳动者还不是完全体现从全民所有的统一社会基金中取得收入，还要从归企业占用与支配的企业基金中取得一部分补充收入。在社会主义的现阶段，如果单纯从"全民所有"这一概念出发，在经营管理方法上不给企业以自身的经济利益，不实行利润留成，否认与排斥企业的局部占有关系，如像那种"大锅饭"的统负盈亏体制那样，那就背离了社会主义现阶段不完全的全民所有制的性质。实行独立核算、自负盈亏，一方面通过税金形式使企业的劳动成果大部分归全民占有，由国家统一安排。另一方面又通过企业独立支配自有资金，将一部分劳动成果用于职工的补充劳动报酬与改善职工的福利，从而有效地实现企业对产品的局部占有。在这种经营管理方式下，倒是保证了企业在所有制关系上最恰当地体现社会主义全民所有制的性质。应该指出，我们的社会主义经济理论，长时期以来不曾认真地从现实的经济关系上来阐明我国社会主义全民所有制的特点与内涵，因而人们也就习惯于根据全民所有制这一笼统的概念，来作为推行统收统支、统负盈亏等"吃大锅饭"的经营方法与体制的理论根据。当前在扩大企业自主权中遇到一些阻力，也与这种认识有关。如果我们是从社会主义全民所有制现阶段的不成熟与不完全的性质出发，如果我们是从社会主义公有制关系的实际状况出发，而不再停留在社会主义全民所有制的一般概念上，那么，我们就有更充足的理由来说明国营企业实行独立核算、自负盈亏，并不背离全民所有制的性质，恰恰是更加适合不成熟的社会主义全民所有制的性质。

有的同志担心，国营企业实行独立核算、自负盈亏，企业占有了自有资金，企业的性质就会由全民所有制变成集体所有制。其实，这是对企业自有资金的一种误解。什么是自有资金呢？在实行统负盈亏、统收统支的情况下，企业的资金是由国家交给企业使用的全民所有的资金。在那种经营管理形式下，不存在自有资金的范畴。而在独立核算、自负盈亏的经营管理体制下，国家交给企业的固定资产实行付费，在付费抵偿了国家投资以后，固定资产成为企业自有。同时，企业纯收入在扣除税金后，也作为自有资金，用作企业发展基金、集体福利基金，补充劳动报偿基金、后备基金等开支。可见，自有资金是独立核算、自负盈亏下的一个范畴。怎样认识这种自有资金的性质？不少同志说它是归企业占有。"占有"一词，在马克思主义经典著作中通常与"所有"一词通用。即是用它来说明对生产资料的排他性的最高的支配权。就"占有"的这一含义来说，企业对自有资金的全权占有关系是不存在的，自负盈亏企业的自有资金，仍然是属于全民所有的，自有资金中的生产发展基金，是用之于发展公有化的生产的。企业的固定基金（包括国家投资与企业的自有资金，包括企业付费已经抵偿了原先的国家投资或是尚未抵偿国家投资的），与流动生产基金都是全民的财产，不存在由全民所有制归企业所有的问题。唯一体现了企业对产品的局部占有关系的，只是自有资金中用之于职工补充劳动报酬（发放奖金）的这一部分。但是这一部分不是自有资金的主要部分，而且它的数量要受到国家的管理、限制与调节。正因为如此，自有资金显然不是归企业所有，不是集团所有，而是归企业更加自主地占用与支配的属全民所有的资金。所以，企业占用、支配自有资金，不过表明了支配使用权与所有权的分离，而并不意味着全民所有制性质改变为集体所有制性质。

还必须着重指出的是，政治经济学上"所有制"这个概念，不是一个法权概念，而是体现现实经济关系的经济范畴。更广义地说，所有制所表现的人们对生产资料的占有，包括生产关系的各个方面，特别是包括生产资料的支配与产品的分配关系。正如马克思所说："给资产阶级的所有权下定义不外是把资产阶级生产的全部社会关系描述一番。"（《马克思恩格斯选集》第1卷第144页）在社会主义经济中，企业占用的生产资料的全民所有制性质，并不是由法权来规定，而是由生产资料的支配与产品的分配关系来体现的。即使是实行统负盈亏的国营企业，如果违反国家规定任意转让固定基金，违反政策滥发奖金和扩大企业的集体福利，从而造成了国营企业劳动者在收入与生活上的不适当的差距，企业的全民所有制性质也会受削弱和失去保证。而在实行独立核算、自负盈亏的企业，只要国家采取有效的方法对企业自有资金进行管理，而不是自由放任，听任企业为所欲为；只要国家对企业的补充劳动报偿基金的形式进行必要的管理、限制与调节，将收入差别主要规范在劳动数量与质量的差别的框框内，而不是无经济根据地发放奖金，并不会影响国家从企业取得纯收入，也不会改变企业拥有的生产资金的全民所有性质，它只不过是改变了企业对全民所有的资金的组织与管理的方式罢了。

总之，独立核算、自负盈亏是企业经营管理的一种形式，它同生产资料所有制互相联系而又互相区别。社会主义全民所有制企业实行独立核算、国家征税、自负盈亏，不仅没有将全民所有制企业改变为集体所有制，而且更加适应了我国现阶段不完全的全民所有制的要求，因而是社会主义全民所有制的完善。当前，我们要将扩大企业自主权的试点工作向前推进一步，就必须对自负盈亏这种经营管理形式深入进行研究，破除旧的陈腐观念，解放思想，勇于实践，更好地发挥自负盈亏这种经营管理形式的积极作用。

论社会主义全民所有制企业的自负盈亏[①]

一、全民所有制企业实行自负盈亏的讨论要立足于现实，从总结实践经验出发

四川省在1979年实行企业扩大自主权试点，取得了很好的成绩，紧接着又在全民所有制企业中实行自负盈亏的试点，一个时期以来，取得显著成效。由于时间短，还不能说有了成熟的经验，但遇到了困难，揭露了矛盾，使我们进一步看清了体制改革需要解决的问题。更重要的是这一试点，使全民所有制自负盈亏问题，超出了纯理论探索的范围，成为一个实践的问题。全民所有制企业能否实行自负盈亏，在理论界迄今意见不一，有很大争议。实践是检验真理的唯一标准。四川省的领导和试点企业的广大干部职工，采取果敢的步骤，大胆地进行了自负盈亏试点，这就为我们从实际出发，而不是从纯理论的角

---

① 原载《经济科学》1981年第1期。

度来探讨问题创造了前提条件。尽管这些试验性的实践还是初始的和不完善的，在今后还有新的变化，甚至也不可能一帆风顺，但是我们应该珍视这一体制改革的可贵的创新，并把它作为总结经验的源泉。这也就要求我们对这一问题的讨论，不能只是停留在概念上，不能只是讨论什么是"自负盈亏"，什么是"全面的经济核算制""经济责任制""奖励制"，不能停留在提法上，而是要更多地从实际出发，认真地分析这一新的经营管理形式产生的原因，探索它是否有经济的必然性。如果有，又是什么原因使它成为必然的。要分析它给全民所有制生产关系带来的变化及其发展趋势。总之，要在实质性问题上进行探讨，这就比在纯字义上的争论更有助于将讨论推向前进。

二、全民所有制企业实行自负盈亏是由企业扩权起步的经济体制改革的必然趋势

全民所有制实行自负盈亏，是近年来在我国经济体制改革的讨论中提出来的新课题。这一课题不是人们凭空的臆造，或者是单纯出于模拟国外的管理模式，而是寻求从根本上克服我国管理体制的弊端的一种合理的设想。我国现行的经济管理体制，是一种高度集权型的经济模式，是以自上而下的指令性计划、财政上统收统支、产品统一调拨、统购包销为特征。这一管理体制的最大弊病是统得过多，卡得过死，它把人、财、物、产、供、销等权都集中于国家行政管理机构，使企业变成了既没有经济利益，又缺乏经营自主权，失去了独立性的国家机构的附属物。这种体制不仅挫伤了企业的生产与经营的积极性、主动性和首创精神，而且它把经济活动管死，使企业变懒，成为既失去内在动力，又缺乏外在经济压力，单纯依靠政府意志和上级的

行政命令来拨动的"算盘珠子"。在这种情况下，产销脱节、产品积压、技术进步缓慢、劳动生产率低、成本高、盈利小，甚至普遍亏损等现象的出现就成为不可避免，造成了社会劳动的极大浪费，大大地阻碍了我国社会主义建设事业多快好省地发展。针对这一情况，我国经济体制改革的核心问题，是要在保证企业有自身的经济利益的基础上，解决发挥企业积极性的问题。企业是社会主义生产与经营的基本单位，是社会主义制度下劳动者进行物质资料生产的战斗堡垒。长期以来，我们对于企业的作用认识不足，对于发挥企业这一堡垒的独立作战能力解决得不好，在企业管理上吃"大锅饭"，搞平均主义，不承认企业及职工个人的经济利益，从而挫伤了企业独立自主生产的积极性。这是我国30年来在社会主义建设实践中付出了许多学费得来的重要经验教训。

当前，要对症下药，就要使企业这一社会主义生产的基本单位和崭新的经营主体，能在服从国家的计划指导与调节下，充分地发挥它在生产与经营上的积极性、主动性与首创精神。具体地说，要使企业能够在生产与经营中具有高度的机动性、灵活性，以发挥它对不断变动的需要（表现在国家计划与市场需求的变动上）的适应性；要使企业有精打细算，厉行节约，不断提高劳动生产率，最大限度地提高经济效果的自觉性；要使企业有不停顿地进行挖潜、革新、改造，进行技术革命和技术革新，不断地进行扩大再生产的自主性。总之，要使作为社会主义基本单位的企业表现出它具有比资本主义企业更高的生产与经营的积极性，要使组织在企业中的亿万劳动者能够真正地当家做主，在创造新社会中最充分地发挥他们的一切聪明才智。为此，就要使企业从那种僵硬的体制与不适当的管理方法的绳索下解脱出来，要探索与确立一种优点最多、效果最大而弊病最少的管理体制。这不是一个小改小革所能完成的任务。

扩大企业自主权，是改革现行体制的正确途径。通过扩权，给企业以生产与经营的自主权，使它们在服从国家计划之外，能自行安排生产计划；给企业以购销权，使它们的产品除了由国家物资部门和商业部门销售而外，能自行销售，它们所需要的原材料、设备、燃料动力除由国家供应外，能自行采购；在价格上除了部分产品实行国家计划价格外，有的产品可以实行浮动价格；给企业以分配权，实行利润分成，企业自留利润可以作为生产发展基金、集体福利基金、补充劳动报酬基金；给企业以用人权，企业有权对中层干部实行任免，等等。总之，扩权使企业有了自己的经济利益和经济责任，从而成为有一定内在动力，有一定自主生产能力的经济主体和法人。

但是，应该看到现行的企业扩权不过是小改小革，它在解决发挥企业的积极性中只不过是走出了第一步，实行利润留成的扩权试点的做法，还不能在解决好企业经济动力的基础上最大限度地发挥企业的社会主义积极性，最充分地发挥企业这一生产战斗堡垒的作用。这是因为，利润留成、计划利润与超计划利润按不同比例提留，企业把计划指标定得低一些的动机与趋势是不能避免的，它阻碍企业千方百计挖掘潜力，扩大生产。现行利润留成办法，计划利润留成5%，超计划利润留成15%—25%，企业在剩余产品价值中占有比例数量是有局限的，企业自有资金数额有限，利润少的企业，留成少，企业能独立支配的基金也少。它能解决一些局部的技术革新与设备改造，但是还不能改变在扩大再生产上依靠国家的格局，企业依然是将剩余产品价值（利润）很大部分上缴国家，又向国家申请拨款用于扩大再生产。企业在发挥生产与经营自主性上依然受到束缚，从而还不能是具有充分自行增殖、自我发展的能力，具有对社会需求高度适应性，具有生产与经营的高度能动性的经济主体。而且，在利润留成下，利多多留，利少少留，无利不留，搞得不好，发生亏损，企业不承担经济责任，还是要由国家补贴，由国家来发工资。可见，现行企业扩权改革所能实现的企业的经济利益是不充分的，它提供的企业的自主权与自主扩大生产能力是不完全的，它所加给企业的经济责任是有限度的，它还没有能够从根本上突破原有企业统收统支、吃"大锅饭"、国家为企业承担风险的原有体制的框架。在这种情况下，企业没有足够的经济动力，也没有足够的经济压力，要更正确地最充分地调动社会主义企业所能发挥的那种空前充沛与高昂的积极性和创造性还是不可能的。正是现行的企业扩权的利润留成制与更充分发挥企业的积极性的矛盾，决定体制改革不能在扩权上停步，它推动着人们进一步地去探索和实行自负盈亏。可以说实行自负盈亏，是经济体制全盘改革的中心课题。

三、自负盈亏是社会主义企业经营管理的新形式

国营企业实行自负盈亏的主要内容是：企业以自己的收入抵偿支出，实行分户立灶，独立自主地进行生产与经营。自负盈亏与原来的统负盈亏体制有很大的不同，它是真正的、全面的、严格的经济核算制，实行自负盈亏可以说是经营管理方法与体制上的一个飞跃。

自负盈亏使企业有了更大的经营自主权，企业在服从国家计划的条件下，能独立自主地决定生产与经营（生产方向、产品构成和数量等），企业不仅能独立自主地进行简单再生产，而且能够依靠自有资金进行一定程度的扩大再生产。自负盈亏使企业有了更充分的经济利益，企业依法向国家缴纳税金（包括工商税、固定资产税和所得税），利润则全部留归企业，作为自有资金，用来建立企业生产发展

基金、集体福利基金、奖励基金和后备基金，较之利润分成制，自负盈亏使企业剩余产品价值更大部分留归企业支配。经营好、盈利多的企业，职工不仅可以有更多的集体福利，而且可以有更高的劳动报酬。自负盈亏给企业以更完全的责任，因为以收抵支的原则，要求企业对自己的生产状况和经营成果负完全的责任。企业如果经营管理不善，利润少，甚至亏本，国家不为其承担经济责任，不仅企业生产与职工的收入会直接受到影响，甚至要采取关停并转，进行调整。可见，实行独立核算、自负盈亏由于把更充分的"益"、更完备的"权"、更严格的"责"结合起来，从而使企业从国家的襁褓中解脱出来，成为一个无须事事依赖国家、真正能独立自主地进行生产与经营的经济主体，成为一个真正的法人。自负盈亏企业，由于有了更充分的经济利益的推动，更重要的是由于它自己承担经济责任，不再有"大锅饭"可吃，因而实现了更大的内在动力与外在压力的结合，这就使企业具有了充分发挥它的积极性、主动性与首创精神的经济条件。实行这种经营管理方式，不仅能促使企业领导关心生产，而且能促使全体职工也高度地关心企业的生产与经营的改善，社会主义企业所拥有的为资本主义企业所不能比拟的无穷无尽的经营积极性与旺盛的生命力就能显示出来，崭新的社会主义企业精神就会涌现出来，现有企业管理体制的弊病就能得到比较彻底的克服。这种情况已经被四川省实行自负盈亏企业的新气象所证明。如四川省试点单位就出现了生产增长，盈利上升，国家财政收入增加，企业独立自主进行扩大再生产能力增强，职工生活进一步改善的可喜的效果。试点单位的经济活动，出现了以下的新变化：（1）由于实行向国家上缴税金，企业收入直接取决于经营的好坏与盈利的高低，而不再受到利润分成制下计划利润指标定得高低的影响，因而企业不再在订计划上留一手，而是在挖掘生产潜力、尽可能地增产上打主意。（2）由于将企业的利益与职工个人的利益更紧密地联系起来，企业集体生产者就有了更充分的经济动力，它推动企业千方百计地改善经营管理，实行全面的经济核算，在各方面实行节约，降低成本，提高盈利。试点单位出现了职工普遍关心改善经营管理、加速技术进步、改进花色品种、抓质量、增加企业产品的竞争能力的状况。（3）由于实行上缴税金、税率三年不变，企业盈利中自有的比重清清楚楚，税金按月缴纳，自有资金按月提取，企业就能及早地和机动地支配自有资金，使"资金活了"。加之实行自负盈亏，归企业支配的剩余产品比重更大，财权更大了，企业独立自主地进行扩大再生产的能力增强了。企业均在制定大幅度地扩大生产的几年规划，如个别企业正争取依靠自有资金，三年内将生产能力扩大一倍。（4）国家财政收入增加了，试点企业上缴国家税金较上一年同期均有较大增长（37.3%），出现了国家多收、企业多得、职工多分的可喜情况。尽管试点企业数量少，时间短，特别是采取的措施还是初步的，但是它已显示出在增加生产、改善职工生活、增加财政收入中的积极效果。特别是自负盈亏在引起企业领导与管理干部精神面貌的深刻变化，他们克服了对国家的依赖思想，在生产与经营中表现出敢于承担责任的果敢精神与搞好经营管理的事业心。

有的同志认为，当前自负盈亏的做法似乎只是使企业由上缴利润变成了纳税，就实际归企业占用的利润数量来说，变化不大，从而只不过是利润分成的改变形式，实质上区别不大。我认为这种看法是不正确的。因为，企业由国家包下来统负盈亏到企业自负盈亏本身，就是经营管理方式上的一种质的变化。在利润分成制下，企业已经有了某些独立自主性，但是仍然没有突破国家统负盈亏的体制，企业还没有摆脱对国家的依赖，而自负盈亏却标志着企业转上了独立自主的经营轨道，它是对国家统负盈亏体制的一个突破，因而它是一种新的经营管理方法。同时，要看到目前自负盈亏的试点单位只能是初步的自负盈亏，它还不可能就是我们所要探索的完善的自负盈亏形式。这是不足为奇的。国营企业自负盈亏是一个新的事物，我们还没有经验可循，因而它从出现到确立，从不完善到完善，必须有一个发展的过程，要经过试点，从实践上摸索与总结经验，然后再扩大它的范围。同时，由于自负盈亏意味着国家在企业的人、财、物、产、供、销各方面权力的缩小与企业在这些方面权力的扩大，而为了要维护社会主义全民所有制的性质不受影响，保证国家对国民经济的计划管理不受削弱，国家放权，企业扩权，只能逐步地进行，而不能一放无底，一扩无边，要在扩权中逐步摸索企业权力的合理范围与界限，寻找自负盈亏企业独立自主权的"度"与"量"，而不能行动过猛，步子过大。因此，尽管现在自负盈亏的做法还是初步的，只能称之为自负盈亏的雏形，如某些企业还存在上缴国家税利比重过大，甚至自有资金较之利润分成更少，从而企业自主再生产能力还不足的情况，但是这是试点所不可避免的，是可以逐步得到解决的。

总之，从统负盈亏过渡到自负盈亏，能较为彻底地解决在国家计划指导下最充分地发挥社会主义企业的生产与经营积极性的问题。因而，由企业扩权起步，初步使企业具有一定的权、责、利，进一步创造条件，过渡到自负盈亏，使社会主义企业获得它应有的比较充分的权、责、利，这种体制改革由小改到大改，分两步走的设想，是比较稳妥的办法。可以设想，如果我们能够使我国更多的国营企业通过自负盈亏，具有自主的再生产能力和发挥它在生产与经营上高度的积极性，我国社会主义经济就将因具有前所未有的活力而欣欣向荣，社会主义制度的优越性就将得到充分的发挥。

四、自负盈亏将使社会主义全民所有制关系进一步完善

全民所有制能否实行自负盈亏？实行了自负盈亏是否就意味着全民所有制倒退到集体所有制？这是当前关于国有企业自负盈亏的争论的核心。

这一问题的争论，关系到对什么是自负盈亏，以及自负盈亏与所有制的关系的认识。

自负盈亏是商品经济条件下出现的范畴，它是企业进行经营管理的形式、方法与原则，是以生产单位用自身的资金收入抵偿资金支出为特征。经营管理形式与生产资料所有制是既有联系，又有区别的。所有制形式首先体现的是生产资料归谁所有，是生产资料的归属问题；经营管理形式体现的是企业组织生产要素与运用资金的形式与方法。在资本主义商品经济中，独立核算、自负盈亏这种经营管理形式固然是资本主义私有制的特征，但资本主义社会的个体经营以及合作经营，也是采用独立核算、自负盈亏的。另外，资本主义国家的国有企业，帝国主义时代依靠国家资金资助的经营不良的大垄断企业，却是带有某些"统负盈亏"的性质。可见，自负盈亏这种企业经营管理形式从来是可以与多样的所有制形式相联系的。

社会主义经济仍然是商品经济，独立核算、自负盈亏是一种社会主义经济的企业经营管理形式，它与社会主义所有制形式也是既有联系，又有区别的，既适用于社会主义集体所有制企业，也可以运用于社会主义全民所有制经济领域，社会主义制度下的个体经营也是自负盈亏的。一般说来，所有制形式具有稳定性，而经营管理形式则具有多样性，可以更为灵活，根据具体条件变化而进行调整。如社会主义国家国有企业经营管理形式的演变，往往是由工业化初始阶段的统负

盈亏逐步地走向独立核算、自负盈亏。可以设想，即使是在更大范围采取自负盈亏的阶段，对于个别投资大、盈利少、一时难以自负盈亏的企业，仍然可以采取统负盈亏的经营管理方式。可见，认为自负盈亏只能是私人资本主义经济的范畴，或者只能是集体所有制经济的范畴，这种看法，既是混同了社会主义商品经济与资本主义商品经济的区别，又是混同了企业经营管理形式与所有制的区别。

认为全民所有制企业不能自负盈亏的同志，往往以企业收入属于全民所有而不能归企业所有和企业经营状况国家不可能不承担一定责任为理由，因而认为企业不可能是实行真正的自负盈亏。其实，社会主义国有企业中的自负盈亏本来是带有相对意义的，它只不过是与统负盈亏，一切由国家包干，吃"大锅饭"相区别，而不是表明它与公有制相脱钩。自负盈亏不是说企业的收入全部由企业自身支配而不再上缴国家，也并不是表明对于自负盈亏的国有企业，国家就可撒手不管，不去进行领导、管理、调节与扶持，听任企业在竞争中自生自灭。恰恰相反，企业利润要按规定上缴国家财政，同时，国家要采取措施来保证自负盈亏企业的顺利发展，即使对于亏损企业，国家仍然要保证职工的最低工资，要协助企业进行整顿，负责处理好关停并转。

事实上，与社会主义经营管理的灵活性相适应，自负盈亏也就是一个有弹性的范畴。实行以收抵支的企业，按照企业对自身的资金的支配程度以及经营管理的自主程度，可以将自负盈亏区分为初步的、较充分的、完全的自负盈亏等形式（南斯拉夫企业就属于完全的自负盈亏）。社会主义国家在实行自负盈亏时采用何种形式，必须根据国家的具体条件，要有利于国家对国民经济计划的管理与充分发挥企业的积极性，要权衡利弊来加以选择。在我国条件下，当前只能是采取初步的自负盈亏的形式，即在保证国家必要税金收入前提下，划分国家与企业的利润占有比例，在此范围内实行以收抵支。比较充分的自负盈亏则是以企业的更多的利润支配权与更充分的生产经营支配权为前提。能不能与需不需要实行更充分的自负盈亏，不能凭主观的意愿，而要以总结实践经验为基础。

特别重要的是，自负盈亏的经营管理形式，不是与社会主义全民所有制不相容，而是充分地适应于不成熟的社会主义全民所有制的要求。这是因为在整个社会主义阶段，特别是在它的不发达阶段，由于物质生产力水平的限制，社会主义全民所有制还带有不完全的性质。它表现在：尽管国有企业的生产资料属于全民所有，但企业产品却不是归全民完全地占有，而是存在着企业的局部占有；企业活动还不是体现完整的、无差别的全民利益，而是体现有企业局部利益；企业劳动者不是完全从全民所有的统一社会基金中取得收入，还要从归企业占用与支配的企业基金中取得一部分补充收入。在社会主义初级阶段，如果从"全民所有"这一概念出发，在经营管理方法上不给企业以自身的经济利益，不实行利润留成，否认与摒弃企业的局部占有关系，如像那种吃"大锅饭"的统负盈亏的全收全支体制那样，这就违反了社会主义全民所有制的性质。实行独立核算、自负盈亏，通过税金形式使企业劳动成果归全民占有，由国家统一安排；另一方面，又通过企业独立支配自有资金，将一部分劳动成果用于职工的补充劳动报酬与改善职工的福利，从而有效地实现企业对产品的局部占有，在这一经营管理方式下，倒是保证了企业的所有制关系最恰当地适应了社会主义全民所有制的性质。应该指出，社会主义经济理论长时期以来不曾认真地从现实的经济关系上来阐明社会主义全民所有制的特点与内涵，从而人们习惯于根据全民所有制这一概念来论证统收统支、统负盈亏的吃"大锅饭"的经营方法与体制的合理性。当前在扩大企业自主权中遇到的许多阻力，也与这种认识有关。如果我们是从社会主义全民所有制不成熟与不完整的性质出发，如果我们是从社会主义公有制关系的实际状况出发，而不再停留在社会主义全民所有制的概念上，那么，我们就有更充足的理由来说明国有企业实行独立核算、自负盈亏，保证企业有适当的资金占用与支配权和实行以收抵支，以部分自有资金来支付补充的劳动报酬，这不是与全民所有制不相容，而恰恰是更加适合于不成熟的社会主义全民所有制的性质。

有的同志说国有企业实行自负盈亏，就会使企业独占其纯利，担心会使自有资金为企业所垄断，成为企业的财产，从而使全民所有制变成集体所有制。其实，这是对企业自有资金的一种误解。在实行统负盈亏、统收统支的情况下，企业的资金是由国家交给企业使用的全民所有的资金。而在独立核算、自负盈亏的经营管理体制下，企业的固定资产实行付费，在付费业已抵偿了国家投资的单位，固定资产成为企业自有的，同时，企业纯收入在扣除税金后，成为自有资金，用作企业发展基金、集体福利基金、补充劳动报偿基金、后备基金等开支。可见，自有资金是独立核算、自负盈亏下的一个范畴。在这里人们要问自有资金的性质如何？在论述自有资金性质时，很显然，这些同志认为它是归企业占有。"占有"一词，马克思主义经典作家有时是用来代表所有，即是对生产资料的排他性的最高的支配权。就这一涵义的占有来说，企业对自有资金的全权占有关系是不存在的，自负盈亏的企业对自有资金的全称的、全权的、最高占有关系——即所有，仍然是属于全民的。自有资金中的生产发展基金，是用于发展公有化的生产的，企业的固定基金（包括国家拨款兴建的与用自有资金兴建的，付费已经抵偿了原先的国家投资或是尚未抵偿国家投资的），与流动生产基金都是全民所有的，不存在由全民所有转归企业所有的问题。唯一体现了企业对产品的局部占有关系的，只是自有资金中用之于职工补充劳动报酬（发放奖金）的一部分。但是这一部分不是自有资金的主要部分，而且，它的数量要受到国家的管理、限制与调节。正因为如此，**自有**资金，显然不是企业**所有**，不是集体所有制，而不过是归企业更加自主地**占用**与**支配**的资金。为了避免引起误解——一方面是国家对自有资金的放弃管理，一方面是企业对自有资金的为所欲为——因而，我建议在论述自有资金性质上，用**占用**与**支配**的概念。

还必须着重指出的是，政治经济学的所有制，不是一个法权概念，而是一个体现现实经济关系的经济范畴。所有制表现的人们对生产资料的占有，包括生产关系的各个方面，特别是包括在生产资料的支配与产品的分配关系中。正如马克思所说："给资产阶级的所有权下定义不外是把资产阶级生产的全部社会关系描述一番。"[①]在社会主义经济中企业占用的生产资料的全民所有制性质，并不是由法权来规定，而是由生产资料的支配与产品的分配关系来体现的。即使是实行统负盈亏的国营企业，如果违反国家规定，任意作价转让、出售固定资产和超过界限滥发奖金和扩大企业的集体福利，企业的全民所有制性质就会受到削弱和失去保证。而在实行独立核算、自负盈亏的企业，只要采取必要措施，自负盈亏企业对自有资金更充分地占用与支配，就不会影响和改变它的全民所有制的性质。这些措施是：（1）国家采取有效的方法对企业自有资金进行管理、调节和引导，而不是自由放任，听任企业为所欲为，让自有资金自由泛滥。（2）国家对企业的补充劳动报酬基金的形成进行必要的管理、限制与调节，规定企业间职工劳动报酬的合理差距，将收入差别主要规定在劳动数量与质量的框架内，而不是听任企业不顾左

---

① 《马克思恩格斯全集》第4卷，人民出版社，1958年，第180页。

邻右舍，滥发奖金，造成高低差距过大。

可见，自负盈亏企业拥有占用的自有资金，并不会影响国家从企业取得纯收入，从而造成企业独占其利，也不会改变企业拥有的生产资金的全民所有性质，它只不过是改变了对全民所有资金的组织与管理的方式。

综上所述，可以认为，实行独立核算、自负盈亏，是我国经济体制改革的重要内容，它是企业扩权进一步发展的合乎逻辑的结果。独立核算、自负盈亏是社会主义企业经营管理的一种形式、方法与原则，它不仅通行于社会主义集体所有制，而且可以用于社会主义全民所有制领域。它对加强国有企业的经济核算，健全经营管理，充分调动企业的积极性，提高经济效果有着重要的意义。在国民经济大范围内实行自负盈亏，必须要准备好充分的条件：（1）必须要调整好国民经济的比例关系，保证企业有在国家计划指导下实行自主的再生产的条件。（2）必须要有整个现行管理体制改革相配合，以解除企业身上的许多束缚，保证企业真正能行使其经营自主权。（3）必须要有价格体制的改革，使不同的企业有大体相同的获取盈利的条件，从而能处在同一起跑点上。（4）必须建立一整套的调节体制，使国家拥有强有力的与灵活有效的调节手段与经济杠杆，以保证既充分发挥企业的积极性，又能将自负盈亏企业的积极性纳入国家计划的轨道，做到活而不乱、统而不死。

显而易见，对当前甚至在一定的时期内，我们还不具备这些条件。因此，对于全民所有制企业实行自负盈亏，在当前不能跨大步，而只能在小范围内进行试点，取得经验，稳扎稳打地逐步推进。

论企业及其活力[①]

　　社会主义国民经济肌体是由一个个企业组成的，从这个意义上来说，企业乃是社会主义经济肌体的元素形态或细胞。社会主义经济中，企业这一经济细胞的状况与活动方式，总是表现出整个社会主义国民经济的状况与活动方式的特征。我国传统的经济体制由于集中过多，国家对企业管得太多太死，企业缺乏生产与经营的自主权，失去了它固有的活力。在这种情况下，宏观的社会主义经济肌体也就缺乏生机，表现得节奏迟缓，对市场信息反应迟钝，运转不灵，从而使得经济活动当量小（缺乏势头与速度）、效率低。这是50年代末以来我国社会主义经济建设在长时期内未能持续地顺利地发展和表现出良性循环的一个重要原因。正如《中共中央关于经济体制改革的决定》所说，"现行经济体制的种种弊端，恰恰集中表现为企业缺乏活力"。"决定"突破了传统的社会主义经济理论中的关于企业的观点，进一步发展了马克思主义的社会主义企业理论。

[①]　原载《中国经济问题》1985年第5期。

一、企业的一般特征

企业是社会生产的特殊组织，更具体地说，是从事商品生产和以争取赢利为经营目的的经济组织。企业具有以下的特征：

第一，商品性。企业是社会生产组织的一种特殊历史形式，就其严格意义上来说，企业是近代商品经济的产物，它是一种从事商品生产与经营的组织。从事自给自足性生产的农民家庭，以榨取地租为目的的封建庄园，以及国家行政性的机构——即使是其职能中包含货币业务的税务机构——都不是企业①。

第二，营利性。企业作为近代资本主义商品生产组织的特殊形式，是一个以营利为目的的经济组织，它的整个生产与经济活动必须以收抵支和取得赢利。不计赢亏的经济活动，不受赢利原则支配的单位，如行政性组织，依靠国家财政开支的文教组织，慈善组织等就不是企业。为买和卖，单纯为了个人消费而从事生产的小商品生产组织，严格地说不能称之为企业。

第三，经营独立性。企业是一个经营主体，作为商品生产与营利性的经济组织，必须以拥有经营权为前提，独立经营权使企业当事人能根据市场需求状况与自身的条件，进行独立决策，自行决定生产什么商品，生产多少商品，用什么技术、工艺、方法来进行生产，和在何处销售商品以及按照什么价格来销售商品，等等。这种独立自主的经营，是商品经济的市场机制下企业生命活动的必然形式，是企业具有活力和对市场的适应性的必要条件。不能进行独立自主的经营决

---

① 法国从1700年以来，称管理经营道路、桥探、船坞、建筑等方面的活动的人为企业家，18世纪法国作家达贝利德（Bernarb F.Debelidor）称企业家为以不定的价格购买劳动和产品，和按协定价格出售产品的人。（参见Hoselitz Bert 1951年《早期企业理论史》）

策，完全按照上级机构的意志办事的单位，就不具有企业的充分的特征。企业的经营独立性，在某些场合是以经营者对企业生产资料的所有者身份来保证的。例如独资经营企业的经营者作为企业主，自然就拥有独立经营的权利。但是随着生产的现代化与企业生产资料的大量积聚，企业所有者超出了个人的范围，而表现为一个群体，例如采取股份公司形式的企业，企业主是联合的资本家，在这种场合，企业内就有经营权与所有权的分离，不具有所有者身份的企业经理，全权负责企业的独立经营。

第四，经营责任性。企业作为独立经营的经济组织与法人，自然地，它也就必须为它的独立决策，承担责任即承担经营风险。在资本主义经济中，独资企业的经营风险，如亏损是由私人企业主自行负责，股份公司的风险则由全体股票持有者共同承担——包括在公司破产时冲销股本。企业作为自负盈亏的组织，作为占有与独享经营赢利的组织，它就要承担经营风险，这是理所当然的。而从词源来看，商品生产的组织之所以称为企业（entrepreneur）正在于它的承担经营风险的性质。

可见，商品性、营利性、经营独立性、经营责任性，乃是企业的一般特征，这些特征是从事商品生产与经营的经济组织所必不可少的。在资本主义经济中，存在着许许多多的企业形式，无论是独资企业、合资企业、股份企业，无论是私营企业或是国营企业和很大一部分合作企业，它们都无不是具有上述特征。

二、社会主义企业仍然具有企业的共性

社会主义经济的基本生产单位，也同样具有商品性、营利性、经

营独立性、经营责任性等特征，从而是企业。社会主义的基本生产单位的组织形式要采取企业的形式，而不采取行政组织和事业单位的形式，这并不取决于人们的主观意愿，而是一个客观必然性，它是以社会主义公有制为基础的有计划商品经济这一基本性质所决定的。

社会主义企业是商品生产组织。现阶段社会主义社会，在所有制领域还存在着以公有制为主体的多样性结构；在公有制领域还存在着全民的、集体的和多样联合性质的所有制；就社会主义全民所有制来说，也还不是完全的全社会占有，还带有某些局部占有的性质。上述社会主义所有制结构的特点表明了利益关系的多样性，它决定了作为联合劳动的基本单位，在多方位的相互交换活动中要以等价为基础，这也决定了劳动产品的具有商品性，而从事生产的经济组织也就是商品生产组织。

社会主义企业经营活动的营利性。社会主义公有制的特点（集体所有制企业作为集体利益共同体的性质和全民所有制企业所固有的局部利益的性质），决定了社会主义企业仍然是营利性的经济组织。它的商品经营活动遵循的基本准则是以收抵支和取得赢利。企业的经济活动从属于争取有更大的企业赢利这一直接的目的与动机，这是不应该予以非议的现象，恰恰相反，正是由于存在着赢利是与职工的劳动报酬，从而与个人物质利益相挂钩的机制，因而，营利就成为调动和激发职工的积极性的经济基础，成为企业的物质动力，借助于这一动力，它才使企业能对市场因素（价格）的变化和计划因素（例如税率）的变化，作出灵敏的反应，从而使企业成为社会主义商品经济中的一个能动的细胞，也正是由于这一动机的作用，它推动企业经理去从事大胆的有远见的投资与经营决策，去决定当前和今后的生产计划，加强经济核算，精打细算，降低成本，进行技术革新与完善经营管理。对企业自身利益的漠不关心——即使是在发扬共产主义风格的口实下，不仅是与企业的本性不相容的，而且也将成为企业的积极性的腐蚀剂，它使企业消极，对计划机制和市场机制反应迟钝，而社会主义经济也将因缺乏加强机制，造成内在自我调节无力和引起运行的失灵。

社会主义企业的自主经营性质。社会主义制度下，企业也具有经营独立性（完全的独立或相对的独立），是拥有责、权、益的自主经营的经济实体和法人。生气勃勃、充满生机的社会主义，是建立在作为经济的细胞的企业的高度能动性和活力的基础之上，而这种活力又是由企业拥有必要的自主决策权来保证的。特别是独立经营乃是社会主义商品经济中企业活动的必要方式，是在市场状况变动不居的条件下，有效地组织企业的经济活动，实现按销生产，提高企业效率与经济效益的必要条件。

社会主义企业的经营责任。社会主义企业，作为一个独立的或相对独立的商品生产者，它要实行独立核算、自负盈亏，这意味着：一方面，企业能从赢利中享有利益，另一方面，企业也要为经营不善和亏损承担经济责任。国有企业的经济责任，就其本质来说，凡是独立经营的全民所有制企业所承担的社会责任，它体现了经营主体和国家（全体社会成员）之间的社会主义生产关系，既不负盈又不负亏，或是负盈不负亏，例如企业发生经营亏损概由国家财政来弥补，企业职工和领导的收入不受任何影响，长期亏损的企业照样继续生产而不对之实行关停并转，即企业"吃国家的大锅饭"，不仅是与企业的性质格格不入，而且也不符合社会主义企业所固有的必须承担的社会责任的新特征。社会主义经济建设的经验教训表明，企业不承担经济责任，领导和职工不冒经营风险，躺在国家财政支持的摇篮中，不存在遭受经济损失的惩罚的机制，企业对经营不善的反应神经就由此麻痹和萎缩，即使是经营腐败，人们也安之若素，不存在任何危机感。这样，企业就不存在促使其自觉完善经营管理的压力，企业的管理越来越落后就是不可避免的。

总之，社会主义制度下的企业是从事商品生产的，以营利为经营的直接目的的，进行自主经营和承担经济责任和经营风险的经济实体。如果国营单位和集体单位不具有上述性质，在经营中一切按照上级主管部门的意志、指示办事，这样，企业也就不再有促使其自我调节的内在的物质力量，社会经济也将因机制的缺乏而运行失灵。这样的组织与经营形式的单位，即便是打着公司的牌号，名之为企业，但实质上却是一种准事业性或半事业性的组织，而不具有真正的企业的必要的特征。

三、社会主义企业具有社会主义生产关系赋予的崭新的特征

必须指出，上述商品性、营利性、经营自主性、经营责任性，乃是商品经济中的生产与经营单位的共同特征，但是在历史上不同类型的商品经济中，由于生产资料所有制的不同，企业又具有不同的特点和体现了特殊的社会经济本质，小商品经济中的生产单位——个体小农与小手工业者的家庭经营，往往还保持着自给自足的特色，生产的商品性是不发达，它的生产是为了满足自身狭窄的消费的需要，还不是以营利为主要动机，小商品生产的组织，还远远不是一种企业组织。资本主义商品经济乃是企业家自由活动的历史舞台，生产资料的资本主义的私人所有制，决定了资本主义私人企业的下述特征：（1）它不是从事小规模的、简单的商品生产与经营的组织，而是从事于最

发达的、大规模的商品生产与经营的经济组织，是以占有社会化的生产资料——特别是在股份公司形式的联合资本下——为特征。（2）它不像小商品生产那样，可以满足于保本、微利，而是以追求最大限度的资本主义利润为目的。（3）企业拥有经济活动的决策权，经营者——企业经理——决定生产什么与生产多少，雇用多少劳动力和支付多少工资，这种企业的独立的经营活动从属于作为企业的主人的私人资本群体的利益，因而，它一般地排斥国家的和外来的干预，这是私人资本主义企业固有的本性。因此，资本主义企业把企业的商品性、营利性和独立性都发展到了登峰造极的地步，使它成为一个狂热的追逐私人利润的独立的经济实体，马克思在指出资本主义企业的这种唯最大利润是图的性质时，曾转引19世纪中叶英国的一位评论家登宁的话："资本害怕没有利润或利润太少，就像自然界害怕真空一样。一旦有适当的利润，资本就胆大起来。如果有10%的利润，它就保证到处被使用；有20%的利润，它就活跃起来；有50%的利润，它就铤而走险；为了100%的利润，它就敢践踏一切人间法律；有300%的利润，它就敢犯任何罪行，甚至甘冒绞首的危险。"[①]资本主义企业的上述性质充分体现了它作为榨取剩余价值的商品经济组织的社会本质。

社会主义企业是一种崭新的和特殊的企业，它具有不同于资本主义企业的新的特征。

第一，社会主义企业尽管也是具有商品性的经济组织，但它是以生产资料公有制为基础，摆脱了人对人的剥削，由当家做主的联合劳动者直接来进行生产与经营的商品生产组织。企业的经济活动固然要受到商品经济的基本规律——价值规律的支配，但是社会主义制度下

---

① 《马克思恩格斯全集》第23卷，人民出版社，1972年，第829页注250。

价值规律的作用、形式和市场机制，却有其社会主义的新特征。这种情况决定了社会主义企业在经营方式上具有不同于资本主义的特点。

第二，社会主义企业经营活动具有营利性，营利是企业的直接动机，但是这只是一种属于外在层次的机制动机——即人们为适应社会主义商品经济的要求，而采取的企业生产组织方式和确立的企业运行机制下的动机①——而不是生产的根本目的，后者是由社会主义公有制所决定，即是为了满足全体社会成员不断增长的物质与文化生活的需要。社会主义企业的盈利，是社会主义企业生产的剩余产品的货币表现，它包括税收和企业自留利润，这是一个全新的范畴，它既体现企业局部利益也体现全社会利益，而与体现资本对剩余劳动的榨取的资本主义最大限度利润有原则的区别。社会主义盈利的上述特征表明，企业争取更大盈利的努力，既体现了企业的经营目的，也体现了社会主义生产的目的。但是企业经营目的与社会主义生产目的也不可能完全是一致的。在社会主义商品经济的复杂的机制下，也会存在企业为了追求经营目的而偏离社会主义生产目的的情况。但是人们可以通过社会主义经营管理体制和经济机制的完善来实现二者之间的统一。而一个完善的国民经济管理体制，必须是能创造一种计划与市场相结合的完善的机制，来有效地实现企业利益与社会利益的正确结合，而不能容许鼓励和促使企业为追求自身局部利益而损害社会公共利益，这正是社会主义企业营利的动机及其机制与资本主义企业的利润动机的原则区别之所在。

第三，就经营独立性而言，社会主义企业也具有与私有企业的独

---

① 企业的经营动机与社会主义生产目的是两个不同的概念，前者体现了社会主义企业的经营方式的性质，后者体现了社会主义生产关系的目的，对这一问题将另文加以论述。

立性不相同的新特征。社会主义企业是以公有制为基础的国民经济大机器的一个有机构成部分，企业的经济活动必须要从属于国民经济大机器运行机制的要求，要使各企业的活动互相协调、互相配合，即具有计划性并在企业服从国家计划管理和调节的基础上，使微观从属于宏观，局部从属于整体，乃是社会主义经济的新特征。这就决定了全民所有制企业的自主决策权，是社会（通过国家）的统一决策权之下的经营决策权，而全民所有制企业的独立经营本身也就不能不具有相对的性质。任何一个企业，特别是全民所有制企业都不能脱离和不顾社会利益而自行其是，与社会公益相违背的企业自主经营是与社会主义公有制企业的本性相违反的。由于商品性的自主经营还存在着一定的盲目性，还有可能出现微观放活与宏观管住的矛盾，因而，就必须把发挥企业的经营积极性和主动性置于国家的计划管理之上，要在实现充分的生气勃勃和有声有色的企业自主经营和国家卓越而有效的计划指导相结合的基础上，来形成社会主义国民经济的有计划发展。可见社会主义企业的独立经营，不具有绝对性，而是统一性基础之上的独立性，是计划指导下的自主性，这是社会主义的自主经营与资本主义企业的独立经营的原则区别。

第四，社会主义企业的经营责任性也有其全新的特点。资本主义企业的经营责任是私人企业为它在经营中所发生的各项经济义务（贷款归还、利息偿付、合同规定的商品的交付，等等）承担责任，这种责任体现了私人的商品生产与交换者之间的权利、义务和责任关系，它贯穿和体现了资本榨取剩余价值的关系。社会主义商品生产与交换中发生的权利、义务和责任关系，其实质是国家、企业、个人相互之间的社会主义生产关系。具体地说，它表现为：（1）作为经营者的企业对作为所有者的社会的关系，这就是说，生产资料的使用者要承担合理的使用社会委托和交付给它的企业资金的责任，不仅要做到不亏本，而且还应该向国家交纳一定的资金增值额即税金。（2）企业为它与其他企业之间的各种商品交换关系中产生的经济义务承担责任（例如如期交货，偿还贷款和其他债务，支付银行利息，等等）。（3）企业为它与消费者之间的商品交换关系中的违法行为（如伪造、掺假、以次充好、使用损害公众健康的材料等）承担责任。（4）在更广泛的意义上，企业还要为在生产中保护环境，防止和治理污染，维护生态平衡等承担责任，例如企业要因不能履行法人职责支付罚金；而企业主要经营负责人——经理——则要为失职承担经济损失，直至承担法律责任；企业的职工，作为经营主体的一员，也要有一定的经济责任，例如要在企业有亏损时，减少收入。上述经营责任，构成了企业的经营风险的内容。

综上所述，我们看见，社会主义制度下的企业，无论是在商品性、营利性、经营自主性、经营责任性上，都有着不同于资本主义企业的新的特征。这些特征体现了社会主义商品生产关系的性质。社会主义企业，正是由于具有上述特征，它才能最有效地吸引与凝聚社会主义劳动，最完满地实现生产资料与劳动力、科学技术和经营管理等生产要素的结合，这是企业所以能成为社会主义经济肌体的具有生命力的细胞之所在。

四、保证社会主义生产单位的企业性质才能增强社会主义经济活力

以上我们论述了社会主义的基本生产单位之所以要采取企业这种组织形式，乃是由有计划的商品经济的基本性质所决定的。还需要指出，采取完善的企业组织形式乃是增强社会主义企业的活力，搞活社

会主义的商品经济的前提。

30年代，随着苏联社会主义改造的加速发展与取得的胜利，建立了斯大林模式的高度集中的国民经济管理体制。这种体制下国营企业失去了它的"利益"和"自主权"，而却单方面被加以各种严格的"责任"，提倡和实行"计划就是法律"，尽管苏联国营单位仍然被称之为企业，但却是有名无实的。30年代以来无论是苏联或其他承袭苏联模式的国家，其经济建设实践经验都表明，在国家过度集权的僵化的国民经济管理体制下，生产单位的企业性质的削弱与丧失，乃是劳动者的积极性不能得到充分的调动，企业的积极性、创造性和首创性精神不能得到充分发挥的重要原因。

高度的积极性和创造性是摆脱了剥削的社会主义劳动者的本质特征。这种劳动者的积极性和创造性是以企业的活力的具体形式表现出来。但是，在我国原先的经济体制下，企业缺乏活力使社会主义的本质特征不能表现出来。显然地，这并不是由于社会主义经济制度不优越，其根本关键在于经济体制——生产关系的具体形式的缺陷，在于原先的企业组织形式未能具有真正的企业性质。中国共产党总结了国内外社会主义建设的经验教训，精辟地指出："具有中国特色的社会主义首先应该是企业有充分活力的社会主义。"党的十一届三中全会以来，党中央所采取的恢复与发展我国农业的一系列政策，特别是近年来在农村实行家庭联产承包制的改革，实现了农村合作经济组织的企业化，恢复与增强了农村企业的活力。我们看见，我国农村数以亿计的新型的农民家庭企业的生气勃勃的商品生产，改变了我国农村多年来停滞不前的状态，使我国社会主义农业经济充满了朝气。我国在国营企业中进行的以扩大经济自主权为起点的改革，特别是近年来推行的以税代利，自负盈亏，以及其他的一系列简政放权的措施和配套的改革措施，大大增强了城市企业的活力。由于这种改革：（1）将所有权与经营权适当分离，从而使全民所有制生产单位具有相对独立的经营主体的性质；（2）给企业以支配自留利润的权利，承认了生产单位的局部经济利益，从而使全民所有制单位有了内在的动力；（3）贯彻实行独立核算、自负盈亏，破除了企业吃大锅饭的体制，使生产单位为它的自主经营承担责任，从而使全民所有制单位有了外部的压力。这样就从根本上改变了全民所有制生产单位原先的僵化的组织形式，使它真正成了"企业"。在原先的经济体制下，全民所有制生产单位的经济活动表现为按部就班，循规蹈矩，在上级的推动下亦步亦趋，像一个被人拨弄的算盘珠子；一旦成为真正的企业，它就成了能适应社会需要与市场状况而机动灵活地生产与经营的组织，成为社会主义经济肌体中充满活力的细胞。

按照马克思主义的原理，人的主观的品质乃是客观生产关系所赋予或人格化，传统的体制把人变懒，使干部失去干劲；正在建立的新的经济体制，它将赋予生产单位以真正的企业的性质，从而使我国亿万劳动者的社会主义积极性就不断地被释放出来，广大管理人员的经营才智得到充分发挥，一批批具有创新和开拓精神的企业家脱颖而出。中国社会主义经济必将充满充沛的活力与生机。

试论社会主义股份制[①]

一、进一步搞活全民所有制企业的有价值的探索

近一个时期以来，我国经济理论界和实际工作部门对股份制问题表现出浓厚的兴趣，进行了广泛的讨论，可以说出现了"股份热"。股份制之所以引起了人们的关注，并不是偶然的，而是有以下几个方面的原因：

第一，近年来在党的对外开放、对内搞活的方针指引下，城乡商品经济迅速发展，为了满足企业扩大再生产所必要的追加资金的需要，从而出现了股份集资和少许的股份制企业。股份集资大体有两种形式：

（1）联营集资。联合经营的单位，在进行资金、技术、劳力、土地等生产要素的联合中，实行投入要素折价入股的经营形式。（2）招股集资。企业为了筹集资金，向社会或本厂职工发行股金券。上述股份集资往往采取"认股志愿，退股自由"，股金券可以偿还。这种情

---

① 原载《经济研究》1986年第1期。

况，还不能说是真正的股份制企业。但是以后，真正的股份制企业开始出现。1984年上海成立了集体所有制的延中股份公司，一个早晨筹集资金500万元；1985年在上海成立了"中华旅游品股份公司"；1986年沈阳市机电局在二十多个企业中进行股份制的试点。可见，股份制的形式从不完全的到较为完全的，已成为我国经济生活中的现实。特别是企业间经济横向联合的迅速发展进一步促进了股份制的发展。在我国社会主义商品经济的发展中，对于股份制这种新的企业组织形式，怎样才能充分发挥它的积极促进作用，如何进一步加以引导和使之完善，这就需要从理论上加以研究。

第二，我国国营企业的改革，实行国家所有，企业经营，通过简政放权，赋予企业以充分的经营自主权。

但在企业扩权和经济实体化的过程中，一方面，企业需要的权力老是放不下去，政企老是分不开；另一方面，出现了企业忽视国家利益而片面追求企业局部利益、忽视增强积累而片面扩大消费等现象。人们之所以重视股份制，正是为了想借助于这一企业组织形式来落实企业自主权，约束和克服拥有充分自主权后企业行为短期化的现象。

第三，为了充分适应社会主义商品经济发展的要求，进一步搞活企业，我国国营企业与集体企业的具体形式有必要进一步改革并使之完善。

我国传统的公有制企业，由于条块分割，是一种单一的公有制模式。加以实行用行政手段、通过行政区域和行政层次的纵向系统来进行管理，因而堵塞了企业之间生产要素的自主结合，特别是资金的自主联合。这种情况不仅造成重复建设、企业"大而全"、产业结构不合理，而且一方面重叠的生产设备利用率低，另一方面设备不配套而形不成生产能力。可见，传统的单一性的公有制乃是一个封闭性的所有制，就国营企业来说，它使名为全民所有的生产要素画地为牢，禁锢于企业条条块块之中，而不能适应社会需要和生产力发展的要求，在全社会范围内进行经常性的调整、重新结合和再配置；特别是使资金硬化，不能在企业之间融通和以资金联合形式真正归社会共同使用。这样，就形成了我国许许多多企业一旦建立起来以后，几十年间很少变化，固定资产不仅不能逐步增长，却因生产设备日益陈旧而呈萎缩的状况。传统的单一公有制形式下，生产资料和作为它的货币形式的生产资金的硬化和不流动性，乃是我国国营企业缺乏自行发展的活力的最根本的原因。正由于此，通过股份制把单一的公有制变成多元公有制，从而把国有企业（以及集体企业）进一步搞活的设想和改革实验就产生了。

关于股份制问题的讨论还有一层更重要的意义，这就是从所有制的单一性来认识传统的公有制模式特别是全民所有制模式的弊端，进一步弄清和阐明与社会主义商品经济相适应的社会主义所有制的性质，从而探索进一步搞活我国国有经济的途径，以便推进当前我国的城市经济体制改革，使之深入企业内部。一句话，把有关股份制的讨论放在社会主义商品经济中企业所有制模式改革的总题目下，使这一讨论服务于我国微观的所有制的改革，这就是股份制的理论讨论的深远意义之所在。

二、股份制是商品经济中的资金联合的一种形式

股份制这一企业组织形式是商品经济的产物，它是在个人的资金占有与生产社会化的要求不相适应的条件下产生的。在这种情况下，为了兴办社会化的商品生产与经营，人们就要实行资金联合，采取将

资金分化为单元即"股"和采取资金入股的形式，从而就有股份制企业的产生。股份制的企业组织形式并不是资本主义经济形态所特有，它的萌芽的、不发达的形式很早就出现在前资本主义商品经济中。在12世纪的意大利和法国北方香宾勒地区的集市中，就已经有作为企业资产债券的流通。16世纪以来，随着资本主义生产方式的出现，在意大利和中欧的采矿业中就已经用股票集资，股票可以出售。在英国，股份制企业首先出现于需要大量资金的海外贸易领域，1553年伦敦资本家就发行了面值25镑的总价值6000镑的股票，1602年成立的荷属东印度公司也采取了股份公司的形式。

股份制是19世纪中叶以来发达的资本主义商品经济的企业组织的典型形式。（1）由于资本主义生产方式已经奠定于机器大工业的基础之上，在这种情况下，兴办社会化的大生产如冶金、轮船制造、铁路建设等需要巨额资本，它不仅为资本家个人难以提供，而且小范围的资金联合例如合伙企业形式也不易筹集，这样就需要有更发达的资金联合形式，即股份公司（joint stock company）的出现。（2）由于资本主义商品经济的成熟，闲置资本大量存在。（3）信用制度的确立。银行和其他金融机构大量建立，这些金融机构积极参与企业的资金筹集活动，它们成为企业发行股票的主要承办人，也是股票的购买者。正是在以上条件下，股份公司才成为了资本主义企业的主要形式，当今，它都是资本主义企业的最流行的组织形式。

在资本主义制度下，股份公司之所以能不胫而走，成为资本主义企业的典型形式，这不是偶然的。股份公司这种企业组织形式具有下述特征：

第一，股份制下，企业资金以股票形式公开筹集，资金划分为单元——"股"。股金可大可小，发行面额小的股票，中产者也可以认购，易于广泛筹集资金，积少成多。

第二，股份制下，投资利得表现为按股金收取红利，而红利又与企业的赢利挂钩。这种入股分红，较之银行储蓄收取利息有更大的吸引力。

第三，股份制下，公司是独立的法律实体（legal entity）即法人，在有限股份公司组织形式下，股东的责任和所负风险仅限于他的投资，持股人个人的其他财产受到保护。这与独资企业的所有者要为企业承担完全的责任有很大的不同。

第四，股份公司的股票不能还本，但却可以在证券交易市场流通和转让，投资者不存在货币兑现困难的问题。

正是由于上述原因使股票具有吸引力，而发行股票、集股经营也就成为资本主义企业的通行的方式。马克思说："通过建立股份公司这一比较平滑的办法把许多已经形成或正在形成的资本融合起来。"[①]资本主义企业借助股份制，实现了分散的和闲置的资金集聚、结合，由量变到质变，由资本家个人占有的小资本变成归股份公司的"联合的资本"[②]，实现经营社会化，使独资的个人企业变为组合起来的"公司的企业"[③]。这样，股份公司通过资本的联合有力地促进了资本集中，从而使企业在资金的占有和使用上得以充分地适应科学技术革命和大规模生产发展的需要。马克思说，股份制产生，"它显示出过去料想不到的联合的生产能力，并且使工业企业具有单个资本家力所不能及的规模"[④]，"假如必须等待积累去使某些单个资本增长到能够修

① 《马克思恩格斯全集》第23卷，人民出版社，1972年，第688页。
② 《马克思恩格斯全集》第25卷，人民出版社，1974年，第529页。
③ 《马克思恩格斯全集》第25卷，人民出版社，1974年，第493页。
④ 《马克思恩格斯全集》第12卷，人民出版社，1962年，第37页。

建铁路的程度，那么恐怕直到今天世界上还没有铁路。但是，集中通过股份公司转瞬之间就把这件事完成了"①。马克思充分肯定了股份制企业的积极作用，指出这种企业组织形式，"对国民经济的迅速增长的影响恐怕估价再高也不为过的"②。

股份制作为一种企业组织形式，它总是要受所有制的制约，并带有各种不同的经济社会形态所加的特点。资本主义股份制，乃是资本家有效实现最大利润的一种组织形式。（1）股份制实现的联合资金实质上是归资本家私人垄断的联合资本。在资本主义经济中，绝大部分的股份为资产者特别是为少数大资本家巨头占有，工人股份、"职工股份"为数不多，比重很低。如果说，股份制引起了企业所有制具体形式的变化，那么它只不过是使单个的资本家变成为"联合的资本家"③罢了。正如马克思说："资本主义经营本质上就是私人经营，即使由联合的资本家代替单个资本家，也是如此。"④（2）股份制在经营管理上，以股东大会选举董事会和董事会对企业方针大政共同讨论决策的民主形式掩盖了大资本在经营上的专断（后者在很大程度上又由作为投资者代理人的经理的决策来贯彻）。（3）与资本主义股份制相伴随的自由的股票市场，以其发行创始股份而得到的创业利润，以及股票交易中的投机行为，给资产者开辟了一个通过买卖股票的"冒险"而暴富的源泉。

归根到底，资本主义股份制使资产者得以恣意侵吞联合生产能力的果实，特别是不受限制的私人占股使这些社会生产进步的果实归大

① 《马克思恩格斯全集》第23卷，人民出版社，1972年，第688页。
② 《马克思恩格斯全集》第12卷，人民出版社，1962年，第609页。
③ 《马克思恩格斯全集》第23卷，人民出版社，1972年，第687页。
④ 《马克思恩格斯全集》第24卷，人民出版社，1972年，第272页。

资本侵吞，可见，资本主义的股份制是为加强资本家对剩余价值的占有服务的。资本主义的股份公司既然是大资本控制小资本和垄断巨头掠夺剩余价值的精巧形式，它必然会加强资本主义基本矛盾和阶级对抗。马克思在指出股份制的积极作用时同时也指出：股份公司在使所有权资本与职能资本相分离的基础上[①]，"再生产出了一个新的金融贵族，一种新的寄生虫，——发起人、创业人和徒有其名的董事；并在创立公司、发行股票和进行股票交易方面再生产出了一整套投机和欺诈活动"[②]。但是马克思还指出了股份公司发展所带来的占有关系的新变化：私人资本的使用社会化，它基于这种资本社会化与资本私人所有的不可调和的矛盾，论述了"资本主义的股份企业，也和合作工厂一样，应当被看作是由资本主义生产方式转化为联合的生产方式的过渡形式，只不过在前者那里，对立是消极地扬弃的，而在后者那里，对立是积极地扬弃的"[③]。马克思指出，股份公司内私人资本的社会化这一变化不过是资本主义范围内的"扬弃"，在他看来，这种资本使用的社会化显示进一步占有公共化的前景，"已经最令人鼓舞地为将来由整个社会即全民族来实行剥夺做好了准备"[④]。

三、社会主义制度下股份制存在的原因

我们在上面已指出：股份制乃是商品经济中的一种企业组织形

---

① 马克思说："在股份公司内，职能已经同资本所有权相分离。"（《马克思恩格斯全集》第25卷，人民出版社，1974年，第494页。）

② 《马克思恩格斯全集》第25卷，人民出版社，1974年，第496页。

③ 《马克思恩格斯全集》第25卷，人民出版社，1974年，第498页。

④ 《马克思恩格斯全集》第25卷，人民出版社，1974年，第495页。

式，即联资经营制。股份制的概念，作为商品经济的企业组织形式，因而不能把它理解为所有制，更不能将它等同于资本主义所有制。

股份制这种企业组织形式，是适应商品经济中大生产对资金集中的需要而产生的。资金集中并不是资本主义生产方式所独有，而是以生产社会化为基础的发达的商品经济的一般规律。因为，在上述条件下，生产与经营规模的扩大和个别企业占有资金数量的有限性的矛盾总会推动资金的联合和集中，从而在企业组织形式上会有本金入股、按股分红的股份制的出现。在前资本主义经济中，在商品经济发达的地区，我们就看见了上述现象的产生，而资本主义商品经济的发达阶段，即19世纪后期以来，则更是有了发达的股份制企业组织形式的迅速发展和普遍化。社会主义是一种发达的商品经济，显然，社会主义商品经济的发展同样会有资金集中的需要和引起股份制的出现。可见，股份制并不是资本主义经济的特有形式，作为一种资金联合的企业组织形式，它曾经为前资本主义的商品经济服务，也曾经和正在为资本主义商品经济的发展服务，同样它也可以为发展社会主义商品经济服务。

对于社会主义股份制出现的必然性，我们还要进一步加以论述。

在社会主义商品经济中，资金乃是组织社会主义生产的始发要素。众所周知，兴办一个企业需要有物质生产资料以形成企业的固定资产，在生产过程中需要有原材料和劳动力，因而首先要有生产资金。企业在开办之初需要创业资金，而在再生产过程中也会有各种正常的以及临时产生的对资金的需要。可见，社会主义再生产同样可以用这个公式 $G — W \cdots P \cdots W' — G'$ 来表示，而企业资本金的形成乃是社会主义生产的起点。

在传统的产品经济体制下，组织生产与扩大再生产的始发要素，的确，与其说是资金，毋宁说是物资，后者是由国家分配的。即使企业有钱，也不能保证有三材和设备的供应，从而不能完成基建和投资。而在我们完成了向社会主义商品经济的模式转换以后，企业实行自主经营、自负盈亏、自行发展，从而需要自主筹集资金，企业作为相对独立的商品生产者，它可以和应该凭借自有的和自筹的资金，从市场购得生产资料和招雇劳动力。因而，货币形态的资金就成为生产与经营的创始手段，成为如马克思所说的经济的"第一推动力"。可见，社会主义商品经济的新体制，把企业生产资本金形成问题提到了首要地位。

在传统的产品经济体制下，企业资金形成方式单一，无论是用来进行基本建设的资金还是自有流动资金，主要依靠自上而下的财政拨款，流动资金一部分采取银行贷款形式，这在很大程度上是一种依靠行政手段的资金分配制。这种自上而下的资金分配，是和高度集中的、国家直接组织和指挥的扩大再生产方式相适应的。在社会主义商品经济体制下，企业资金自主形成成为主导的形式。这是由于：（1）实行自负盈亏、自主经营的企业要进行自主的扩大再生产，因此，必须由企业通过自己的内部积累与自主筹集去解决资金问题，而不能依靠国家财政拨款。因而，企业资金的自主形成就要更加发挥企业的积极性与主动性，要采取灵活多样方式，既利用银行信贷资金，又要依靠企业资金的联合和充分利用社会闲置资金。（2）社会所有制结构的多元化，企业所有制形式的完善，特别是全民所有制企业的成为经济实体，以及经济管理权力的下放，出现了资金占有的一定的分散化。除了国家财政集中的资金与银行信贷资金而外，地方、企业、个人手头均有归他们分配和占有的资金，而在经济的运行中一部分资金表现为暂时闲置的，从而存在着丰富的可以挖掘资金的潜力。例如全民所有制企业可以打破所有制界限，利用集体企业甚至职工个人以及社会上的闲置资金，全民所有制也可以打破部门、地方界限，有效利用对方的闲置资金，等等。（3）随着金融体制的改革和金融机构的发展与健全，信用形式更加多样灵活，金融市场逐步形成，这样就从经济组织上和市场机制上为企业自主筹资创造了条件。社会主义企业资金自主形成，一方面依靠内部积累，另一方面更重要的是依靠筹集资金，而筹集资金效果的大小，关键是要找到一种较为灵活的、吸引力更强的方式，而股份制就是这样的方式。

如前所述，股份制体现了一种利益共享、风险共担的联合投资关系，从而能够把各种不同的单位和个人持有的分散的和闲置的资金融合和集聚起来。

第一，股份制实行按股本分红，同量资金投入享有同等利益，多投资则多得益。这种资金利益均沾体现了企业中投资者的平等地位，它有利于调动和处理各类投资者（全民、集体、联合单位、个人以及外资单位）的利益关系，调动他们的投资积极性，从而形成和发展社会主义的资金联合。

第二，股份制下，股息随企业经营好坏赢利大小而上下浮动。我国当前实行股份制的企业，一般的股票收益可分为两部分：（1）股息，可进入成本。（2）红利，在企业留利中支付。经营好的企业，股票收益可以高于银行利率。这种利益关系使股份制成为一种更有吸引力的筹资方式。

第三，商品经济中企业经营要冒风险，因而投资也带有风险性，在股份制下，这种经营风险由投资者共同承担，国家不仅不再为亏损企业背财政包袱，而且由于各种不同的投资单位和个人共担风险，分散投向若干股份制企业的同样数量的全民资金，风险率也会由此降低，这样就有利于提高宏观投资效益。

总之，由于股份制能恰当处理下述利益关系——（1）各类投资者在企业中的权力、利益和责任关系，（2）投资与风险的关系，（3）企业赢利与投资者收入（股息）的关系，所以能将不同的利益主体所占有的闲置的社会资金，吸引和使之平滑地合并与联合起来。

利用股份制筹集资金，称之为直接金融，它还可以弥补银行信贷即间接金融之不足。

社会主义制度下，银行的信贷资金是企业用以取得和扩大它的生产资金的重要源泉。但是，银行贷款不可能充分满足企业对生产资金的需要。我国银行提供的贷款只能用于流动资金和中短期设备贷款，工商银行不提供长期固定资产贷款（重点建设项目的基建资金仍由国家分配存入建设银行）。为了搞活资金，必须充分发展和利用直接金融的作用。建立股份公司，发行的股票无须偿还，可以长期使用于固定投资，因而，它将是发达的商品经济中企业固定投资的重要来源，如在前南斯拉夫，兴办企业的创业资金由国家投资的为40%，而其余的60%还必须依靠自筹。

当前，我国由于中央银行宏观控制的加强，使银行信贷资金供应紧张，企业不仅存在扩大固定基金的资金需要，而且还存在对流动资金的迫切需要，大量发展中的乡镇企业更苦于资金不足和取得贷款的困难。另一方面，社会上又有大量闲置资金存在，仅仅居民手中持有的货币据估计约有千亿元。在这种情况下，通过股份制来开拓筹资的渠道，对于促进城乡经济的发展是十分必要的，如四川省邛崃县（现邛崃市）1984年、1985年两年通过股份制，从全县城乡企业单位、集体、职工、农民个人筹集资金1692万元兴办了乡镇企业810个，使全县工业产值迅速增长。

随着社会主义商品经济的进一步发展，一方面将继续保持和进一步发展资金分散化的格局，企业手中的自有资金，个人手头的货币将进一步增长，这些资金未必能由银行的储蓄和信贷功能而转化为企业生产资金。另一方面，企业自主扩大再生产对资金的需要和银行资金供应能力的矛盾将继续存在。随着我国经济体制改革的深入发展，进一步搞活了的国有企业，发展势头越来越蓬勃的乡镇企业，以及从专业户自主联合中成长起来的合作企业，它们在商品经济大发展下对资金的更迫切的需要，势必要求人们开辟更加多样和更加广阔的筹集资金的渠道，而更充分地利用股份制这种资金联合形式就是十分必要的。可见，作为资金联合形式的股份制的产生和进一步兴起是时代的潮流。

四、社会主义股份制的作用

股份制作为一种新的企业组织形式，它将带来微观经济机制的新变化，和由此引起国家的经济管理方式和企业所有制形式的变化。在这里，我们要对这些变化进行一些分析。

（一）股份制与国有企业行为的合理化

长期以来，我国全民所有制企业的特征是：实行国有国营，国家集所有权、经营权、分配权于一身，而作为生产的基本单位的企业却缺乏责、权、利，成为上级行政机关的附庸，上述企业的经济形式与组织形式，不能充分调动组织企业中的直接生产者的积极性。为了搞活企业，我们在国家和企业组织管理形式的改革中，实行国家所有、企业经营的两权分离体制，赋予企业以责、权、利，使企业成为自主经营、自负盈亏的相对独立的商品生产者。这一改革，在加强企业经济实体性的基础上，使企业有了自身的经济利益，激发了企业职工从自身利益上对生产的关心，调动了企业的积极性。

实行两权分离，企业成为自主经营主体，在实行指导性计划下，企业在生产活动中不再按照直接体现国家意志的指令办事，而是适应市场的状况和从企业本身的条件出发进行自主决策。由于企业成为拥有自身特殊利益的经济实体，产生了企业争取赢利最大化的自主活动与机制，客观上出现了企业局部利益意识的增强和片面追求局部利益的趋势，而在现行国有企业的组织和决策方式下，作为企业行政负责人的厂长又很难在经营决策中抵制各种干扰，往往是更多地代表企业局部利益行事。即使人们强调厂长首先要代表国家和维护所有者的利益，但是在实际上企业内部决策机制中存在所有权"虚置"现象，从而不可能做到企业重大生产决策和日常经营与分配活动中有效地维护国家利益。可见，在当前国有企业的两权分离体制下，企业追求局部利益和眼前利益，不惜损害国家利益和自身长远利益的行为的短期化是难以避免的。上述行为短期化表现在：不关心积累而热衷于扩大消费基金；在企业发展方向上不注意长期目标，从眼前的需要出发争投资乱上项目；在经营与销售上，不顾企业的信誉而贪图一时之利，等等。企业行为短期化，不仅将引起消费失控，而且会加强"投资饥渴"，引起投资失控。

我国国有企业管理体制改革出现如下情况：一方面为了搞活企业，需要进一步简政放权，扩大企业自主权，使企业真正成为相对独立的商品生产者，但是在现有的企业的组织管理形式和决策结构下，企业追求局部利益的趋势和行为短期化将会更加强化；另一方面为了加强宏观控制，在企业组织机构内部没有所有者的代表的情况下，代表国家进行管理的上级行政机关势必要采取行政手段来干预和统制企业的活动。因此，一旦强调和实行搞活就引起失控，一旦强调控制又会出现管死，这是我国搞活全民所有制微观经济中遇到的困难。

为了摆脱上述困境，人们产生另一思路：对于两权分离后，作为经营主体的企业，制造和形成一种使所有者（国家）、经营者（其代表是企业经理）、直接生产者（职工）的利益互相制衡的机制。即：一方面解决企业内部所有者"缺位"的问题，避免由于企业局部利益意识强化而出现的行为短期化，即企业活动的超越和背离所有者意志；另一方面也避免重新采取简单的行政手段来维护国家利益，从而使搞活企业落空。而为了形成上述利益制衡的机制，必须进一步改革国有企业所有制具体形式，完善企业组织与决策机构，从财产占有、赢利分配、生产决策等方面去理顺所有者、经营者、直接生产者的关系。为此，人们提出了国有企业股份化的问题。

国有企业股份化的做法可以是对企业清资核产、估算定价，将原有资产折合为股份，由国家保持绝大部分股权，一部分股权向本厂职工、其他企业、事业单位、银行出售。这样国有企业通过股份化，将出现"一企多制、合股经营"。

股份制企业实行董事会领导下的经理负责制。董事会由股东代表组成，在"一企多制"下，国家、集体、个人等各方面选派代表参加。董事会的主要任务是选派经理，决定企业的发展方向、经营方针和重大决策。在这种企业组织机构和决策机构下，国家可以通过它掌握的占压倒优势的股权控制企业董事会，从而决定企业的大政方针、战略目标，保护所有者的利益。另外，受聘于董事会和作为经营者的经理就可以不受干扰地致力于企业当前的经营和长期的发展，致力于合理经营。从属于资金最大增值的经理可以说既不是直接代表国家，也不是直接代表职工，而是直接代表资金。股份制下，职工通过职工代表大会行使监督和民主管理职能，同时，职工又以股东身份选派代表进入董事会，从而职工就有了更广阔的场所来行使当家做主的权利。

股份制下，就决策方式来说，作为所有者的国家可以在企业生产与经营中表现其意志，以有效地维护国家利益。企业日常的经营活动是由经理负责，他既按照体现国家意志的董事会的决策办事，又充分听取职工的意见和要求。职工既能发挥民主管理的积极性，但又避免职工意志决定一切。股份制的这种决策机构，形成了所有者、经营者、直接生产者各方面力量的相互制衡，有利于正确处理国家、集体、个人诸方面的利益关系，实现企业经营利益和社会公共利益、企业目前利益和长远发展利益的一致。上述利益关系的正确处理，就使企业行为成为合理的行为。

股份制与政企分开。股份制既然能有效地解决所有者意志在企业内部的代表问题，从而就有利于解决上级国家行政机构对企业的干预和实行政企分离。股份制下，国家财产表现为国有股份，它不能由部门来持有，而应该成立一种专门的国有股份管理机构来加以管理。股份企业的董事就是由这种国家股份管理机构遴选和派出。在这种情况下，原来主管企业的行政管理部门不再是所有者的代表，也就不再需要它来干预企业活动。这样，企业与主管部门之间，就由过去的上下级隶属关系变成平等的关系。这样将有利于促进管理经济的行政部门的机构精简，促进国家管理机构为企业服务。

（二）股份制与企业之间的经济横向联合

股份制以其经济利益的吸引力和平等互利的经济纽带，表现出一种对各种经济领域中的生产要素的较强的聚集与黏合力，从而能够实现不同部门、地区、所有制的资金联合，以促进横向经济联合的发展。在我国创办股份制企业形式的群众性的实践中，不仅实行资金入股，其他生产要素如劳动、土地、技术均可以折价入股。可见，人们业已超越地区、部门界限来组织和发展企业之间的横向经济联合。当前，我国正在推进横向经济联合更广泛更深入地发展。

（三）股份制与经济的合作化

股份制对城乡个体经营的合作化也具有重要意义。逐步实现个体小商品经济向联合的大商品经济的转化是当前农村生产力更快发展的要求。我国当前农村家庭经济规模小、资金缺、劳力少、积累少，不能实现扩大再生产的需要，尽管目前家庭经济还有其生命力，但是如果不逐步地在其生产与经营的各个环节增添联合的因素，那么，它的潜力的逐步耗竭和发展势头的减弱将是难以避免的。

农村在家庭经营基础上产生了多样形式的新型的合作经济。在一些地方，人们采取资金和投劳折股的方式，建立起集体所有制性质的合作经济。一些股份制企业既以投资者自身劳动为基础，但又使用少许雇工，从而是一种带有私人占有性的合作经济。一些地方通过帮工入股以及提取公共积累等措施，使雇工经营的专业大户转化为一种带有集体占有要素的私人股份企业，这是一种中间性、过渡性的所有制。它可以作为一种将目前一些地方出现的雇工经营引导和纳入公有制体系之中的桥梁。

可见，股份制完全可以用来实现城乡家庭经济的联合化和合作化。有效地运用股份制，可以促进产前、产中、产后的生产，销售等环节的联合经营的发展和推动家庭经济的合作化。上述实际情况也将促使我们进一步领会马克思关于"股份企业，也和合作工厂一样，应当被看作是由资本主义生产方式转化为联合的生产方式的过渡形式"[①]这一思想的深邃性。

五、股份制与资金流动化

（一）股票转让与资金流动化

对股份制的作用和意义，我们还应该从社会主义商品经济运行机制的完善，从资金市场机制的发生作用这一见地来加以考察。股份制的作用不仅在于它便利于筹资，而且在于它便利和促进了融资，即资金的流动化。由于股份公司的特点是，股本不能要求偿还（除非公司倒闭、实行清算的情况下），而在商品经济中持股者或出于生产、经营之需，或出于个人生活消费之需，又经常要求获得现金，这种情况决定了股票转让的必要性。

在资本主义经济中，借贷资本表现为资本商品在资本市场出售，即让渡它一定时期的支配使用权和具有价格——利息。股票是采取股金形式的货币资本，它是借贷资本的另一形式。股票作为资本所有权凭证也是商品，而且是资本主义市场上交易最频繁、交易额最大的一种商品。严格地说，股票是一种特殊商品，它的市场价格决定于红利的资本化。例如，甲公司年终红利为10%，银行利息为5%，100元股票价格为200元。由于年终才能确定红利，因而在股票的售获中，利润与股息预期对价格决定起更大作用。股票价格还直接受到供求的影响。股票价格决定的上述特点，使它的价格具有变动不安的性质，甚

[①] 《马克思恩格斯全集》第25卷，人民出版社，1974年，第498页。

至有时是瞬息万变。这种情况使这种商品交易具有投机（speculation）的性质，它会引起一些人突然暴富而另一些人破产，资本主义的证券市场哺育出一个专业投机者阶层。正是由于股票交易与投机的这种密切联系，引起了人们对股票交易的先天的厌恶。

在实行社会主义股份制下，由于股票是分取一定红利的财产凭证，它就能满足某些想得到一定收益的投资者的需要，股票本身就由此具有交换价值，它就有了交易化的可能。股票的转让能满足企业或个人生活或生产上对现金的急需，使投资者能进行投资的选择，将原先投入某一企业中的资金抽出和转投到经济效益更高，对他本人更为有利的企业中去。这种投资的转移能避免"钱到地头死"，从而能大大调动投资者的积极性。如果股票只用于分得红利，而不能买卖抵押，就将连银行存款单那样的资产凭证也不如，因为后者还具有融通性，人们随时可以用它来提取现金。总之，股份集资和股份制企业的发展使股票的转让成为客观的必要。股票总是要按照商品经济本身的逻辑走向交易化，这是一个不可遏制的经济趋势。

社会主义商品经济中，存在着国家和企业发行的证券、债券、股票等金融资产→因而存在着货币资金→多样金融资产的购买行为，而这种购买行为要继之以金融资产→货币资金的售卖行为，这样才能完成货币资金—金融资产—货币资金的循环。上述金融资产→货币资金的售卖就意味着资金的融通。银行间的互相借贷（拆借），企业和个人的资产抵押贷款、票据贴现、债券兑现、股票转让都是资金融通，它使各种物化形态的资金和资金所有者凭证变换为货币资金。资金融通，表明资金流动化与资金形态变化的顺利进行。传统的产品经济体制的弊病，就资金来说，在于管死了资金，使它缺乏融通和流动性。物化形态的企业固定资产不能转化为货币资金，机器设备陈旧过时也不能出售，闲置不用的设备和厂房也不能用于抵押贷款。甲企业用1000元购买乙企业一批商品，持有乙企业1000元发货单，这种商业票据不能用以贴现。因此，一方面"钱到地头死"，一方面大量物资却闲置无用。这种情况表明，由物到货币的资金形态变化不能顺利进行，经济中缺乏顺利的资金循环。上述情况是与社会主义商品经济的生气勃勃的发展不相适应的。

资金的重大特征在于它的运动的不间断性，商品经济中的顺利的再生产必然表现为资金的不间断的运动，这种运动的不间断性乃是资金循环的前提。资金运动的一般公式是：

$$G\text{—}W \Big\langle {}^{P_m}_{A} \quad \cdots P \cdots W' \text{—} G'$$

从生产资料的占有者来看，它表现为$G\text{—}Pm\cdots P\cdots W'\text{—}G'$，从有价证券的占有者来看，它表现为$G\text{—}S$（有价证券交易）$\cdots G'$。股票的购买行为，如果放在社会资金的不绝运动之流的背景中来考察，它就不是在流通领域中的一次孤立的购买行为，即闲置资金持有者用货币换得领取红利的财产凭证而宣告结束和退出流通领域。这个股票持有者，他或者是一个消费者，在他的消费需求推动下，他会将股票再投入流通用来换取作为购买手段的货币；他或者是一个生产者（企业），他适应再生产过程中出现的对追加货币的需求而将股票再投入流通，去换取作为购买手段或支付手段的货币，用来应付各种必要的开支。另外，在商品经济所固有的营利性的经营机制的推动下，各个不同的企业经济效果不同，从而在股息高低不等的条件下，作为投资者的企业和个人会将股票换取货币，作为向更有利的部门进行再投资的手段。因而，应该看到，股金，作为资金的一种特殊形式，它同样具有流动性和流动中发生复归于货币的形态变化这一资金所固有的本质特征。而股票的转让，就它对商品经济运行机制的作用来说，在于它融通和搞活了资金，促使资金流动化。资金流动化意味着甲地可以引进乙地资金，内地可以引进沿海的资金，这样就可以促进资金的横向流动，打破传统体制下资金在不同所有制之间、不同部门之间，以及不同地区之间的割裂状态。资金的横向流动是企业之间的横向联系发展的条件。由于资金总是要用于购买生产资料和发工资，成为消费品购买手段，因此资金流动会促进生产资料、消费品与技术的流动和统一市场的形成，它进一步发展了国民经济商品化和市场化。可见，股票转让的意义还表现在它促进资金流动化，推动统一市场的形成和发展，促进经济的进一步商品化，这是社会主义商品经济按照自身的内在机制运行的必要前提。

（二）股份制与资金市场机制

如果进一步地考察，那么股份制的作用不仅在于它促进资金的流动化，而且在于它也促进资金市场机制的形成，它是市场机制得以充分发生作用的必要条件。资金市场机制表现于：由利率、贴现率等来调节信贷资金的供给，例如利息率的上升引起借贷资金供给量的增加与需求量的减少；反之，利息率的下降则引起信贷资金供给量的减少和需求量的增加。

在社会主义商品经济中，资金市场机制的充分发生作用包括以下几个方面：（1）实行利息浮动，充分发挥利息杠杆对资金的流量和流向的调节作用；（2）实行商业票据、债券（公债，国库券，中央、地方、市政府发行的债券）的贴现，用贴现率来调节资金的流动；（3）在股份制企业发展起来的基础上，通过股票流通化，由股票价格变动来调节信贷资金流动。例如，某一企业经济效益提高，股息增长从而股票价格向上浮动，这将会吸引更多的社会资金用于购买该企业的股票，和使更多的社会资金投向该生产部门。而经营差、效益低的企业，则因为股票价跌，信用降低，筹资困难，从而难以发展和由此被淘汰。

随着社会主义商品经济的进一步发展和社会主义市场体系的建立，特别是资金市场的形成，在这种情况下，既可以有效地发挥银行利率与贴现率来调节信贷资金活动，又可以依靠一定范围的股票价格的浮动来调节资金的流动，这就意味着资金市场机制的调节功能的强化。特别是银行利率的调节作用带有宏观的性质，它调节信贷资金的总流量即总供给。而股票价格的调节功能则带有微观的性质，因为股票价格总是一个个企业的股票价格，股票价格的具体变动将调节资金的流向，即资金投向某一企业。总之，如果人们能够建立起完备的社会主义股票市场，和有效地利用股票市场的调节机制，人们就能使社会主义资金市场机制更加完备和增强，社会主义国家也就将由此获得一个更加有效和灵便的自动调节器来实现对社会信贷资金的流量和流向的有计划调节，和由此自动维护国民经济活动的均衡，提高资金使用的经济效益，促进社会生产资源的合理配置。

这里，我们要指出，发达的社会主义商品经济中的市场机制，包括商品市场机制（主要是价格机制price mechanism）和资金市场机制。商品市场机制是商品经济的基本机制，它通过市场价格的涨跌所引起的经济利益的量的变动，来调节企业的生产活动的扩张或收缩。但是，价格的这种调节作用是通过使用于企业生产与经营中的资金流进或流出来实现的。例如：某一产品价格上涨，会促使企业在扩大再生产中，除了挖掘企业内部资金潜力而外，还要加强对银行贷款和来自证券市场（发行债券、股票）的资金的利用；而某一产品的价格下跌，就会引起企业资金向其他单位的转移。可见，资金的流进与流出，本身就是商品市场机制的内在要素，只不过在上述条件下（即在假设不存在资金市场的情况下），资金的流进和流出是由商品价格的变动来调节。而一旦存在资金市场和有了资金市场机制的作用，资金在某一部门的流进与流出就不仅受商品价格的调节，而且也同时由银行利率的变动和股票行情的涨跌来调节，一句话，也要由资金市场机制来调节。可见商品经济的市场调节器是双重的：它是价格机制和资金市场机制二者的统一。而在一个发达的即信贷活动极为发达的社会主义商品经济中，资金市场机制更在市场机制总机构中居于枢纽的地位。如果资金市场残缺不全，资金市场机制的调节功能软弱，就会影响社会主义商品经济的自动调节机制的形成和调节功能的发挥。

总之，股份制的实行不仅有利于资金的流动化，而且它的发展将促进资金市场的完善和资金市场机制更充分地起作用，从而使社会主义商品经济的运行机制进一步地健全。应该说，这乃是实行股份制的更加重要的意义之所在。

六、股份制与社会主义所有制形式的变化

（一）企业占有的多元化

股份制不仅带来企业组织形式的变化，而且也要引起企业所有制的结构和具体形式的变化，为了形成一种最完善的社会主义股份制模式，人们有必要首先从理论上弄清实行股份制后，社会主义所有制在形式和性质上将出现什么样的变化？

实行股份制，向社会招股集资即把股票出售给其他企业（国营与

集体）、机关单位和个人，无论是对于原先的全民所有制企业来说，还是对于原先的集体所有制企业来说，企业资金中都将会包括以下几个组成部分：（1）全民所有制单位认购的股份；（2）集体单位或是全民所有制单位税后利润购置的股份；（3）个人认购的股份。这样，原来的单一国家所有制和单一的集体所有制就会转化为"一企多制"，即交错的和联合的所有制形态。

在社会主义商品经济中，在实行自主的资金联合的条件下，企业的上述交错和复合的所有制形态将是多种多样和丰富多彩的。联合所有制，例如它可以是以国家股份为主体，或者是以集体股份为主体，但是它的基本形式则将是国家股金+集体性股金+个人股金。只不过对每一个企业来说，上述三种所有制要素的比例将是不同的。这种情况表明，股份制实现了原来的一元的企业公有制的多元化。

对于这一企业所有制的多元化，我们应该怎样来加以认识呢？

（二）对企业所有制多元化的认识

第一，我国传统的单一的公有制，乃是原来僵化性的经济体制下条块分割的结果。这种公有制形式带有锁闭的性质，它使社会资金和其他生产要素长期被禁锢于某一企业之中，这种情况极大地阻碍了企业之间的经济横向联合和生产力的发展。而企业所有制的多元化来源于交错化，它是具有不同所有制性质的企业资金的互相交错、互相混合和共同生长的结果，这种情况意味着资金，从而生产要素在企业之间和地区之间流动与自主结合。不同所有制的互相交错，使企业所有制成为一种开放型的所有制，它意味着企业可以互相利用它们的闲置的资金，以及居民手头的货币，实现资金联合，以适应发达的商品经济的需要。

第二，企业所有制的多元化，实现了各个层次的公有制以及个体所有制在企业内的有机结合。股份制把传统体制下互相割裂的、游离性的企业和社会资金，变成企业联合资金。在"一企多制"下，全民所有制的国家资金、集体所有制的资金与个人资金不是三个独立的板块，而是融合为一体，表现为统一的企业资金。这样，实际上就把集体所有制要素引入传统的全民所有制企业之中，又把全民所有制要素引入传统的集体所有制企业之中，与此同时，个体占有要素也被引入公有制企业之中，这样，就使企业所有制不再是单一的，而成为一种多元结构。这种情况，意味着资金和生产资料的全民占有和集体占有紧密结合在一起，集体所有制中企业内部占有与企业外部集体单位占有结合在一起，单一的企业公有制因此变成了多层次的公有制。同时，资金和生产资料的公共占有又和个体占有（少量的）结合在一起，从而使社会主义公有制带有不完全的性质。股份制由此实现了由企业的公有制到企业多层次的、不完全的公有制的转变，这是微观的所有制形式的一次意义十分重大的调整。在公有制为主体的情况下，这种多元的所有制结构并未改变企业的公有制基本性质，企业仍然是国家或集体财产。但它已不再是各类单纯的国家财产和单纯的集体财产，而是国家和集体共同占有的、联合的公共财产。由于社会主义所有制不可能是纯公有制，它本来就是带有不完全社会公有制的特征，因而引进个人占有因素的多元的公有制，正是适应了社会主义所有制的本性。这也表明，企业所有制的多元化乃是社会主义所有制的进一步完善。

第三，多元所有制借助多样占有关系在企业内部的结合和优化组合，能更加有效地实现国家、集体（企业）、个人之间的利益的结合，从而充分地调动劳动者的积极性。社会主义企业必须真正实现劳动者当家做主，充分发挥他们的积极性、创造性和首创精神，增强企业活力。为此，除了要坚持不懈地对职工进行政治思想教育而外，有必要采取多样物质鼓励方式，从多方面妥善处理和理顺企业—职工关系。在我国传统的经济和企业组织体制下，采取单一的分配鼓励，通过在个人收入分配中实行按劳分配、多劳多得来激发职工的积极性。但是事实表明，单一的工资鼓励其作用度是有局限性的，特别是个人收入分配中的平均主义，只会更加挫伤人们的干劲。这就表明，人们还有必要不仅实行收入分配中的物质鼓励，而且要辅之以在占有中的物质利益，来加强职工与企业之间的共同利益关系。实行股份制，职工占有少许企业股份，职工就不仅是劳动者，而且是投资者；他们不仅通过工资的形式分享自身劳动的成果，而且通过股本分红形式分享企业的盈利，职工与企业之间有了双重的共同利益关系。再加之占有股份意味着相应地承担投资风险，这样就进一步确立了职工与企业之间的共存共荣、利害攸关的经济关系。总之，一定范围内的职工股份，能使职工具有劳动者、直接占有者身份，从而增强了企业公共占有的直接性，加以企业民主管理的完善和职工代表以股东身份在董事会中参与企业方针大政的决策，增强了职工的经营主体的地位。可见，这种占有关系和管理方式的调整，有利于进一步增强劳动者的企业主人翁意识。

总之，股份制以其多元占有关系的组合增强了社会公有制的直接性，克服了传统的国家所有制模式对职工"疏远"的性质；这种占有关系有利于实现国家（全民）、集体（企业）、个人利益的更完满和更密切地结合，和有利于鼓舞与发扬职工的主人翁精神。

第四，在多元的所有制结构和股份制的企业管理和决策体制下，能够形成一种与现实的占有关系相适应的各个占有主体互相制衡的权力结构。由于决策权是由股权来调节的，和通过董事会领导下的经理负责制来贯彻的，经理不仅是独立的经营者，而且他要按照拥有股本的占有主体的意志办事和切实地维护二者的利益，特别要按照主导的占有主体——国家的意志办事和细心维护国家利益，因而，国家尽管不再从事企业的经营，但是国家所有仍然是现实的，而不再是"虚置"的。可见，这种企业内部的恰当的占有结构（以国家占有为主导）与权力结构，就能够避免单纯的两权分离模式下企业决策的从属于局部利益，和为企业行为的合理化奠定经济基础。

第五，更具有重要意义的是，多元占有主体的公有制发展了社会主义的资金联合，促进了社会主义联合资金效益的公共分享。首先，原来为"部门所有""地区所有"（尽管它是在全民所有制名义之下）所禁锢和大量地及经常地闲置的资金，现在借助于开放型的多元所有制而可以为那些需要资金的企业使用，例如A的闲置资金转化为B的股金，B的闲置资金转化为C的股金……Z的闲置资金又转化为A的股金。这样就出现了一种企业之间的交相投资和交相持股，它使原先归各个企业分别持有和很大程度上是分别使用的A+B+C+D+…+Z的资金，成为在社会大范围内的企业可以共同来支配和使用的社会资金。我国传统体制下，资金在条条、块块、企业之间的相互割裂、互不流通的状况就被根本打破，人们也就由此找到了一条实现资金即生产资料的社会化的道路。其次，社会主义的资金联合将产生强大的"联合的生产能力"和提供一个国民收入增量（它是资金联合在企业中实现的追加盈利的总和）。这一增量通过股份制下的分配机制，通过股息、红利等形式，主要是归企业的投资者和资金使用者共同占有，和进一步用于社会生产的发展，股息、红利的另一部分则是由参与投资的范围极为广泛的企业广大职工和居民占有和分享，从而发展了收入分配的社会化。当然，这种收入分配与利益分享方式，由于是按照资金投入而不是按照活劳动投入，从而还带有个人占有的要素与痕迹。

可见，多元所有制结构，通过资金联合冲破了原来的公有制模式在生产资料支配使用和利益分配上的局限性，进一步发展了生产资料的社会化和劳动成果占有的社会化，拓宽了公有制，使它有了更大的容量，增大了它的适应性；但公有制容量的拓宽却不是实行传统的"一大二公"的企业公有化和自上而下的企业合并，而是立足于公有制各层次（社会占有、企业占有、个人占有）的优化组合之上。

总之，以上五个方面表明，采取股份制形式的联合的所有制是一种新的公有制形式。这种公有制具有很强的黏合力和渗透力，它把国家、集体、个人所有结合起来，形成社会所有制关系。这种多元的公有制，把国家、企业、个人的利益妥善地结合起来，和在决策中细心而周到地反映和代表国家、企业、职工各方面的意志，因而这种所有制是社会主义公有制的进一步完善和发展。

马克思和恩格斯论述了社会主义、共产主义生产方式是"联合的生产方式"。他们指出：代替私人资本主义的新社会在经济上是"自由人的联合体""联合劳动的组织"。我们认为，以公有制为基础，以国家（全民）所有制为主导的多元所有制，正是一种走向未来的成熟的自由人劳动联合的途径。由于社会主义国家长期实行了一种部门、地区割裂的、单一的公有制模式，人们对马克思主义经典作家关于社会主义实行联合劳动的意义深刻的思想未曾予以深入地研究和发掘。为了给我国所有制的改革提供理论的指导，结合我国改革实际，进一步钻研和领会马克思主义的所有制理论就是十分必要的。

试论我国金融体制的改革[①]

        金融体制改革是我国全面经济体制改革中一个十分重要的组成部分。金融体制的改革搞好了，才能使我国社会主义经济有充沛的活力，经济才能真正活而不死，实现强劲的起飞。金融活动与生产和流通直接相关，这一领域的改革带有敏感性，它牵涉国民经济各个方面的活动，会迅速带来各种各样的反响。因此，金融体制改革有很大的难度，既要积极探索，又要审慎从事。为了使改革有目的地和顺利地发展，在当前我们有必要探讨和确定具有中国特色社会主义金融体制的理论模式。在制定这一金融体制模式时，我们必须遵循把马克思主义同中国实践相结合的基本原则，认真总结中华人民共和国成立以来金融工作的经验教训，同时也要参考、借鉴和吸取西方国家在发展、利用和管理金融信贷活动中的有效方法和经验，博取所长，为我所用。

        本文拟就我国金融体制的模式问题，谈谈自己一些不成熟的意见。

[①]　原载《财经科学》1985年第5期。

一、建立起既能搞活金融，又能保证宏观控制的金融体制

进行金融体制改革，首先应该找准和针对我国原有金融体制的缺陷与弊端。这就是：金融机构的单一化和金融业务集中过多、管得过死；银行作用与信贷关系未充分发展和加以利用，信用形式单调，金融流通工具单一；资金分配主要采用僵硬的行政手段；资金运用中吃大锅饭和缺乏经济效益，等等。为了克服上述弊端，可以设想，我们应该建立起一种资金经营型的金融体制。这一金融体制概括起来就是：中央银行集中领导下，包括多种经济形式、多种金融机构，实行企业化经营与运用多样信用形式的社会主义金融体系。

在我国原来高度集中的资金分配型金融体制下，实行信贷资金自上而下的集中分配，资金缺乏流动性和经济效益。在上述新金融体制下，信贷资金的运动和融通则是以计划性、灵活性、效益性为其特征。我国金融运行机制的计划性表现在：信用与金融活动，按其总体来说，是处在社会主义国家（通过中央银行）强有力的集中管理与宏观调节之下，资金的供给和需求要受计划的控制，资金的投向要受中央银行的调节，从而使社会资金的运动适应社会主义有计划的生产、分配与流通的要求。金融运行机制的灵活性表现在：基层金融单位（包括基层专业银行）是责权利相结合的经济实体，它实行独立核算，自主经营，根据企业的需要和金融市场的状况，机动灵活地进行信贷和其他融资活动，从而对社会主义再生产进行全面渗透，对社会经济活动的运行发挥有效的促进作用。金融运行机制的效益性表现在：在中央银行调节下和在基层银行自主经营下实现的资金分配与运用，将克服资金敞口供应制下企业不论是盈是亏，资金都由国家包下来的吃大锅饭的现象，提高资金的使用效益。

总之，我国新的金融体制必须是既能发挥各种经济成分的金融机构在发展金融事业中的积极作用，又能有效地保证全民所有制的国家银行的主体地位；既能增强资金的融通性，加强金融运行机制的活力，又能使各种货币信用杠杆与齿轮的作用互相协调，保证金融大机器运行的计划性。归结起来，一方面要把信用与金融事业搞活，另一方面又要保证国家的宏观控制，这就是中国式的社会主义金融体制的特点。

金融机构的多样性。我国原有的金融体制是以金融机构单一为特征的。除信用合作社外，几乎一切信贷均由中国人民银行独家经营。这种单一化和高度集中的金融体制已经不能适应我国的国情与社会主义商品经济发展的需要。1984年春，国务院批准中国人民银行行使中央银行的职权，并成立中国工商银行，形成了由中国人民银行为首，工商银行、农业银行、建设银行、中国银行、保险公司、国际信托投资公司等专业银行和金融机构为辅的社会主义金融体系，在金融机构多样化的道路上迈出了重要的第一步。

经济体制改革后，我国存在着多样的经济成分和多样的经营形式。特别是农村推行农业生产责任制后，迅速出现了上亿个独立经营的单位。所有制与经营形式的多样性，经济活动的复杂性以及企业资金来源的更大的分散性，要求融通资金的形式、方法和条件具有灵活性与多样性，单一的金融机构无法适应这种需要。而金融机构的多样化乃是保证有发达的和灵活的信用关系的必要条件。我们看见，即使在银行资本高度集中的当代发达资本主义国家，信用金融活动也并不是完全由几家大银行独占。如1977年美国有15207家银行，包括联邦注册银行4655家，州注册银行10085家，其中绝大部分是中小银行。在美国既有作为中央银行的联邦储备银行，又有私人商业银行及保险公司、贴现行和其他储金信用组织。适应企业搞活以后的需要，我国有必要建立以全民所有制的国家银行为主体的多样性的银行体系。这就是：一方面要坚持金融领域中全民所有制的国家银行的主体地位，另一方面又要适当地发展集体所有制的信用社和其他金融机构，以及侨资、外资银行，同时也应该允许个人之间信用的存在。此外，还应允许建立投资公司、地方银行、地方信托公司和其他金融组织形式。总之，通过建立一个多样性的银行体系与金融体系，才能进一步搞活信贷，发展社会主义金融事业，以适应生机勃勃的社会主义商品经济发展的需要。

银行和其他金融机构的企业化。金融体制改革的中心课题是实行专业银行和其他金融机构的企业化。银行企业化的必要性在于：（1）我国现行金融体制的弊端，突出地表现在基层专业银行不具有相对独立的经济实体的地位，政企职责不分，单纯地运用行政方法分配社会资金，实质上是国家分配资金的行政机构，而不是责权利相结合的经济组织和企业，还不是"真正的银行"。我国银行的上述性质与状况，是由我国原来的高度集权的、财政分配型的国民经济体制所决定的。显然，随着我国经济体制改革深入发展，国民经济转上社会主义商品经济的轨道以后，改变我国银行的国家行政机构的性质，使之企业化就是十分必要的。（2）由于银行在很大程度上具有**行政组织**的性质，决定了它不从事货币**经营**和为此承担经济责任，而是进行国有资金的分配，它造成资金使用上的大锅饭。在这种银行体制下，信贷活动不是适应经济规律的要求而往往是按长官意志办事，不仅资金使用的经济效益低，而且造成呆账和社会资金的大量损失，这是使我国本来就存在的资金供应紧缺状况更加严重的重要因素。（3）银行企业化是从根本上调动银行职工积极性的经济基础。在我国过去的金融体制下，银行缺乏自身的经济利益，加之银行内部工资分配上的平均主义，严重挫伤了银行职工的积极性，造成银行的效率低、效益差、"官商作风"盛行，妨碍了银行改进经营管理、革新物质技术手段、实现经营现代化的进程，使我国银行管理长期处于落后状况。而实行银行企业化，则有助于改变这种状况，有效地发挥银行工作的潜力和提高银行职工的素质。（4）在社会主义商品经济中，银行所经营的对象是具有增值性的货币资金，后者要不间断地和迅速地周转，加之**货币经营**带有较大的风险性，要求银行本身具有机敏性、灵活性、能动性和充沛的活力。在社会主义商品经济迅速发展和竞争日益发挥作用之下，银行如果没有自主经营的能动性、积极性和首创性，要能够适应商品经济发展的要求是不可思议的。正由于此，通过银行的企业化，把银行办成真正的银行就成为金融体制改革的一项根本任务。

总之，银行的企业化是商品经济中的银行的**本性**所决定的，它是把银行办成拥有旺盛活力的真正的社会主义银行的关键。我们清楚地看到，经济体制的改革把国营企业从行政机构的附庸地位解放出来，成为真正的企业即责权利相结合的**经济实体**，取得了搞活企业的显著效果。我们也可以展望，如果我们在今后，逐步地解决了银行企业化这个课题，我国现行金融体制缺乏活力和资金分配上吃大锅饭的重大弊端就将得到根治，我国社会主义商品经济的运行就将因为有了一个高效率的金融机制而充满生机。

给银行以资金占用权。银行是经营货币资金的特殊企业。为了把基层专业银行变成真正独立核算、自主经营的企业，对国家所有制的银行，应根据资金所有权与经营权相分离的原则，将基层银行的全民所有资金归**银行**占用。此外，还要允许基层银行拥有归银行长期占用的留用资金，要实行银行经营盈利只交所得税，税后利润列入银行留用资金，银行对之应该有更大的支配权即更充分的占用权。

当前，我国银行信贷资金管理体制实行"统一计划，划分资金，实存实贷，相互融通"，即专业银行的资金和其他信贷资金由人民银行总行核定交专业银行作为各行的营运资金，由专业银行在自身范围内统一安排和调拨使用。这种划分资金的方式并不能解决基层专业银行真正独立核算、自主经营的问题。我们认为，要真正实现基层专业银行的企业化，在赋予基层银行以决策权的基础上，有必要将划分资金的关系改为占用关系，使银行有一笔较为固定的、归它长期使用而不是每年划拨的和经常变动的信贷资金，即保证银行对资金拥有占用权，这是银行独立经营的必要条件。

总之，要使基层国营专业银行能够占用资金和支配资金，能够积累资金和通过盈利资金化以增强其经营资金，能够分享资金运用的利益和把经济效益与职工收入挂钩，使银行成为一个货币资金经营者。在实行银行营运资金的所有权（全民所有）、经营权（银行自主经营）相分离的场合，由于银行必须向国家交纳税金，国家（通过中央银行）还要对专业银行资金运动进行有效的调节和管理，因而国家并不丧失其对资金的所有权。而银行只拥有资金的占用权。在上述资金管理体制下，才能真正使银行成为全面经济核算制的经济组织，才能有效地实现银行的责权利相结合，使它具有企业的地位，才能从根本上解决银行的活力与素质问题。

发展和充分利用多种信用形式。针对我国原有金融体制下信用形式单调的缺陷，为了搞活金融，充分发挥信用对社会生产和社会生活的积极促进作用，有必要创设、发展和利用多种信用形式：（1）开展多种形式的银行信用。如多种存款方式、各种生产信用、消费信用、租赁信用、抵押贷款等。（2）发展商业信用。首先要抛弃那种认为社会主义经济中不存在商业信用的陈腐观点。发生在商品生产者之间的商业信用乃是发达商品经济的必然产物，它在生产者间融通资金、加速商品流通方面起着重要作用，是社会主义商品经济顺利运转所必要的一种机制。（3）发展和利用股票、债券等信用形式。在社会主义商品经济中，以认股自愿、按股分红为特征的股份制，是一种自主的投资形式，它能恰当地处理不同所有者的利益关系，是聚集和利用社会资金的有效形式，借助这种形式能促进生产资金的极大化和提高资金利用效益。为了更有效地利用股票、债券等信用形式，必须通过探索和总结经验，逐步建立和发展社会主义商品经济中的股票市场和债券市场，使股票交换化、商品化，以增加资金转让、融通的灵活性，进一步搞活金融。

保险是社会主义信用的重要形式。保险是以集中起来的保险费建立保险基金，用于补偿因自然灾害或意外事故所造成的经济损失，或对个人因死亡、伤残付给保险金的一种信用形式。在发达的商品经济中，要求保障企业生产经营、人们的生命活动和生活，这样就有了保险业。社会主义经济是**有计划**的商品经济，其中同样存在着企业商品经营的风险，劳动者的生活和工作也需要有更好的保障，因而保险这种信用形式的发展是不可避免的。发展保险这种信用形式**将成为**社会主义资金聚集的重要手段。

总之，上述各种信用形式都是社会主义商品经济中信用机制的必要环节，是社会主义信用机制发挥作用的杠杆、皮带与齿轮，它们共同形成了一个发达的信用网络和信用机构。而**社会主义商品经济的总机制就是由商品流通机制和信用机制组成**的。社会主义国家为了保证商品经济的迅速发展，就必须大力充实与健全社会主义信用机制。首先要发展和充实各种信用形式，开展多样化的银行业务和金融活动，探索利用各种新的信用形式，彻底改变原有经济模式下的信用形式单调、金融流通工具单一、信用关系薄弱和信用机制运转不灵的弊端。

实行指令性的信贷与指导性的信贷相结合，同时允许自由信贷作为补充。在社会主义有计划的商品经济中，信贷活动表现出鲜明的计划性。有计划的信贷包括指令性的信贷与指导性的信贷。为了保证满足国家批准的重点建设项目（如能源、交通等）和重大科技革新项目的资金需要，有必要采取专业银行的指令性贷款形式，由国家通过行政方法直接加以安排。为了切实加强薄弱的部门，保证各个经济部门平衡发展，这种指令性的信贷更是具有特殊的重要性。

但是不能把有计划的信贷仅仅理解为指令性的信贷形式。在社会主义商品经济中，各企业的生产情况与资金周转状况和对资金的需要各不相同，一些企业对资金有迫切的需要，另一些企业则会出现暂时的闲置资金。为了使这种经济变动的资金融通的需要得到有效的满足，除了指令性的信贷而外，还需要在企业之间、企业与银行之间发展在国家计划指导下的自主性的信贷关系，充分发展与利用自主信贷关系乃是搞活企业的重要条件。

在我国社会主义商品经济中，还存在着城乡个体生产者与独立经营的专业户。他们的再生产过程和对资金的需要是极其复杂的。他们之间的资金融通需要采取自由信贷的形式，这是一种在社会主义国家管理之下的自发性的信贷关系，属于市场性信贷的范畴。允许这种信贷的适当发展并将它作为社会主义有计划信贷的补充，将有利于搞活社会主义经济。

可见，社会主义国家有计划的信贷体系就是作为主体的计划信贷与作为补充的自由信贷相结合，而计划信贷中又表现为指令性信贷与指导性信贷相结合。基于我国国情，更需要建立一种国家能有效地指

导和控制的、指令性和指导性相结合的、充分运用经济手段的、充分
让基层银行自主经营的社会主义的有计划信贷体制。这种新型的信贷
体制既不同于苏联模式的僵化信用体制，也不同于南斯拉夫的较完全
市场性的信用体制，它表现出计划性与灵活性相结合的特征，一方面
把大的管住，另一方面又把小的放开，在直接的计划机制与市场机制
相结合中实现信贷的总体平衡。

二、加强中央银行的职能，有效地实现宏观控制

社会主义有计划的信贷运行机制是在一个强有力的中央银行的有
效率的与熟练的宏观调节下实现的。由于基层专业银行及信用机构拥
有经营自主权，它们自主地开展多方面的信贷活动，由于计划信贷中
指导性信贷的发展，以及某些领域存在着一部分完全市场性的自由信
贷活动，因而信贷的一定的自发性是难以避免的。信贷的自发性表现
在：（1）信贷量的失控即信贷的不平衡；（2）信贷方向的偏离即信
贷资金投放领域的不适应，支持了本应加以限制的生产等。如果没有
社会主义国家自上而下的管理，不对这些自发作用加以限制，那么就
可能出现信贷的盲目性、信用膨胀与货币贬值。在搞活信用中，对此
应该有充分的估计和保持清醒的头脑。

社会主义商品经济中信贷机制的上述特征，要求加强中央银行的
职能，发挥它调节和管理信贷的作用，有效地实现对国民经济的宏观
控制。为此，首先必须建立起中央银行的一整套强有力的调节杠杆，
熟练地掌握管理信贷活动的方法。只有在确保中央银行——社会信
贷管理中心——的**集中控制力**的基础上，那些进一步搞活社会主义金
融、发展和扩大自主性信贷活动的措施才能产生积极的效果。

为了形成社会信贷和金融管理中心的集中控制力，有必要采取以下措施：

第一，中央银行对货币发行量进行控制。要按照决定货币流通量的客观规律，结合我国有计划的社会主义商品经济的具体实际，探讨与确定每个年度合理的货币发行量，在此基础上制订科学的符合生产与流通需要的货币发行计划。具体地说，要按国民收入增量以及货币流通速度来确定货币发行的最大限额，并用法律形式来加以规定，不允许超过，财政不能任意向银行透支。在我国社会主义经济转入商品经济的轨道之后，流通中的货币量是否适当，金融与信贷活动是紧还是松，直接关系整个国民经济活动的节奏与脉搏，关系是否会发生信用和通货膨胀。正由于此，中央银行必须对货币发行实行垄断，严格控制货币发行量，保持货币购买力的稳定并由此控制与调节信贷总规模。严格地控制通货增量乃是维持一个健全的金融信用机制的基础，这一点已为世界各国对货币金融管理的实践所证明。

第二，中央银行控制信贷规模，保持信贷的基本平衡。中央银行根据国家制订的综合信贷计划，管理与控制指令性的信贷，对专业银行的信贷活动进行指导、管理和调节，将它们的自主信贷纳入国家计划的轨道。

第三，在管理和调节信贷活动中，中央银行要动员和使用各种经济手段。如确定专业银行存款准备金的恰当数量，实行灵活的利率政策，如差额利率、重贴现率、惩罚利率等。此外，还可以在金融市场抛售或购进国家债券、黄金（包括金币）。在一个自动运转的社会主义金融机制中，经济手段起着有效的宏观控制器的作用。

第四，中央银行在管理和调节信贷活动中，还必须运用必要的行政手段与法律手段。对某些生产领域实行的指令性信贷就体现了行政手段的运用。在主要依靠经济手段的同时，辅之以必要的行政手段与法律手段，才能形成一个强有力的调节工具，才能既搞活信贷，又维持信贷平衡的大局。

第五，建立能保证中央银行领导、管理与监督各个专业银行和其他金融机构活动的体制。要保证中央银行对金融活动的集中管理，避免多头管理，各行其是，互相扯皮，必须建立与完善中央银行—专业银行（及地方银行）的体制和中央银行—省分行—市县支行的体制。此外，要用立法手段确立中央银行行长（包括董事会）的权威，以切实保证统一管理各专业银行的权力。

第六，建立能保证中央银行对专业银行进行管理的技术手段和信息系统。充分利用电子计算机及时地掌握企业和整个国民经济活动的情报，汇总和分析各个领域的信贷活动及其发展趋势，为中央银行的调节决策提供依据。

中央银行要与专业银行实行分工，要摆脱日常存款和对企业的放款业务，而专门同银行打交道，从事金融信贷的管理与调节，成为一个纯金融管理机构，真正成为"国家的银行""发行的银行"和"银行的银行"。因此，中国人民银行就有必要进一步进行改革，完善和加强它的各种调节工具和调节职能，以发挥中央银行作为国民经济宏观调节器的作用。

企业之间横向经济联合
的几点认识①

一、企业间横向经济联系的薄弱，是旧经济体制缺陷的一个重要方面

我国原先的经济体制是一种高度集中的行政管理型的体制。在这种体制下，国家不仅是全民所有制企业的所有者，而且直接管理企业的日常经营活动。国家通过中央的部委、地方的厅局等管理机构，按照一定的部门分工，运用行政手段直接管理和干预企业的产、供、销等一切经济活动。这种按照部门和行政区划来进行管理的体制，使企业或是隶属于条条，或是隶属于块块，从而形成了条块分割与地区封锁，割断了在社会分工体系中彼此密切依赖的企业之间本应该得到建立和发展的横向经济联系。加之在纵向的行政管理方式下，按照上级部门的命令、决定和指示（其中会带有不少的主观主义，甚至瞎指

---

① 原载《财经科学》1986年第4期。

挥）来安排和组织企业之间的经济联系，存在着不适应企业的具体条件和现实需要、时间拖拉、经济效益低等严重缺陷。在上述情况下，必然会出现企业之间的劳动协作和活动交换不发达和不合理的现象，造成企业生产组织的"大而全""小而全"的自给自足倾向，形成封闭式的经营。企业宁愿慢吞吞地单干下去，也不与其他的企业和单位互相协作和实行联合。这样就造成了作为我国社会主义经济肌体的细胞的企业活动呆滞与僵化不灵，阻碍了国民经济健康运行所不可少的、企业之间在生产要素上的对流和组合，从而造成在资金、原料、土地、劳动力和技术等方面，一些企业严重缺乏，而另一些企业却相对富余甚至长期闲置的情况。其结果是企业内部的潜力不能得到发掘，彼此的优势均不能得到发挥。总之，横向经济联系的薄弱，是我国许多企业多年来技术与生产面貌改观较小、经济效益低、人民从经济发展中得到实惠少的一个重要原因。

二、关于经济的横向联系与企业的横向经济联合的概念

横向经济联系，在商品经济中，就是指企业与劳动者在商品生产、交换等活动中对外发生的关系，就是指人们的活动交换的商品化与市场化。在产品的销售、技术的转让、人才的流动、信息的交流等方面发生的商品关系，都是经济的横向联系。如敞开省界、县界，让邻近的和其他地区来本省、本县推销商品；敞开城门，让农民进城设厂、设店；实行劳动力的合理流动，长期招聘或短期延聘其他地方的名师高手；开展跨地区银行之间的资金相互拆借和商业票据的贴现活动，使资金在全国范围内自主流动，等等。以上都是属于横向的经济联系。

比较起"横向的经济联合"来，"横向的经济联系"是一个更

抽象，从而含义更为广泛的概念，它包括了企业的横向的经济联合。企业间横向的经济联合乃是横向经济联系的一种特殊形式，是企业之间在商品生产与经营活动中的协同与联合，它包括临时性的松散的联合，如原料购买与商品销售的短期联合、临时的购销协作和技术协作；通过长期的紧密的联合而组成为某种经济实体，如流通领域中从事销售、原材料采购的联合企业和统一组织生产的联合体，等等。

三、由横向经济联系发展到企业横向联合是商品经济的普遍规律

商品经济的发展，首先表现为商品关系普遍发展，即国民经济的商品化，然后在这基础上实现企业联合化。历史上商品经济的发展，首先表现为市场的发展，这就是地方市场转化为国内市场，然后形成世界市场。与此同时，要素市场形式（商品、劳动力、资金、技术和外汇等）的形成和发展使多样的经济活动商品化。市场的发展，打通了各种生产要素进行经济流转的渠道，使企业之间的商品交换、资金流通、劳动力流动、技术转让、信息交流等横向关系大大扩大，甚至实现在世界范围内的生产要素的优化结合，以最少投入得到最大产出，取得最佳经济效益。

横向的经济联系，是企业之间横向经济联合发展的前提条件。因为，市场的扩大和竞争的激化，激励着企业去进行资金积累和扩大生产规模。市场的扩大，又使生产要素流动化，为企业横向联合、进行要素组织创造了条件。特别是商品经济中存在着扩大再生产与企业生产要素持有的有限性的矛盾的存在，企业为了赢利就要努力降低成本以增强竞争能力，因此，它必然要用各种形式联合起来。

四、资本主义经济中的企业联合化和联合生产能力的形成

在横向商品关系普遍发展的基础上实行企业联合化，是资本主义商品经济的鲜明特征。从事商品生产和经营的资本主义企业，为了适应生产社会化，企业需要有资金规模的扩大化。为此，资本家一方面采取由剩余价值资本化而实现的自身资金的积聚来扩大资本规模和生产能力，另一方面通过企业的联营、合并等联合形式，来实现资本集中和生产集中。这样，小规模的独资企业就转化为联合企业。作为资本主义典型的企业组织形式的股份公司，就是一种资金的联合。19世纪中叶以来，资本主义经济联合就已经加快了步伐，特别是在垄断资本主义时期，经济联合化更是迅急发展，不仅形式更加多样，而且进行联合活动的地区范围也越加广阔，出现了像跨国公司这样的企业国际联合的新形式。

企业联合化是企业组织形式的变化和完善，它意味着在更大范围（联合经营范围）内实现生产与经营的协作。这种企业协作，是建立在专业化分工的基础之上，它以一些大企业为主体，围绕某一种或几种主要产品的生产来组织相关企业之间的协作和联合。这种企业组织形式具有以下的优点：

第一，企业联合化把相关企业的生产要素联合在一起，在科学分工和生产专业化基础上实行生产要素重新优化组合，这就意味着企业获得了一种新的生产力，它使企业的物质技术基础进一步得到增强。

第二，企业联合化把各个企业占用的小规模的生产资料结合成为共同支配的大规模的生产资料，在资金集中的基础上，使企业能够实现规模更大的资金内部积累，由此使企业有可能去从事那些耗资大、生产时间长的现代化大生产，如铁路、轮船、航空、核能发电等建设。

第三，企业联合化在分工与劳动协作进一步发展的基础上，发展与

完善了劳动组织，进一步发展了联合体内部的劳动协作（包括协作厂之间和各厂内部的劳动协作），从而使劳动组织进一步完善。上述情况意味着劳动的更加社会化，社会结合劳动采取了更发达的形式，它必然会产生一种新的生产力，并能大幅度地提高劳动生产率。

第四，企业联合化能使现代科学成就更充分地运用于生产之中，有利于实行和加强科学管理，从而使现代科学更加顺畅地和迅速地转化为直接的生产力。

第五，企业联合化在生产要素联合和统一调配的基础上，基于发挥企业联合群体优势的需要而实行新产品开发和生产改组，能促进产业结构与生产力布局的合理化。这种优化的产业结构与生产力布局，意味着一种新的生产力。

归结起来，联合化克服了原先的规模较小的企业的生产与经营的局限性，它在生产要素优化组合的基础上提高了企业的生产力。马克思根据19世纪中叶股份制形式的资本主义企业联合的状况指出："它显示出过去料想不到的联合的生产力，并且使工业企业具有单个资本家力所不能及的规模。"[①]马克思高度评价了企业联合在提高生产力中的作用，他说："假如必须等待积累去使某些单个资本增长到能够修建铁路的程度，那末恐怕直到今天世界上还没有铁路。但是集中通过股份公司转瞬之间就把这种事完成了。"[②]联合生产能力的威力和作用，在科技革命深入发展的当代资本主义经济中，更是分外令人瞩目。当代的新兴尖端科技的开发，如航天技术、核技术和电子计算机等，均是借助企业联合来从事和完成的。

---

① 《马克思恩格斯全集》第12卷，人民出版社，1962年，第37页。

② 《马克思恩格斯全集》第24卷，人民出版社，1972年，第688页。

五、社会主义商品经济为企业间横向经济联合开拓了广阔的场所

既然企业经营联合适应了独立经营的企业发展专业化分工和更加有效率的社会化大生产的需要，因而这种企业组织形式的变化，是商品经济发展中不以人们意志为转移的客观规律，因此，这种企业组织与经营形式变化的必然趋势，同样要表现在社会主义的商品经济之中。近年来，随着我国经济体制改革的深入发展，旧的产品经济模式向新的社会主义商品经济模式的转换，拥有责、权、利并已成为经济实体的城乡各种企业，在商品经济的企业经营机制、市场机制和竞争机制的作用下，纷纷自动联合起来。在城市，特别是体制改革试点的城市如常州、重庆等地，早就出现了以大型企业为主体，以名牌产品为龙头，在生产要素（资金、原材料、厂房、设备、技术和劳动力）方面进行超越行业、所有制、城乡、地区的横向联合形式，这种联合大大提高了企业的经济效益。而在农村，随着家庭联产承包化和经济的商品化，以家庭经营为基础的经济联合，更如雨后春笋一样蓬勃发展。其中既有农民家庭之间的联合，又有农民家庭经济同集体经济、国营经济的联合；既有同一地域、同一部门的联合，又有跨地区、跨城乡、跨行业的联合；既有生产领域里的联合，又有供销、加工、储运等产前产后的联合。我国企业横向联合不仅来势猛、发展快、范围广，而且它的形式多种多样，从企业间临时性的简单的物资和产品协作，发展到打破所有制、部门、地区界限的资金、技术、人才、设备、生产、经营、销售、科研、信息等生产要素的多渠道、多形式、多层次的联合。近年来，还出现了以某一个大企业为核心，采取灵活多样的形式和一大批企业联结起来的、众星拱月式的企业群

体。这种发达的企业横向联合，大幅度地提高了劳动生产率和企业经济效益。

社会主义制度下企业的经济联合化和资本主义制度下企业的经济联合化有什么不同呢？众所周知，资本主义制度下企业的经济联合化，纯粹是出于资本家榨取最大利润的动机，因而那里的企业横向联合是自发地和盲目地进行的。一方面，资本家私有制排斥对企业活动的外来干预；另一方面，私人利益的对抗，资本家损人利己和吞并对方的企图，限制和阻碍合理的经济联合的发展。因此，资本主义制度下的企业经济联合往往提高了微观经济效益，但缺乏宏观效益和社会效益。这可以从当代某些发达资本主义国家出现的企业"空心化"①、生产力布局不合理、环境污染、生态平衡遭受破坏等现象中表现出来。

社会主义制度开拓了企业间合理的横向经济联合的广阔道路。社会主义全民所有制企业利益的基本一致性，使企业能够在平等互利的基础上联合起来；国家的计划指导与协调，为企业的横向联合指出了发展的正确方向。国家的协调，便利和加速了企业自主的联合进程，因而社会主义制度下，企业的横向经济联合能够适应经济规律的要求，最广泛地健康地发展。多样性、多层次的企业经济联合，不仅能大大提高微观的经济效益，也增大宏观的经济效益，并且能逐步实现经济效益与社会效益（包括环境保护与生态平衡）的统一。这种情况表明，社会主义制度，能使联合的生产能力获得充分发挥，并使这种新生产力最有效地从属于社会主义生产的目的。

---

① 跨国公司关闭本国的某些工厂，将资金转移到劳动力便宜的国家去，这样使国内企业的物质生产受到削弱。

六、我国当前大力发展企业间的横向经济联合的迫切性与重大意义

（一）发展农村家庭企业的横向经济联合，是在家庭经济基础上实现生产要素组合优化的重要途径

农村联产承包化以后，我国农业生产方式转上了家庭劳动方式的轨道。这种家庭经营尽管在实现农业增产中还有着很大潜力，但由于它毕竟是一种家庭小经济，所以它还缺乏规模效益，在实现生产要素的优化组合中，更有着较大的局限性。正因为如此，为了提高经济效益，以适应发展商品经济的需要，不少专业户（包括承包专业户和自营专业户）自动地发展横向的经济联合，建立起联户企业，以及把家庭生产与经营的个别环节联合起来的多种多样的合作企业。这种家庭经济联合化，使生产要素组合优化，不仅发展了农业生产专业化，而且促进了工业与第三产业在农村的发展，从而使农村产业结构得到调整。在当前，这种产业结构的调整，乃是我国农村商品经济的持续发展和农村经济新腾飞的必要前提。

（二）发展企业间的横向经济联合，是实行乡镇企业产业结构调整的重要途径

近年来，我国乡镇集体经济有了迅速发展，目前各类乡镇企业有606万个，就业人数达5208万人，总产值达1709亿元，这是我国社会主义国民经济中的一支重要力量。但是，短短几年内，遍地开花兴办起来的乡镇集体企业，较为普遍地存在经营管理落后、技术水平低、经济效益不高、缺乏竞争能力的问题。因而乡镇企业在建立之后，必须继之以调整，选择低耗高效的产品和行业，以发挥自身的优势，才能

站稳脚跟和逐步扩大，进一步发挥它所拥有的生产潜力。发展横向经济联合，正是乡镇企业在产业结构上得到调整的重要途径。

（三）发展企业间的横向联合，是深挖城市企业潜力，实现生产力腾飞的途径

城市经济在国民经济中占有特别重要的地位，我国工业总产值中82.1％是由城市企业来提供的。在城市经济体制改革全面开展一年多来，城市企业，特别是国有企业初步有了自主权，发展横向经济联合就能进一步搞活城市企业，深挖城市经济潜力，实现我国城市经济的新腾飞。我国城市中大量的小型企业，多数是生产满足人民生活需要的消费品和服务产品的，它们是国民经济中的不可忽视的力量。但是，这种小企业的物质条件薄弱，技术人员配备不足，多年来企业的革新改造又因缺乏资金而进展迟缓，不少企业依然继续保持着十分落后的面貌。大力发展企业间的横向经济联合，通过生产要素的优化组合，形成联合的生产能力，是使这些企业迅速改观，发掘它们中蕴藏着的潜力，大力提高微观的和宏观的经济效益的一条捷径。

我国城市大中型企业，是我国国民经济的中坚力量。它们的生产在工农业总产值中占70％左右，提供的税利在全部财政收入中占65％。但是这些大中型企业多年来在部门与地区分割下，成了"大而全"的"全能型"企业，人员冗杂，机构臃肿，浪费严重，成本高，效率低。一旦面临着商品经济中的竞争，它们的缺陷一下子就暴露出来，不少企业因亏损严重长期处于困境。因此，大中型企业，也必须通过经济联合化来实现生产要素优化组合，来深挖企业中蕴藏着的深厚潜力，形成联合的生产能力。

总之，对我国城乡各类企业来说，通过横向的经济联合化，借助生产要素的优化组合，依靠联合的生产能力，乃是多快好省地实现增产的捷径。在我国城市企业的内部积累能力有限，而国家投资又只能集中用于能源、交通等方面的重点建设项目的情况下，大力发展企业间的横向经济联合，依靠联合的生产能力来实现扩大再生产和加速经济的发展，形成和保持旺盛的增长势头，是一个可取的战略。

七、发展企业间的横向经济联合与我国企业生产组织形式和所有制形式的完善

（一）横向联合与企业组织形式的完善

大力发展企业间的横向经济联合，不仅将促进企业生产要素的优化组合，而且还将使企业的组织形式和经营方式进一步完善。目前一些联合企业，采取了股份公司形式，建立了联合各方面人员组成的董事会，由董事会聘任经理负责企业的经营活动。这样就从组织形式上保证了企业的独立经营权，从而较好地解决了政企不分的问题。经理向作为所有权代表的董事会负责，既使所有权与经营权相分离，又能使所有者的利益与经营主体的利益互相制衡，从而有利于解决当前国有企业组织模式下存在的企业行为短期化的问题。此外，联合化使企业的生产、销售活动（从局部范围的活动到全面的活动）联结和组织起来，原来个别企业小范围的生产与经营，变成了若干企业或是企业群体范围内组织起来的，并由计划来相互协调的生产与经营，从而提高了生产与经营的社会化，而这种在更大范围内有组织的生产与经营，就能充分地实行科学管理。可见，联合化会大大促进企业经营的现代化。

（二）企业横向经济联合与生产关系的完善

企业间的横向经济联合，不仅是企业组织形式和经营方式的完善，而且也将引起社会主义生产关系的完善。例如，农村家庭经济的联合化，产生了在产前、产后和产中的活动中，把资金、劳动力、技术、土地等生产要素联合起来的多种形式的合作经济。在实行土地公有、平等互利的联合劳动和提留一定的公共积累的条件下，这种合作经济的社会主义集体占有因素就由此得到增强。当前在农村通过联合化逐步地建立起这种以家庭经营为核心的合作经济，不仅意味着个体经济潜力的继续发挥，而且意味着社会主义合作制集体经济的发展。在当前我国农村，这种社会主义合作化越来越深入发展的前景，已经初见端倪，它意味着我国联产承包化以来，农村生产关系正在进行着又一次意义重大的调整，它必将会带来农村生产力的新解放。

当前，在农村出现了一些雇工经营的承包大户，这是带有资本主义色彩的私人企业，如果人们采取正确方式使之进一步联合起来，就有可能增加它的集体占有性质。例如，采取股份制经营的形式，吸取成员入股，按股分红和提留必要的公共积累，这样就能把集体占有和按劳分配因素引入这种经济之中，从而使这种私人雇工经营企业逐步具有社会主义合作经济的性质。当前，这种股份企业已开始在我国农村出现。至于城市的雇工经营企业，如果与全民所有制经济实行联合，也就会转变为国家资本主义性质的经济。如创制"傻子瓜子"的芜湖年广久就已经与国营和集体企业进行联合，组成"傻子瓜子股份公司"，从而使企业在所有制性质上发生了重大变化。

特别值得注意的是，我国城市企业间横向经济联合的发展，打破了我国原先的经济体制下企业所有制形式凝固不变的传统格局。由于实行国营企业与集体企业相联合，向职工和社会筹集资金，采取对各方面互利的多种分配形式，我国的联合经营企业，已经由原先单一的全民所有制和集体所有制转化为全民、集体联合所有制，甚至是全民、集体和个人联合所有制，即所谓"一企三制"的新的企业联合所有制形式。另外，还由原先的"部门单一所有制"和"地区单一所有制"转化为跨部门、跨地区的联合所有制。特别是我国近年来出现了股份联合经营，更是以企业内部多种所有制相结合为特色。这种股份联合经营，由于用发行股票向各个方面筹集资金，国营、集体、个人及新的联合企业都可以购买和持有股票（某些企业还可以吸引外资入股），按股本收取股息和红利，因而它更是一种发达的联合所有制形式，也可以称之为"一企多制"。

可见，企业间横向经济联合发展，使企业的所有制形式可以适应生产发展的需要而重新组合和不断地再整编。同时，不同所有制在企业内的结合与再结合，打破了部门和地区的界限，可以在国民经济的更大范围内进行。企业所有制的上述两方面的新特征，概括到一点，即社会主义所有制具体形式获得了弹性，即充分的适应性。它能实现生产要素在更大范围内结合。而发展企业间横向经济联合，就成为使企业在所有制形式上突破原先的僵化模式，实现所有制形式的优化组合的重要动力。

八、发展企业间的经济联合必须注意的几个问题

为了发展企业间的横向经济联合，当前必须注意以下几个问题：

第一，进一步增强企业的经营动力。横向经济联合，是企业的自主联合，要实行"自由恋爱"，由企业自己选择联合对象，这样才能实现生产要素的择优组合，以扬己之长，补彼之短，充分发挥联合

体的优势。这就要求改进国家与企业之间的分配关系，改变企业留利过少的状况，使企业拥有合理的经济利益，成为具有责权利、自负盈亏、自行发展的经济实体，从而增强企业发展自主联合的积极性。

第二，要进一步落实企业自主权。要在计划、物资、劳动力流动等方面进行全面的改革，解除旧的行政手段控制方法对企业进行自主商品活动的种种束缚，使企业拥有实现横向经济联合的自主权。

第三，要大力发展社会主义市场体系，使生产要素能在国民经济大范围内顺利地流动。为了能形成生产要素的优化组合，企业间的经济联合不应该限制在企业所隶属的部门和企业所在的地区内，而应该在国民经济大范围内的、大跨度的联合并以资金、土地、厂房、生产设备、技术、劳动力、信息等生产要素的流动化为前提。因此，在当前，必须大力实行经济商品化和交换的市场化，首先要形成社会主义的市场体系，使市场网络四通八达，保证市场机制充分发挥作用。只有在形成计划指导与市场调节相结合的社会主义商品经济的运行机制的条件下，我国企业的横向经济联合才能具有强劲的势头，真正全面开展起来。

第四，企业横向经济联合的进一步发展，将为我国国民经济注入新的活力，联合化的经济肌体将显示出更强劲的自主活动的力量，同时经济活动的盲目性也会由此增长。因而必须加强对发展横向经济联合的计划指导和宏观控制，以防止新的失控的发生。

综上所述，大力发展企业间的横向经济联合，不仅能促进企业生产要素组合优化，使企业生产组织趋于健全，而且它还能使我国城乡企业所有制具体形式得到调整和进一步完善。这也表明，企业自主的经济联合化，将有力地冲击我国原先部门所有和地区所有的僵化所有制模式。同时，企业自主的经济联合化将有力地推动我国的计划、财政、价格、金融、劳动等体制的改革，我国的全面经济体制改革将由此获得生气，并且以旺盛的势头向纵深的方向发展，从而加速我国由旧的经济模式向新的有计划商品经济模式的转换。可见，在坚持和发展经济体制改革中，把发展企业间的横向经济联合作为当前的一项战略性措施提到工作日程上来，正是抓到了点子上。

再论社会主义股份制[①]

一、股份制是适应商品经济资金联合需要而产生的企业组织形式

股份制是资本主义所有制的产物，还是发达的商品经济的产物，这是首先必须弄明白的。我们认为，股份制是商品经济的产物，是社会化大生产条件下，适应资金联合需要而产生的企业组织形式。股份制萌芽于前资本主义的商品经济中。而在19世纪中叶以来，随着劳动方式的现代化，企业的物质技术基础由简单的生产设备转化为庞大的机器体系，在这种条件下，企业的营运需要有更多的资金，那种资金投入和资金积累的规模十分有限的独资企业和合伙企业的组织形式就不适应了，依靠多数人投资和把分散的私人资金联合起来组成统一的公司财产的股份制企业就应运而生，如美国在19世纪中叶，正是由于横跨大陆的铁路建设对大规模资金的需要，才促使股份公司的产生。

可见，股份制乃是商品经济中社会大生产对大规模经营资金的需

---

① 原载《改革》1988年第3期。

要和资金个人占有有限性的矛盾的产物，是一种用来实现资金联合的企业组织形式。股份制，作为一种适应发达的商品经济需要的企业组织形式与经营形式，它并不随资本主义所有制的存废而存废，而是可以出现于公有制经济之中的。在社会主义商品经济中，由于企业是相对独立的商品生产者，是拥有责、权、利的经济实体，企业不仅独立生产、自主经营，而且自行积累、自我筹资、自我扩张，企业的扩大再生产不能由国家包投资，实行"资金大锅饭"。在工业化进程中，存在着现代化大生产需要大量营运资金与一个个企业资金占有量的矛盾，这一矛盾决定了社会主义企业扩大再生产中资金联合的必要性，这就是社会主义制度下企业还要采用股份制这种组织形式和经营形式的依据。基于以上阐述，我们看到，应该把股份制作为发达的商品经济中的一种企业组织形式，可以说，它姓"商"。而社会主义之所以还将采用股份制，在于社会主义经济仍然是商品经济，而且是一种发达的商品经济。把股份制当作是私有制范畴，宣称股份制姓"资"，从而将它视为与社会主义公有制不相容是不正确的。

二、股份制是一种联合的和复合的财产组织形式

股份制是一种适应发达的商品经济的企业财产组织形式，是为多数投资者共同所有，但归经营者支配的独立的企业财产组织形式。财产形式——所有制的具体形式，是企业构造的一个重要方面，它是随着企业组织形式的变化而变化。在资本主义商品经济中，独资经营的企业财产表现为资本家直接支配的财产，合伙经营的企业财产表现为合伙的资本家共同直接支配的财产。在上述企业组织形式下，私人投资者表现为企业财产的直接占有者和直接支配者，投资者个人也要为

这种财产在经营中的风险承担完全责任。在实行股份制的情况下，企业财产由直接个人财产或合伙人财产转化为多数投资者共同所有的独立的企业财产。这种企业财产的特征是：

第一，多元性。股份公司是通过社会集资组建起来的，每个公司拥有许许多多的股东，它包括资产者、普通职工、居民、企业和各种社团（基金会）等多样的、占股数量大小不等的所有者。因而，股份公司以其占有主体的多元性和复合的财产形式，区别于独资经营的单一的占有形式和财产形式，并且与合伙经营的较少的所有者和简单的结合财产形式有所不同。

第二，相对独立性。尽管股份公司的财产属于向企业认股的许许多多的股东，但是股东的个人财产在投入企业后，形成独立的企业财产。这种个人财产到企业财产的转化是一个质变。因为：（1）它是整体财产。财产的整体性意味着它是总体持股人共同所有的一体化企业财产，而不是一个个股东的财产的简单总和。（2）它是相对独立的企业财产。一旦财产所有者以持股人形式出现，他就是占有财产的价值形式，即股票所代表的价值。而财产的实物形式却是归公司占有。在所有者占有财产价值形式的场合，他的所有权就只是表现在享有对股票的转让权和红利收入权上，而财产实物形态的支配权则已经让渡给作为法人的公司。（3）它是法人的财产。股份公司企业是有别于自然人的法人。这个法人具有法律赋予的独立人格，具有自身的共同意志，能享受权利和承担义务，能进行诉讼和要求法律保护。公司作为法人，它还拥有自身的财产，即名义上归公司所有和支配的相对独立的企业财产。

第三，长期延续性股份公司的财产表现为不断地增值的价值，它的生命往往延续上百年。个人企业、合伙企业，其财产则不能长期延续，一旦当事人或合伙人死亡、破产、精神失常、退休，都会影响企业的存在。而股份公司如果发生上述情况，股东转让股权，并不影响企业的存在，因而企业可以签订长期（达百年以上）的契约，发行永不还本或期限极长的公司债券。

第四，风险的有限性。股份制一方面因财产所有分散化，从而缩小了财产所有者所承担的经营风险；另一方面实行有限责任制，财产所有者承担的风险也仅仅限于其所持有的股金价值，较之资本家独资经营和合伙经营减少了投资风险。投资经济利益的确保和投资风险的减少，就形成了较强的投资吸引和刺激。

第五，小单元性。股份制将投资划分为一个个小单元，向社会广泛筹资，有利于积少成多。加以股份制实行股份责权利平等原则，每个股本单元在分红、享受经营收益、分摊经营风险上都是平等的。这种责、权、利的平等，妥善处理了财产所有者之间的关系，从而有利于吸引各类不同的投资者，形成庞大的联合资金和大规模企业财产。在股份制企业中，企业财产所有者不是个别资本家，而是包括占股数量不等的大资产者和其他社会阶层成员的许多投资者，这是一种投资者群体的联合财产结构，它意味着企业投资者范围的拓宽，大大有利于促进企业财产规模的扩大和企业财产的积累。

第六，两权分离的企业财产。在股份制企业中，股东的财产所有权的实现形式主要表现在收取股息和红利、承担风险和通过股东代表大会与董事会对企业活动的主要方面进行控制和监督。而企业日常的经营活动则交给专业的经营者，即企业经理人员。可见，股份制使传统的所有者拥有的经营职能分化出来和让渡给经营者，从而在企业中形成一个以经理为代表的经营主体，后者拥有从事独立经营活动的充分权利，可以说享有企业财产的实际占有权和支配权。这种所有权和占有权、支配权的相分离乃是现代企业的特征，它意味着企业经营职能的强化和独立化。社会化的现代企业的科学管理就是以此为基础的。与此同时，股东又通过股东代表大会和董事会对企业活动的主要方面进行控制、指导和监督，做到既放权，又不失控；既大大强化经营权，但又对经营者有所约束，以维护所有者的利益。

以上分析，说明股份制不仅适用于资本主义，而且适用于社会主义的商品经济。

三、企业的复合财产结构是社会主义商品经济中企业财产的特征

以上我们指出了股份制是一种包括多数投资主体的、复合的企业财产组织形式。在社会主义商品经济中，国有企业也有可能和有必要采取这种财产组织形式。一些同志对于股份制企业中的"一企多制"的财产结构产生错误理解，例如有的同志这样说：随着股份制的实行，企业表现为"一企三制"（全民＋集体＋个体）的复合结构，"实现企业所有制的多元化就在事实上取消了社会主义公有制"。认为"一企三制"是取消公有制的观点，其立论依据是：（1）只有单一的公有制才是公有制，如果在所有制结构中有个体占有要素，那就是"取消了社会主义公有制"；（2）只有单一的全民所有制才是全民所有制，如果引进了任何集体所有制要素，就是全民所有制的瓦解；（3）只有单一的集体所有制才是集体所有制，如果引进了其他性质的占有要素，也就是集体所有制的瓦解。这一系列的论据都是立足于公有制必须是纯粹的，否则就不是公有制的观点。应该说，纯粹的社会主义公有制，例如纯粹的社会主义全民所有制和纯粹的社会主义集体

所有制，是斯大林传统的社会主义所有制观念和范畴，这种范畴是传统的僵化的计划经济下社会主义所有制模式的"理论诠释"，已不适合社会主义商品经济的实际。这是因为：

第一，在社会主义商品经济中，企业资金（固定资产、流动资金）具有流动性，自负盈亏的企业把自身占有的资金向外投放，使用于其他企业和从外部引入资金，是经常发生的行为。企业相互投资是社会主义商品经济的常规，上述各种所有制的企业之间的资金相互投入和相互渗透，必然引起企业内部所有制具体形式的变化，使原先单一的全民财产，转变为既包括全民，又包括集体，甚至有个人财产要素的多元的全民财产。

第二，商品经济的发展必然推动经济联合化，使那些原先单一所有制的国有企业与集体企业会联合起来，组成包括不同所有制的经济联合体或企业集团。经济联合体特别是企业集团这种新型企业组织结构，多数将是包括全民财产、集体财产和个人财产于其中的混合的公有制形式。

可见，社会主义商品经济中资金的流动性，决定了企业的财产将是一种复合的财产结构，企业内部所有制具体形式的多样性就是社会主义商品经济的特征。

股份制促使企业由单一的全民所有制或单一的集体所有制转变为"一企多制"的复合型的企业财产结构和多样性的公有制形态，这并不是社会主义所有制在发展中偏离正轨，而是社会主义商品经济发展的必然结果，是商品关系充分发展、资金流动化和企业资金互相交错在企业财产组织形态上的必然表现。

某些同志十分担心，实行职工个人占股，国有企业财产结构中引进的个人占有要素会瓦解公有制。有人说：公有制企业"把'个体占有要素'引进来，那就不会再有单一的全民所有制和单一的集体所有制"，"它们既有公有制的成分，也有私有制的成分，公有制里有私有制，私有制里也有公有制"，"这不是取消社会主义公有制又是什么呢？"

对于职工个人入股引起公有制解体的担心是不必要的。我们认为，基于社会主义初级阶段所有制的特点，社会主义全民所有制还不可能是发展成熟的和完全摆脱了个人占有性质的。根据生产力发展和商品经济发展的需要，社会主义全民所有制股份企业的财产结构，一般说来，可以设想为，以全民财产为主导，以集体财产为补充，包括个人财产要素。个人占有只是一种主体财产的补充，它不会喧宾夺主，不会动摇公有制的主体地位。某些股份制企业个人股比重不高，如四川自贡市铸钢厂实行股份制后，职工个人股的比重为1.89%，重庆中药股份公司，职工个人股为5%。企业财产中占很小比例的职工个人股是不会影响企业所有制的公有性质的，因而不存在"取消"和"瓦解"公有制的问题，恰恰相反，它对公有制倒是可以起着补充的作用。

另外，某些同志将股份制中职工个人占有简单地视为是"私有制"，这也是值得商榷的。职工个人股具有下述特征：（1）它在企业财产中所占比例很小；（2）个人持股数量也可以限制在一定范围内；（3）股金收益（股息和红利）限制在合理范围内；（4）股票转让采取恰当形式，例如目前只在企业内转让或是委托银行转让。在上述情况下的职工个人股将是一种不完全的个人财产。由于持股者本人不能从企业抽走资金，股本个人占有不影响企业财产的完整性，有限的个人占有不会使个人拥有对企业生产活动的支配权；这种个人财产由于有其数量界限，不能自由扩张，它不可能成为企业财产的主要部分。

特别是股份资产的性质使持股者个人对企业财产失去占有权，只保留所有权和作为所有权的实现的收益权。应该说在上述前提下的职工股份占有，不是一般意义上的私有财产，它十分类似于银行存款占有权。可以说，它是与社会主义公有制处在内在的密切结合之中，是被社会主义公有制控制、渗透、改造，发生了变形的个人财产，是与公有制的企业财产融为一体和促进公有制财产增值的个人财产。上述性质表明，它是一种新型的个人占有制。因而不加区别地将上述职工占股说成是"私有制"，并把它看成与企业公有制水火不容，这种观点显然是过于简单化了。

四、关键在于认识社会主义公有制的不完全性

股份制以其"一企多制"，使集体占有和个人占有要素引入企业全民所有制结构之中，从而使社会主义公有制带有某些不完全的性质。有些同志认为，全民所有制的不完全，"最明白不过地说明了企业公有制性质的改变"。我早在1979年就已经论述了：我国社会主义的全民所有制的国营企业，经过扩大自主权，赋予企业以责、权、利，企业拥有自身资金，实行将工资与经济效益挂钩，因而在实际占有关系上，国营企业除了体现全民占有的主导性而外，还体现产品的局部占有，从而是一种不完全的全民所有制。实行股份制，承认企业的产权，采取将自有资金所有权属国家，收益权、支配权归企业，它意味着生产资料的局部占有性有所增强，从而使现实的全民所有制关系具有更为鲜明的不完全的特征。

问题在于，我们认为不能从传统的公有制模式及其观念出发，将股份公司财产权的变革视为企业公有制性质的丧失、削弱，更不能将

其视为公有制的解体。恰恰相反，基于社会主义初级阶段发育不成熟的社会主义全民所有制的性质，我们倒应该看到上述国有企业所有制具体形态的变化，乃是对传统僵化的、内容单调的单一公有制形式缺陷的克服，从而是社会主义公有制的革新和完善。

五、当前实行股份制是前进而不是倒退

有的同志认为，我国过去的官僚资本和民族资本大部分是由股份制企业构成的，这些企业多年来已被没收和改造为社会主义全民所有制企业，现在又要把它转化为股份制企业，"不能不说是一种历史的倒退"。

首先要指出，我们今天所要讨论的是国有企业进行股份制试点，不是谈论全部国有企业股份化。我国当前为了深化企业改革，完善企业经营机制，一些企业进行租赁制试点，更多的实行承包经营责任制，同时一些企业在探索股份制的可行性。这些企业改革的可贵的群众性实践，表明了改革的深化，而不存在倒退问题。股份制固然是官僚资本和民族资本企业的通行的组织方式，但应该说它是商品经济中的一种资金联合的组织形式。从历史上看，股份制出现于前资本主义商品经济，它的发达形式存在于当代资本主义商品经济，又延伸于社会主义商品经济。因而，它是社会主义企业财产的一种组织形式。在我国，越来越多的城乡集体企业已经和正在采用这种股份制的企业组织形式，一些试点的国有企业取得的成效，也表明这一企业组织形式和财产形式的有效性。因而就理论与实践来说，均不存在实行股份制引起"历史倒退"问题。至于说，原先实行股份制的民族资本企业，业已实行多年的单一的全民所有制模式，现在又改回来实行股份制，

这种现象也不是"历史的倒退",而是适应社会主义商品经济发展的需要而在企业组织形式上进行的创新。由于我国当前的股份制在生产关系上与资本主义股份制企业根本不同,是一种新的社会主义股份制,因此绝不是原有的资本主义股份制的"复旧"。

论产权构建[①]

当前，国营企业改革在进一步深化实践，产权的明朗化和合理的界定已经是一个不能回避的现实课题。为了进一步改革集体经济，促使个体经济和私营经济发展，也迫切需要将企业产权加以明确和有效的落实。此外，为了形成与社会主义商品经济相适应的个人行为——包括个人消费、交换、投资和其他财产处置行为——也还要形成法制化的个人产权。可见，我国经济体制改革在几年来持续的生产关系与经营关系调整的基础上，业已把产权构建提上了议事日程。

由于多年来流行着社会主义立即消灭私有财产和一切财产权的"左"的观念，传统的社会主义政治经济学缺乏关于产权的论述，迄今，人们对于产权这一概念仍然感到陌生，一些基本理论问题与实践问题，尚未得到充分地阐明。因而，认真深入地研究社会主义商品经济中的产权问题，是十分必要和十分迫切的。

本文将就产权构建的问题，谈一点自己的不成熟的意见。

---

① 原载《经济研究》1988年第9期。

一、产权概念的内涵

产权（property rights）或译为财产权，它有两种含义，财产所有权与财产支配权。财产所有权，即由法律上层建筑来加以维护与硬化的最高占有权，这是产权的最基本的含义。人类历史上最早法定的财产所有权是私人财产权。

按照马克思主义政治经济学的基本原理，任何社会经济结构都是立足于一定的所有制关系之上，而具有法权形式的所有制关系就是财产关系，人们称之为财产所有权，确切地说是产权。产权是一种基本的生产关系，它体现于生产、交换、分配、消费等生产、交往活动与关系之中。例如，私有制确立以来，社会主导生产方式都是建立于某种私有产权之上。特别是商品经济形态的产品与活动的交换方式与分配方式，总是体现了特定的产权关系。商品的等价交换体现了物质财产所有权的转让，商品经济中的收入分配，则是产权的实现方式。例如，表现为资本—利润，劳动—工资，土地—地租的近代资本主义社会三位一体的收入分配方式，是以资产者拥有资本所有权，工人拥有劳动力所有权，地主拥有土地所有权这种私人产权结构为基础。商品经济中的消费——无论是产品的消费或劳务的消费——都是以消费主体拥有对消费对象的产权为前提。可见，产权关系贯穿于一切生产关系和经济活动之中。

产权的含义，不仅仅是财产所有权，而且也包含财产支配权，或实际占有权。财产关系是一个历史范畴，它是随着所有制的具体形式的变化而变化的。在所有制出现两权分离的情况下，会有这样一种财产关系：人们对经济物品没有所有权，但是却拥有在一定时间内和一定程度上的支配权、收益权、处置权，可简称为实际占有权。封建社会的依附农民没有土地所有权，但是却有一定程度的实际占用权①，这种作为使用权或实际占有权含义的产权关系，在当代商品经济中更是采取了发达的形式。例如，随着租赁、承包关系的发展，租赁人与承包人没有对所租进对象的所有权，但却拥有租期或承包期内的支配使用权。随着借贷资本与信用制度的发展，借贷资本家没有借入资金的所有权，却有一定时期内的使用权。随着近代公司制度的发展，企业经理没有企业法人财产的所有权，但是却拥有资产的支配权和一定的处置权。

二、产权的功能

产权，不论它是私有产权或是共有产权，都是一种有着积极的社会功能的法律经济关系②，认真研究产权的社会功能具有十分重要的意义。

（一）保护占有主体利益的功能

产权是由法律上层建筑力量来加以强化的财产占有权。财产权本质上是一种经济利得权，或利得所有权（beneficial ownership）。历史上的私有产权，其实质是私有者的利得权，它通过宣称生产资料或产品是受法律保护的不可侵犯的私人财产，即归主体独立地支配，由此把这个资产在生产使用中产生的收益——实质上是剩余劳动——归属于

---

① 无论是中国封建地主经济中的小农，或是欧洲庄园制度下的农奴，都拥有对分给他们长期使用的土地的使用权，或实际占用权。

② 政治经济学剖析社会形态的生产关系分析方法，通常把社会单纯归结为某种所有制，但是基于本文中的法权经济关系的分析方法，人们还应该进一步将社会归结为某种产权关系。

主体，成为它的私人收入。私人产权，在它是最基本的生产财产即生产资料的场合，就是把剩余产品转化为私人收入的法权，从而由此维护了私人占有主体的根本利益，使之不受他人的侵犯。同样地，社会主义公有产权的产生，其实质在于通过宣称生产资料和基本产品是社会公共财产，归社会共同体或局部共同体支配，由此将纯收入归属于联合劳动者，从而维护了公共利益，使之不受侵犯。

产权通过这种保护占有主体的利益的功能，起着维护社会的基本所有制与生产关系的作用，它是社会经济结构的稳定性的重要法权支柱和基础。

（二）规范、约束主体经济行为的功能

产权是一种以国家权力为后盾的资产的占有权，即支配权、收益权、处置权的总和。这种权利的获得，为主体对资产在生产中的使用方式即生产行为，在消费中的享用即消费行为，既提供了物质上的动因，又规定了行为的方式和界限。

就所有权来说，由于财产所有权是一种对于资产的最高支配权、收益垄断权、任意处置权，因而主体将因为所有产权的获得而清楚地、明晰地看见该资产的支配、使用中所能独享的利益，它就因此获得强有力的物质激励，去有效地和积极地从事这一资产的支配与经营。同时，由于所有者的权限在法律上有了明确的规定，所有主体能够：（1）实行对资产的独立支配；（2）对资产在生产中使用获得的收益独占；（3）对资产的任意处置，如出售、赠予和作为遗产交给继承人。由于所有权是最高的支配权，在这里，不存在超出于主体的、更高的所有者，因而主体对资产的支配权不仅仅具有排他性，甚至具有某种为所欲为的性质，例如私有制社会所有者对资产的处置，甚至

表现在将资产加以破坏，如在古代奴隶社会将奴隶处死，在近代私人工厂中将闲置机器设备破坏销毁。

就使用产权来说，由于主体没有资产的最高支配权，而只有一定时期内和一定范围内的资产支配使用权。这种支配使用权是从所有权中派生出来的，使用者对于所有者有一种从属性和依附性。在这里，使用较之所有，尽管它不能给资产使用主体带来所有者那样的完全的利益——它的利益主要为所有者分享，但是它毕竟还是存在着必要的利益分享关系，从而还是能激发经营主体的积极性。另外，基于使用产权的明确的法律规定，经营、使用者也将不含糊地去：（1）对资产和经济财物实行在生产中有期限的支配和消费中有期限的享用；（2）实行对生产中获得的收益的局部占有；（3）对资产实行有限的自主处置。

可见，产权以其法定的收益为主体提供行为动机的激励，以其合法收益的硬性界限为主体提供行为的约束和规范。

产权的行为激励、约束和规范作用，在社会主义市场经济新秩序的建立中起着十分重要的作用。因为对于国有企业来说，使产权从法律规范上加以明确规定和得到切实的确认，首先是对企业拥有经营财产的实际占有权加以明确的承认，保证企业不仅能做到对它的经营财产实行自主的支配使用，而且能占有部分的经营收益，例如拥有自有资金和将企业的收入与经济效益挂钩，这将能激发出基于自身相对财产的内在冲动，从而大大调动企业的生产、经营和积累的积极性。这是形成企业的合理行为的内在条件。另外，企业对经营财产的占有、使用、处置权限的明确，和在法律保障下加以落实，就能增强企业抵制各种外来的侵权行为的能力，减少和防止层层截留企业权限、利益的现象，从而切实增强企业的经济自主性与独立性。产权的明确也将使企业有可能出售闲置不用的固定资产，和出让某一些知识产权以改善其财务状况，这样，就使企业得以从事合并与兼并的资产转让行为。

产权的明确，对于社会主义市场经济中的居民个人合理行为的形成也具有十分重要的作用。传统的产品经济体制下，个人产权的缺乏和模糊不清，不仅限制了个人的经济行为，如不允许居民有投资行为，而且连消费行为也残缺不全。而个人财产权的明确规定，使之置于国家法律保护之下和具有不可侵犯的性质，人们就可以明确归他所有的个人财产——如货币、股票、债券、消费品、房地产，以及继承来的财产，等等——的十分广泛的和合法的用途。例如，可以用于生产投资、自身消费、储蓄、出售、出租，或作为礼品赠送，或作为遗产交给子女或亲属，等等。而个人财产权的确立，也是个人承担下述各种社会责任和义务的一种依据：交纳个人所得税、房地产税、收入调节税，以及入学自行付费，等等。

对于以经济主体具有自发的、市场性（灵敏地适应市场情况而变化）的经济行为的特征的社会主义市场经济来说，更十分迫切地需要产权规范与约束的强化，为此，迫切要求产权的明朗化，产权规定完备化和产权界限清晰化。这样，人们才能形成一种与发达的社会主义市场经济相适应的、丰富多彩、不拘一格而又协调有序的经济秩序（生产经营方式、劳动方式、生活方式、消费方式等的总和），因而产权的塑造是建立社会主义市场经济新秩序的重要前提。

（三）促使资产高效利用的功能

产权不只是对主体行为起约束作用，而且会起激励和放活的作用。因为财产权——不论是所有权还是使用权——主要是利得权，任何产权都与某种经济利益、经济收入有关。因而，产权的落实就起着利益的维护作用，这就将大大激励主体使用与经营财产的积极性。另外，产权的界定给主体以自由活动的空间，主体一旦获得由法律所赋予和对权利内涵明确界定的财产支配权利，人们就可以在权利所容许的空间范围内发挥自主性和获得行动的自由。如法律作出十分明确的关于企业对其经营财产的支配、使用、受益、处分等原则权限的规定，就将使企业的自主经营活动有章可循、有法可依，使企业能抵制来自各个方面的侵权行为，从而大大地调动企业全面自主经营的积极性。人们可以看见，由于《企业法》规定企业有实行固定资产有偿转让的自主权限，当前，我国许多国营企业开始出让闲置的固定资产——包括企业整体产权——以及知识产权，从而促使了生产要素在企业间的转移、优化组合和高效使用。

土地产权的明确规定乃是土地高效利用的前提。七届全国人大已经对《宪法》有关条文作了修改，规定了土地使用权可以转让。今后进一步通过立法作出有关城乡土地转让的种种具体规定，例如土地使用权转移期限，承包者对被转让的土地所拥有的权限，土地转让的作价原则，等等。这样，土地占有者就能根据它的具体情况来决定闲置不用土地的转让方式与让渡数量，从而进一步促进土地使用权的转让，使我国稀缺的土地资源得到最充分地利用。

我国目前侵犯知识产权的现象十分普遍，一些单位利用其他单位或个人的科技创造发明、图纸，不给或少给报酬，对作家的书稿，画家画稿，作曲家和歌唱家的产品，在出版和营运中不断发生侵权行为而且是见惯不惊。特别严重的是对商标权、商品样式等肆无忌惮的侵权行为屡禁不止。因此，进一步完善和严格执行《中华人民共和国专利法》及有关法规，完备有关利用发明专利权、创作出版权、商标权的种种明确规定，就能使上述知识产品与知识资产获得最充分的和高效益的使用。

总之，产权不具备或不明确，主体对该产品就无权加以有效使用、享用、处置。对主体（个人、企业）来说，他们就因为无法权支持而不能进行全面的、自主的资产经营，从而处于被束缚的和缺乏活力的状态；对客体——各种有形、无形资产以及消费品——来说，就往往处在呆滞、不能转让、不流动的状态，形成资产闲置或消费品沉淀，大量生产要素和消费财富处于非生产过程或低效益使用之中。正是因此，明确商品生产者与消费者的产权，乃是使主体具有活力，能高效使用各种资产，搞活和搞好经营的一个必要条件，也是当前推进与深化企业改革应该采取的一项重要措施。

三、产权的构建

旨在建立社会主义市场经济体制的我国经济改革，是对传统的产品经济体制的根本改造。这一改革必然要涉及生产关系的重大调整。它的主要内容有两个方面：（1）以允许公有制经济和个体经济、私营经济同时并存为特征的宏观的所有制结构的改革；（2）以实行承包制、租赁制、股份制和混合所有制为特色的微观的企业所有制形式的调整。上述改革的必然结果是社会主义宏观所有制的多元化和公有制的多层次化，产生了各种各样的、性质不一的经济主体，也形成了归上述主体所有或实际占有的财产。财产关系的多样化和与此密切相连的复杂的利益矛盾，乃是改革后的新经济体制的特征。形成和巩固这一体制需要有产权构建，即用法律形式来规定现实的合理财产权，形成合理的井然有序的财产秩序，以维护和巩固以公有制为主体的社会主义所有制。

当前，我国的情况是关于各种财产权、利益的法律与法规体系尚在制定之中，这些法律体系还很不完备，因而，还缺乏用以梳理、规范各种产权关系的法律构架。

可见，社会主义所有制的确立、发展和完善，就不只是一个单纯的生产关系的变革问题，而且也是产权构建的问题。产权构建，一般地说，就是要用明白的、无误的、毫不含糊的、十分完备的法律和法规来规定：（1）什么样的财产；（2）归什么样的主体占有；（3）主体用什么形式占有和在什么程度上占有。

（一）财产权客体的性质

产权的构建，主要是用法律来规定财产的归属，而财产的归属则又是决定于财产客体的性质。对财产客体性质通常按使用用途来加以区分，这就是：供人们生活消费的一般物质产品、劳务产品，它们是消费财产；供生产消费的生产资料，如机器、厂房等，它们是生产财产。如果用财产的形态来划分，那么，它就是物质财产、非物质的知识财产（知识产品）。如果用它的流通方式来划分，就是动产、不动产，等等。上述财产客体性质的科学规定，将成为确定财产的归属的客观依据。

（二）财产权主体的规定

产权总是意味着谁的财产，因而离不开主体。主体的性质、条件的规定就成为产权构建的一个重要方面。社会主义市场经济中的产权主体是自然人，或者是法人，他们必须是拥有独立意志和具有行为能力的人和机构，是能享有权利和承担义务的主体。社会主义的产权构建，必须根据社会主义所有制的性质和发展社会主义市场经济的需要，来确定各种产权主体的社会、自然条件——阶级、民族、国籍、年龄等，以及经济条件例如成为法人所需要的注册资本金等。

（三）财产占有方式的规定

产权构建的最重要内容，是主体对客体（财产）的占有方式、程度、范围的规定。例如一些主体对财产能行使自身的完全的独立意志，他就对财产享有最高的、绝对的、全面的支配权，这就是所有权；另一些主体对客体（财产）只享有部分的、相对的支配权，这就是财产使用权或实际占有权。为了构建社会主义经济中的产权体系，人们不仅仅要根据不同经济领域的主体的性质，按照上述占有方式的不同划分出财产所有权和财产使用权，而且还要对于所有权与使用权的范围加以界定，还要对上述产权在经济上实现的程度予以量化。

四、关键是国营企业产权的构建

当前，我国产权构建的关键是国营企业产权的构建。它包括产权的明朗化和产权范围的界定。

我国城市经济体制改革的中心环节是搞活国营企业，特别是我国当前处在加速价格改革步伐的关键时期，搞活国有企业，提高企业经济效益更是十分迫切。国营企业的搞活，除了深入进行经营机制的改革而外，针对国营企业在传统体制下长期存在产权模糊不清和企业产权的缺乏这一弊端，切实地进行产权的构建，使产权明朗化，并进一步赋予和落实企业产权，这是极其必要的。

（一）国营企业产权的明朗化，首先是明确和落实企业财产的责任主体

国有企业的资产——固定资产和流动基金——是全民财产，它的最高主体和最终占有主体是全体人民，这是毋庸置疑的。但是，如同任何经营性的集体财产都有其责任主体一样，社会主义的社会财产——全民财产，更必须确立起有效的责任主体，由它代表全民的意志来实行支配和经营，以维护全民财产和保证资产价值的不断增值。但是，在传统的经济体制下，全民财产的责任主体是谁是不清楚的。按照常理，在传统的行政管理的体制下，企业的主管部门应该是全民财产的责任代表，但实际上，财政、计划、物价和其他市政管理部门，都可以对企业活动进行干预和对企业的收益"切一刀"，从而存在谁都是企业的主人，但谁都不对资产负责的不合情理的状况。婆婆多，干预多，企业被各种绳索捆死，这正是国有企业难以发挥自主性和获得活力的重要原因。为了改变上述状况，在当前，应该根本改革行政性的企业管理体制，而实行采用经济方法的国有财产管理体制，通过建立国有资产管理局这样的机构，用经济的方法对国有财产进行宏观的管理与经营。在此基础上，还要归并和重组其他各种行政管理机构，使政府管理活动与企业活动彻底分开，做到政府不再干预微观活动。

（二）国营企业产权构建的核心问题是企业法人财产或相对财产体制的构建问题

传统的国家所有制模式下，企业实行国有国营，企业的资产表现为单一的国家财产，归国家直接支配、使用；使用上述财产创造的纯收入统统归国家集中占有。这种单一的国家大一统财产体制，取消了企业进行独立经营的财产基础。为了建立与社会主义市场经济相适应

的微观结构——独立经营的商品生产者，必须构筑企业法人，即由法律授权使企业成为与其成员自然人分开的、独立的民事主体。这一新经济实体还必须有它的财产基础，为此，人们有必要实行法人财产制度。法人财产具有下述特点：

第一，它是企业拥有充分经营权的资产。在这里，企业拥有对一切资产实行占有、支配和一定的处置的权限。不仅对生产中使用的固定资产和流动资产进行独立支配，而且对闲置的固定资产——局部的和整体的——（包括知识产权）自主地处置，例如有偿转让。此外，还包括对企业拥有的各种金融资产——债券或股票——进行自主经营。这里，企业的资产支配权既包括企业的日常生产活动决策权，又包括对企业固定资产（局部的和整体的）和其他资产的一定的处置权，即长远战略决策权，而且，这是一种全面的经营权，即对企业资产的实际占有权。在这种情况下，国家所有权主要表现为收益权——股份制下的分红权和财产凭证（例如股票）的转让权，国家真正做到不再从事和干预企业的经营，把资产的直接支配权分化出来和归属于经营者，由此形成的归企业法人全权支配和占有的资产就成为法人财产。

第二，法人财产是企业的经营财产，它可以称之为相对财产。绝对财产乃是财产所有权的客体和经济内容。绝对财产，一般说来，所有者是最高支配者，它可以不受约束地实现其自由意志，例如在生产中或消费中使用，或是用于转让、赠予和作为遗产。作为相对财产，则是主体缺乏最高的、完全的支配权，但却拥有实际支配使用权、某些收益权、一定的处置权，即存在一定的实际占有关系的资产，这种相对财产，乃是所有制的两权分化的产物。近代公司制度下所有者放弃直接支配，而由所有者代表和受托人——董事会及经理——行使直接支配、实际占有的股份公司的财产，就是这种相对财产。这种财产关系体现了经营主体对归其全权支配的资产的占有关系。而上述相对资产，也是两权分离的社会主义全民所有制企业的财产所应该具有的特征。

第三，法人财产是企业用以实行自负盈亏的财产。传统的国有企业财产是统负盈亏的社会公共财产，一个个企业的财产不只用以维持、滋养和壮大自身，而且用以维护其他的企业，包括去贴补那些亏损的企业。甚至一些企业自身不占有它创造的剩余，而在自身财产削弱的条件下去贴补一些长期亏损的企业。法人财产制度下，企业拥有的经营财产是用以自主经营、自行发展和承担企业经营风险的财产。企业如果经营不善和发生亏损，则只能由企业自身的经营财产来承担物质责任，而不能指望和依赖企业外的国有资产部分。这样我们将赋予独立承担风险责任的企业财产构建起来，就真正打破了传统的国有制企业的资产大锅饭体制，和由此给经营者以风险财产的约束和压力，这是逼使企业完善经营管理和提高效益的财产基础。

总之，赋予企业以相对财产的全民所有制企业的产权构建，企业将在财产体制上实现一个绝对的全民财产与相对的企业经营财产相统一的二重构架。这样的财产二重构架的形成，在全民最终所有权不变的前提下极大地强化了企业的占有权，这是国有企业得以真正地实行全面的独立经营和表现出充沛活力的重要条件。

试论国有企业的产权制度^①

一、国有企业产权问题的提出

为了建造"国家调节市场，市场引导企业"的机制，我们迫切地需要进行微观结构的重组，也就是说要大力进行企业改革，把国有企业改造成为自主经营、自负盈亏、自我发展和自我约束的独立的商品生产者。为此，不仅要转换企业经营机制，而且也要调整企业的财产组织结构，把传统的高度集中的直接国有财产体制转变为分权型的国有财产体制。

几年来的国有企业的改革，按照两权分离的原则，借助赋予企业责、权、利的各种改革措施，使企业的自主权有所增强，企业的具体财产关系与利益结构正在发生变化和重组。但是，企业的产权关系尚未理顺，归属于企业的产权、产益、产责尚未界定清楚，企业作为独立的商品生产者，所需要的财产结构尚未形成。它表现在：

第一，企业资产表现为直接的国有财产，既是国家所有，又由国

---

① 原载《天府新论》1989年第2期。

家直接支配与经营；而为发达的商品经济所需要的，把资产作为相对的经营财产归企业直接支配的财产结构与关系尚未组建起来。

第二，国有财产的责任主体模糊不清。除了企业的直接主管部门具有财产所有者身份而外，各种国家管理机构（包括计划、财务、税务、劳动、价格，等等），都以所有者身份向企业征取收益，实行各种各样的"摊派"、"切一刀"。这种产权模糊，正是各种管理机构对企业实行任意的和无限制的行政干预的重要原因。

第三，承包或承租企业面对着企业用自有资金或经营者个人资金进行生产投资的资产归属与权益界定的问题。原有体制把企业资产（包括自有资金形成的资产）作为国家所有和归国家集中支配。目前虽然对自有资金实行分账管理，但是并未明确产权归属，企业自有资金形成的资产产权模糊，已成为目前承包制和租赁制企业缺乏积累和投资冲动，将自有资金倾斜使用于生活消费的行为短期化的重要原因。

第四，正在蓬蓬勃勃地发展的经济联合化，特别是当前发展势头甚旺的企业间相互投资、参股，也遇到了如何确定隶属关系各不相同的投资者的权益问题。财产关系的不清，业已成为企业相互投资和企业经济联合向更成熟、更紧密的形式——真正的公司——发展的障碍。

第五，产权也包括国有财产的维护。当前在实行两权分离，强化企业经营权的改革中，也曾出现各种各样国有资产被削弱和分解的情况。在实行承包经营责任制中，由于一对一的谈判，以及基数难以定准等原因，使国有资产流失和国家利益受损的情况经常发生。因此，国家财产的维护也是产权构建的一个必要内容。

可见，在全民所有制的国有企业中明确财产权限，落实财产权利，使在企业改革后得到重新调整的国家、企业之间，企业、企业之间，企业、个人之间的利益关系，通过具有法律形式的产权而取得硬化的形式，从而形成一个完备的和稳定的企业财产结构，这是使企业拥有和发挥与社会主义商品经济运行相适应的各种功能的经济条件。

二、国有企业产权存在的依据

我们这里提出的国有企业的产权指的是，全民所有制企业的财产关系和形式，它包括企业中多样主体的财产所有权与使用权。所谓企业财产结构，就是企业中各种主体对归其经营的各种资产的所有权与使用权的总和。

全民所有制的国有企业中还存在着产权范畴，人们对此感到陌生，但是这却是一个社会主义经济的客观实际。

（一）全民所有制的性质与企业产权

国有企业中之所以还存在财产关系和产权，首先在于社会主义全民所有制本身的性质。传统的社会主义经济理论把企业中的产权等同于纯国有财产权，否认企业中存在多样的、复杂的财产关系。事实上，社会主义国有企业中的全民所有具有不完全与不成熟性。任何一个国有企业，固然是社会联合劳动共同体的细胞单位，但它又具有一定的企业联合劳动共同体的性质。企业职工共同生产，不仅体现全社会利益，而且也要体现一定的企业局部利益，它表现于职工对企业经营成果和盈利拥有一定的占有权。

因此，全民所有制企业还存在着某些局部占有因素，特别是社会主义初级阶段的全民所有制，上述全民占有的不完全性就表现得更为鲜明。这种特殊的占有关系和利益关系，正确处理了社会—集体和国家—企业关系，它是有效地组织社会主义联合劳动，充分调动社会主义劳动群体积极性所必需的。既然企业存在着全民占有和局部占有的双重关系，因而，就存在统一的国家财产和相对的企业财产的关系和范畴。国有企业在扩大再生产过程中，也会不断再生产出全民占有的国家财产和带有局部占有性质的企业财产。可见，把国有企业的产权等当作是纯之又纯的全民财产权，否认有企业财产要素，总之，看不见和否认国有企业中存在多层次的主体结构和复杂的财产关系，是对社会主义全民所有制作了简单化的理解。

（二）社会主义商品经济中的独立经营与企业产权

产权，无论是财产所有权，还是财产使用权，拥有它，就拥有利益和权利，从而就有了行为的激励和自主行为的权利，因而，财产从来是主体独立自主经济行为的基础。商品交换作为当事人的自主行为，就是以当事人对产品拥有产权——所有权或占有权——为基础的。马克思在分析历史上的商品形态时说："交换过程各主体表现为商品的所有者……"①

商品生产和经营是一种以主体发挥高度的自主能动性为特征的生产和经营，它必然要以主体拥有对经营资产的所有权或支配权为前提。近代资本主义的商品经营，通过初期的所有主体与经营主体的统一，保证了企业家对工厂内的物质生产要素的所有权与人身要素——劳动力的支配权。流行于当代的发达的资本主义中的公司制度，则是通过限制和缩小了所有者——股东——的财产权和赋予公司经理拥有充分的经营权，从而保证了公司法人拥有高度的经营积极性和能动性，使公司企业的功能能够同极度强化的市场机制和激烈的市场

---

① 《马克思恩格斯全集》第46卷下，人民出版社，1979年，第462页。

竞争相适应。

社会主义经济既然是商品经济，企业必然是一个自主经营的商品生产者，特别是在发达的社会主义商品经济中，发达的和极不驯顺的市场机制，要求和强制企业具有高度的经营自主性和独立性。因此，充实和保证企业拥有充分的财产权就是十分必要的了。

（三）社会主义初级阶段所有制的特征与企业产权

初级阶段的社会主义是以所有制的多元性为特征，在商品经济的机制下，非全民性质的所有制引进于企业之中就是不可避免的，这种情况表明企业存在多样的、复杂的财产结构。

以上分析表明，产权范畴存在于国有企业之中。

三、国有企业产权的特征

国有企业的产权构建，包括以下三个方面的内容：

第一，国有资产的管理权（部分收益权）在中央、地方、政府管理机构之间的划分。

把国有制责任主体加以明确，是资产管理权划分的重要内容，是解决国有制的责任主体的模糊不清，所有者缺乏人格化代表所必要的，也是维护国有财产权，使之免遭侵犯的前提条件。

第二，企业内部的多样主体在企业资产收益上的划分。

经济体制改革的深化，特别是实行经济联合和股份制以来，出现了企业内部投资主体多样化，因而合理界定与明确企业内部各个主体（包括国家、不同所有制的企业和个人）的产权，这是妥善处理企业内部利益关系，稳定经济联合体和公司的前提条件。

第三，企业资产的国家所有权与企业经营权（或占有权）的界定，包括国家资产原始投入与自有资金投入引起的产权的界定问题。

我认为，这是企业相对经营财产的构建问题，是当前搞活国有企业的根本，也是企业产权构建问题的核心。这是由于：（1）企业动力机制的强化有赖于产权的构建。这就是，企业资产权益在国家和企业之间的合理的、明确的划分，特别是要界定经营主体的产权和使之明朗化。在当前，尤其要强化企业的经营权。（2）企业自主经营机制的强化必须有产权构建。要通过产益的明确以激励经营积极性，通过产权（如赋予企业以固定资产处置权）的充实，以增强企业的经营决策能力，扩大企业的经营范围，发展企业全面的自主经营。（3）企业积累动机与积累机制的强化有赖于产权的构建，特别是要赋予企业以更充分的资产占有权，和使企业拥有部分自有资金再投资的新增利润的一定支配权。（4）企业资产转换机制的形成必须有产权的构建。这就是，在明确企业的产权的基础上实行和鼓励产权自主转让，形成产业转让机制，促使企业将闲置不用的机器设备转让其他的企业，或从效益低的企业转让到效益高的企业，从而发展生产要素的优化组合。（5）企业资金流动机制的形成必须有产权构建。这就是，通过明确和维护投资者的财产权益，调动各种投资主体（全民企业、集体企业、职工、居民）的投资积极性，从而发展社会主义的资金联合与经济联合。这不仅有利于充分发掘社会资金的潜力和提高资金使用的效益，而且，它直接促使资金的社会结合，促进经济联合化和企业集团的形成和发展。（6）企业的自我约束机制的形成必须有产权构建。这就是，通过划分产益、明确产权和硬化产责，实行企业依靠自己的经营财产承担投资与经营风险的法人财产体制，彻底废止企业对国家资金的依赖。这样，就能形成企业的自我约束机制，从而使企业具有适应市场机制的自我调节的功能。

可见，财产关系的理顺和产权的构建，具体地说，就是产益、产权、产责在企业中的强化和有机结合。这是搞活国有企业，使之具有适应市场经济机制的行为特征和功能的一项重要条件。

与社会主义商品经济相适应的全民所有制企业，它的产权结构将具有什么样的特征？对这一问题简要论述如下：

（一）产权的多元性

社会主义商品经济中的资金具有流动性。企业之间（包括不同所有制的企业）互相投资、参股是经常发生的，它是资金联合和生产集中的必要条件。资金流动和资金联合，必然会使国有企业财产表现为包括全民财产、集体财产和个人财产等的复合结构，从而产权具有多元性。正由于此，国有企业产权构建的重要任务，就是要把传统体制下以单一的国家财产为内容的一元产权结构，改造和转变为以多样的社会主义财产为内容的多元产权结构。多元的产权结构的存在改变了原有的国有企业财产具体结构，就个别企业来说，由于主体结构与资金占有比重的不同，例如在某些企业中集体财产或个人财产可以占较大比重，可见，企业传统的单一的国有财产结构是不再适用了。

（二）产权的双重性

社会主义商品经济中自主经营、自负盈亏的企业必须拥有充分的资产占有权，它包括资产支配使用权、部分资产收益占有权、资产处置权。企业具备了不是口头上的，而是实际的，不是微少的，而是充分的产益、产权、产责，企业将成为资产的实际占有者，企业也就可以说具有某种相对的财产主体身份，而归它实际占有的企业资产也就成为它的经营财产。企业一旦拥有这种财产占有、支配和利得关系，企业的生产与经营活动就能拥有充分的来自财产利益的启动及充分的来自财产利益的约束，企业的自负盈亏和承担经营风险也将拥有来自企业财产的保障，企业的自我发展也将具有自身的财产基础。国有企业将因上述财产关系而表现出有自主经营、自行发展、积极开拓的充沛活力。上述企业的财产占有，乃是处在国家拥有最终所有权的前提下，也并不意味着全民财产转变为集体财产，它并不割裂与肢解社会主义全民所有制。

基于以上论述，国有企业产权构建的中心任务就是要改变传统的全民所有制的国有国营模式，即企业单一的国家直接财产形式，而实行国家所有、企业实际占有的双重体制，或国家最终财产、企业相对财产的双重财产形式。

（三）产权的流动性

社会主义商品经济中，企业的产权具有市场流动性，它可以而且必须采取商品形式，通过市场交换而在企业之间转让。流动性从来是市场经济的客体的特征。在发达的市场经济中，不仅一般消费品、生产资料是在市场流通的，而且企业中业已形成的固定资产，如厂房、机器、设备等"不动产"，也是通过售卖、企业兼并等方式而在不同主体间进行转让的。此外，知识产权，如商标权、创造发明专利权、科学和文学作品著作权，也是在市场转让的。上述产权的转让同样存在于社会主义商品经济中，产权转让将开拓和形成生产要素自主重组的机制，它使产权由效益低的企业向效益高的企业转让，使那些沉淀于企业之中的未加使用的闲置的生产要素得以运转起来，使那些长期在亏损企业低效运转的生产要素得以高效利用。可见，产权的流动性乃是生产要素优化组合和高效利用的重要条件。

基于上述，国有企业产权构建的一个重要任务，就是要将禁锢于传统的封闭性的经济体制中的不流动的企业资产解放出来，使之成为能在产权市场上自主转让的对象。

总之，为了真正搞活企业，特别是为了改革和重组国有企业，使它成为适应社会主义商品经济的微观基础，就必须改革以单一的公有制财产、直接的国家财产、不流动的财产为特征的企业传统财产体制，建立以产权多元性、双重性、流动性为特征的企业财产结构。

四、关于相对财产与最终财产的关系

如何通过所有制关系与具体形式的改革、完善来搞活国有企业，特别是大中型企业，这是一个不能回避的、需要首先在理论上探讨清楚的问题。在这个问题上存在以下几种观点：

第一，实行占有私人化。这是个别人的主张。显然，这是一种错误的观点。我国是社会主义国家，我国改革的最终模式是建立以公有制为主体的社会主义经济。传统的公有制模式有其严重的弊端，但这并非意味着公有制注定不如私有制，关键在于要深化改革，大胆实践，创造出与社会主义商品经济相适应的社会所有制形式。

第二，实行占有企业化。一些同志主张，为了解决国有企业的产权模糊问题，不仅应该确认企业通过自有资金形成的固定资产归企业所有，而且，还可以设想将大部分国有企业的资产归企业所有。这些同志认为，只有实行企业集体所有，通过把全民财产分化为小集团财产，才能彻底落实企业的责、权、利，解决企业经营活力的问题。我认为，这种观点是片面的。社会主义全民所有制是不完全的，具有某些局部占有因素，实行两权分离后，企业的自有资金也将具有某些局部占有性质，从这种意义上来说，全民所有制的改革，包括有某些局部占有因素，但这并不是说，有必要和应该实行全面的占有企业化，将全民所有制转变为集体所有制。因为，集体所有制也有其局限性，它并不注定在任何情况下，在任何部门、任何行业都拥有优越性。

第三，通过对全民所有制的深入改造，去掉传统高度集中的、否认企业权益的全民所有制模式的弊端，在保留全民所有制的框架内发展、充实企业经营权，以充分调动企业积极性，我认为，这是搞活国有企业最为可取的途径。

基于这一思路，人们就有必要实行和完善企业法人制度。首先要建立企业法人财产体制。什么是企业法人？

第一，法人是拥有民事诉讼权利的独立的法律实体。企业法人不同于自然人，对股份制企业来说，法人是独立于所有股东之外的经营主体，一个企业股东的数量和具体的构成都是不断变化的，但是法人的身份却是不变的。实行法人制度，赋予企业以法人身份，其要义在于使企业成为超出于所有主体之外的独立的经营实体，不停顿地进行良好的生产和经营。

第二，法人拥有归它支配的财产——企业资产。企业财产不同于直接国家财产。直接的国家财产是传统的国有企业的财产形式，它意味着国家与企业合为一体，企业的资产既归国家所有，又由国家直接支配、使用、经营和处置，唯一的占有财产的主体就是国家；而企业财产则是资产归国家所有，企业直接支配、使用、经营和一定程度的处置，占有财产的最终主体是国家，直接营运主体是企业。赋予法人以归它支配的"企业财产"或法人财产，其要义在于使所有者——国家不再有权干预企业日常的生产与经营活动，使企业成为商品经济中具有独立性和稳定性的基本营运单位。

我们说明了，在全民所有制经济领域，企业财产是归企业实际占有的经营财产，还必须指出，这种企业财产是一种相对的财产，是作为最高的和最终的国家财产的转化形态。这是由于：

第一，作为这一财产的主体的全民所有制企业只是作为统一的社会联合劳动组织的基层单位，是大联合体中的细胞，离开了社会大联合体，就谈不上企业小联合体的存在。这种情况与集体所有制领域每一个企业都是一个独立的存在是完全不相同的。

第二，企业财产在这里是指企业拥有充分的支配使用权、一定的利得权与处置权的资产，这是一种主体对客体的实际占有权，但是主体却没有对客体的法律上的所有权，上述最高的法律上的所有权仍然属于国家。国家通过制定有关法律和法规来约束企业的活动。此外，国家可以分享企业剩余产品的主要部分，从而拥有经济上的所有权。例如，实行独立经营的国有企业必须照章向国家上缴税利，股份制企业除交税以外，必须保证国家股的红利。

总之，在法人财产制度下形成的企业财产属于财产的使用权或实际占有权，因而实行企业法人制度的改革乃是赋予企业以充分的财产支配权，这是一种经营产权的构建，它使企业在财产支配使用中的益、权、责进一步充实，但是国家作为最高所有者的法律地位与经济地位并没有发生变化，因而这种企业财产实质上是全民所有制的转化形式，是一种派生的和相对的财产。

以产权构建为内容的企业改革超越了一般意义上的所有权与经营权的分离，这是两权分离的深入发展，实际上是所有制关系、具体形式和结构的调整。

法人财产制度的重要意义在于，它是全民所有制结构的一种新分化和局部调整，它把资产的、法律的与经济的所有权归之于国家，而把占有权，即资产的支配使用权、部分处置权、部分利得权归之于企业。这一分化的结果是最终所有权与相对所有权范畴的确立。这种全民所有制内在结构的调整的实质是，在全民所有这一基本占有格局与框架不变的前提下赋予企业以实际占有权，实行权、益的向企业分散，同时将更严格责任加之于企业。这一调整，把传统体制下的削弱企业地位与作用的直接国家财产形式，改造成为国家最终财产与企业经营财产的双重财产体制。借助这一双重财产体制，既可以克服国家所有、国家直接经营的传统体制下削弱与侵犯企业权益的弊端，但又保持与维护了社会主义经济的社会公共占有的基础。它既能收搞活企业之效，但又不至于削弱企业财产的社会公有性。可以说，双重财产体制可以恰当地处理社会主义全民所有制结构内部的国家、企业的利益，这种财产结构使企业能充分地适应发达的商品经济的需要。因此，我认为，这是一个深化国有企业改革的可行的思路和方法。

五、关于财产结构分化的历史的追溯

如果我们进一步考察所有制结构的历史发展，我们将会发现所有制内在结构适应于调整和处理物质生产各个当事主体的利益关系而发生分化的现象，是在人类社会发展中经常发生的。埃及、巴比伦，甚至亚洲的古代社会，由于存在着专制的国家制度和土地国家所有制，"溥天之下，莫非王土"；但是另一方面，为了适应于发挥直接生产者群体——公社或村社——的积极性和保证小共同体再生产的物质基础，又存在着公社财产①。这样，我们就看见了一个双重性的古代东方国家所有制结构。

马克思曾经深入地分析了古代亚细亚的双重所有制结构，他指出，亚细亚存在着基层的以共同占有土地为基础的部落小共同体或公社共同体所有制。在那里，土地被看作是小共同体的财产，另一方面，还存在着处在各小共同体之上的"更高的所有者"即国家，例如在亚细亚，土地、水利设施却是国家财产。马克思这样地论述了这种国家—公社双层所有者结构："在大多数亚细亚的基本形式中，凌驾于所有这一切小的共同体之上的总合的统一体表现为更高的所有者或唯一的所有者，实际的公社却只不过表现为世袭的占有者。"②马克思指出，由于国家财产是唯一的法律承认的最高的财产，基层的共同体的财产是最高所有者赋予的，国家财产是原本的财产，是基层小公社的"公共财产的真正前提"③。马克思又指出，处在基层的公社却仍然存在"公共财产"，"在东方专制制度下以及那里从法律上看似乎并不存在财产的情况下，这种部落的或公社的财产事实上是作为基础而存在的"④。他指出，正因为这种财产的存在，"因此，这种公社完全能够独立存在，而在自身中包含着再生产和扩大再生产的一切条件"，"各个小公社彼此独立地勉强度日"⑤。

可见，马克思论述了古代东方土地国家所有制体制下，并不妨碍

---

① 由原本的财产派生出第二级的财产，这是产权形成的规律。就社会主义财产而论，除了全民财产转化为企业财产而外，社会主义的公共财产——全民财产、集体财产或是混合财产等形式——还要派生出社会主义个人财产，个人的工资、奖金等收入。

② 《马克思恩格斯全集》第46卷上，人民出版社，1979年，第473页。

③ 《马克思恩格斯全集》第46卷上，人民出版社，1979年，第473页。

④ 《马克思恩格斯全集》第46卷上，人民出版社，1979年，第473页。

⑤ 《马克思恩格斯全集》第46卷上，人民出版社，1979年，第473页。

处在基层的公社存在着公社对土地的"实际占有"①，从而不妨碍存在着公社的"财产"。马克思实际上提出了"最高的所有者"与"实际的所有者"的概念，以及有法律依据的国家财产和"从法律上看似乎并不存在"②但实际上却存在"作为基础而存在的""公共财产"等概念。

马克思关于古代东方社会土地国家所有制的区分为"最高的所有者"与"实际占有者"的观点，为我们解开了所有制内在结构分化的秘密，这是我们用来科学地剖析历史上的财产形态的锐利武器。按照这一方法，我们可以发现中世纪的土地占有形态，也是具有封建主最高所有权与农奴或农民在一定范围内的实际占有权的双重形态，而在当代发达的资本主义商品经济中的公司财产形态，也具有股东最高所有权和经营者实际占有权与支配权的划分。

基于上述分析方法，我们完全有必要将社会主义国家所有制关系区分为第一级的、原初的、最高的国家所有者和第二级的、派生的实际占有者，因而把财产区分为国家财产和相对的企业财产。可见，企业法人财产概念的提出具有充分的理论依据，企业法人财产完全可以被视为是社会主义国家财产的一种形式，它"跟这种形式完全不矛盾的"③。

---

① 《马克思恩格斯全集》第46卷上，人民出版社，1979年，第473页。
② 《马克思恩格斯全集》第16卷上，人民出版社，1964年，第473页。
③ 《马克思恩格斯全集》第46卷上，人民出版社，1979年，第473页。

产权转让及其机制的形成[①]

一、产权的两种含义

我们认为，产权具有两种含义，原本的含义和扩大了的含义。原本含义的产权，即具有法律形式的财产所有权（property rights），是具有法律规定的主体对于客体的最高的、排他的支配占有权。这种产权是一种具有法律形式的生产关系，是由法律这种社会权力所维护和硬化的、合法的所有关系，它是主体（所有者）对于客体，即财产的最高支配权[②]。上述产权，可以称之为所有产权。历史上的所有产权，大体说来，开始于奴隶制社会，其最初的表现形式是私人财产权，即奴隶主私有财产权，封建主私有财产权，资本家私有财产权，以及个体农民的私有财产权。公共财产权是产权的另一形式，如古代的村社财产权，中世纪的宗祠财产权，现代社会主义公有财产权等。上述这些产权均体现了主体对客体（财产）的最高占有权，而就客体，即财产

---

① 原载《经济改革新思考》，改革出版社，1988年。

② 原本的财产权，包括主体、占有行为、客体三要素。氏族作为主体，独占土地（森林、牧场、河流），即原始公社共同财产权。个人或家庭作为主体独占土地，即私有财产权。

来说，它就是完全从属于主体的独立意志的绝对财产。

产权的第二含义是使用权。马克思主义经济学告诉人们：任何生产都是以人对生产条件的占有、即独立自主的使用、支配和处分为前提，只不过这种占有具有绝对占有（所有）与实际占有两种不同形式。如果它是主体对客体的最高的支配使用关系，就是所有关系，如果它是主体对客体的有限制和不完全的支配使用，即实际占有关系。马克思就是这样来区分所有与占有的区别的，他阐述了历史上存在的非所有者拥有对生产条件的实际占有的许许多多的情况和事例。他指出："在亚细亚的（至少是占优势的）形式中，不存在个人所有，只有个人占有"①（重点是引者所加）。"个人是公社土地的占有者"②，在这种情况下，土地所有者是公社，作为经营主体的占有者的个人则拥有对生产条件的有限制的支配使用权，例如个人及其家庭占有的土地要定期重新分配，或者是使用者死后归还公社。在上述情况下，产权就一分为二，它是归公社的财产所有权和归个人的财产使用权，后者可以称之为使用产权。产权的二重性和经营主体没有所有权，却拥有对客体的支配使用权，是所有制关系的历史发展与两权分化的后果。在现代商品经济中，这种两权分化有了进一步的发展和在企业中采取了所有权与经营权相分离的形式。

当代发达资本主义国家的公司经理，他作为全权的经营者，拥有完备的经营权。公司经理在服从董事会制定的经营方针之下，能独立地进行生产，经营，企业扩展、向外投资，即充分自主地对企业资产进行支配、使用和处置。因而，现代两权分离的结果是，股东拥有财

---

① 《马克思恩格斯全集》第46卷上，人民出版社，1979年，第481页。

② 《马克思恩格斯全集》第46卷上，人民出版社，1979年，第475页。

产所有权，而企业则拥有区别于所有权的财产支配使用权或占有权①。社会主义商品经济中的全民所有制企业，乃是以所有权与经营权相分离为其固有特点，全民所有制领域的产权，一方面表现为国家的最高的和终极的所有权，即所有产权，另一方面则表现为企业的财产支配使用权，即使用产权。

可见，产权这一范畴的内涵是随着历史的发展而扩大的，当代社会主义的商品经济中的产权，就不只是原本的财产所有权，而且包含着第二含义的产权，即财产支配使用权或经营权。而在我们谈到的是全民所有制的企业产权的场合，它就是指企业整体财产支配使用权或占有权，即第二含义的产权。

二、产权转让的原因

产权的转让，就是拥有财产所有权或使用权的主体的转换，是一种财产占有关系的变更。产权的转让是一个十分古老的经济、社会行为。自有产权以来，产权转让就是人们的活动交换与财富分配的一项固有的内容。迄今的历史上产权转让采取两种方式：非经济的方式与经济的方式。用战争和暴力夺取其他主体（部落、国家或个人）的财产支配权，通过分封、赠予或是继承等方式获得财产支配权，是非经济性的财产转让。通过交换、经营、租赁、承包等方式去获得财产支配权，是经济性的产权自主转让。这种产权转让发轫于商品交换，并随着商品经济的发展而日益发展和普遍化，成为商品经济形态社会经

---

① 马克思指出，生息资本对于其所有者来说，"它不过暂时离开它，不过暂时由它的所有者占有变为执行职能的资本家占有"（《马克思恩格斯全集》第25卷，人民出版社，1974年，第384页）。

济生活中的日常现象。

首先，所有权的转让，是商品交换的固有的内涵。商品交换，就物质形态来说，它是物的易手，就产权关系来说，是所有权的让渡和所有主体的转换。卖方丧失了商品所有权，从而失去了占有，即支配使用该商品的权利，买方则获得所有权，他由此合法地占有该产品，将它作为生产手段生产地使用，或者作为消费对象加以消费享用。体现在商品交换中的所有权转让，或产权转让，正是人们相互间转让和占有产品从而发展生产社会化的一种经济机制。

随着商品经济的发展，产权转让日益采取了扩大的与发达的形式。它表现在：（1）随着社会分工和商品经济的发展，拥有物质产品与精神产品的独立经济主体越来越多，它们相互之间的社会联系与依赖性越来越密切，商品交换和产权转让也就越加发展，越加频繁。（2）产权转让的内涵扩大了，它不仅是商品交换中较为单纯的财产所有权的转让，而且出现和发展了经营领域的财产使用权的转让。例如租赁（房地产租赁、其他工业、金融租赁）关系，大规模的货币资本借贷关系，财物典当关系，企业经营中的经理责任制、承包制、代理制，等等。这些经济关系大多数体现了使用权的转让：人们将一种物质资产（或精神资产）的使用权在一定时期内、有条件地让渡给对方，但却保留着由自己重新支配和重新占有的权力。例如两权分离的企业，董事会所代表的资本所有者集体，保留着更换责任经营者——经理的权力，出租人，出借人拥有在租期、借期、典当期届满之后，将物收回、重新置于自己支配之下的权力。可以说，最高支配权和使用权的转让，即所有权的转让，和支配使用权暂时的或部分的让渡同时并举，乃是发达的商品经济的产权转让的特征。（3）产权转让范围扩大了，它不仅是一般变换中的商品产权的转让，而且扩大到企业产权

（固定资产和企业整体资产权）的转让，不仅仅是物质财产权的转让，而且扩大到精神产品，知识产权等无形产权的转让。总之，产权商品化和市场流动化，乃是发达的商品经济中产权的特征。

实践表明，社会主义商品经济中存在着发达的产权转让，它不仅包括不同所有制之间在商品交换中的财产所有权的转让，而且也包括全民所有制领域商品交换关系中的财产使用权的转让[①]。此外，还包括承包制、租赁制等经营形式中的使用权的转让。另外，随着社会主义商品经济充分发展而必然出现的地产（土地使用权）的出售，房产的出售与出租，特别是企业产权——固定资产（局部的固定资产如一个工厂、一个车间，或是企业整体固定资产即整个企业的生产能力），知识资产（发明专利权、技术诀窍，商品样式、商标权）等的所有权或使用权——的转让，这些均已经是我国近年来商品关系发展中出现的、令人注目的新的情况与新的实际。另外，人们还可以看到，在传统体制下遭到压制的个人与国家，个人与个人之间的各种物质产权与知识产权的转让，也随着商品经济的发展而复苏和发展起来。

在我国传统的权力高度集中的体制下，全民所有制领域实行国有、国营。由于片面强化国家的财产所有权，因而，传统体制禁锢国营企业之间的商品交换，更不允许企业自主转让固定资产。由于行政的和地区分割，使全民所有制具有封闭性质，它排斥企业固定资产的相互交流。特别是基于全民所有制是"高级的"公有制，而集体所有制是低级的公有制传统的观念，人们不允许全民财产转入集体单位，否则就是一种"倒退"，"肥水外流"。至于知识产权，则是根本未形成或是模糊不清。1984年《中华人民共和国专利法》颁布以前，习

---

① 应该说，全民所有制企业的相对财产权，正是全民所有制经济的商品性的根源。

常的做法是，一切创造发明均归国家所有，实际上不存在归属于个人和企业的知识产权。因此，传统体制是一次性生产要素和资源配置的僵化模式，国家用指令性计划自上而下地分配物资、资金、劳动力，把这些生产资源固定于各个部门、行业和各个特定的产品生产之中。除非是大调整时期，国家要对严重亏损的企业进行自上而下的关停并转而外，一般很少实行企业间固定资产的调整、调拨，当然企业更加无权去从事自主调整。产权不流动，固定生产要素不能交换、交流、重组，决定了传统经济肌体缺乏自我调整功能。

三、产权转让机制的形成

为了使企业产权能够顺利地和健康地自主转让，人们必须积极创造条件，形成一个体现市场作用与计划指导相结合的社会主义产权转让的机制。为此，首先就要：

（一）理顺与落实企业产权

产权转让的主体应该是企业，产权转让是企业自主的行为。企业相互间要能进行自主的产权转让，必须以企业拥有资产所有权或使用权，即产权为前提。企业连它拥有什么对象范围与程度的产权都不清楚，处于"产权模糊"状态，它就不仅缺乏转让产权的冲动，而且也不能形成顺利的产权自主转让。例如，全民所有制企业的自有资金形成的资产，如果企业对它没有任何产权，如果这一部分企业资产在实行转让后收益纯然归属于国家，必然会影响企业产权转让的积极性。可见，明确企业的财产主体的权益，是实现企业产权自主转让的前提条件。

在充分发达的社会主义商品经济中，作为法人的全民所有制企业，应该享有对企业资产的支配权、使用权、处置权和一定受益权。
（1）作为独立的企业法人，不仅对资产在生产中的如何使用享有独立
的决策权，而且对于资产的处置，包括整体企业资产的转让——出售
或拍卖——拥有自主决策权，上述的自主决策权，乃是企业进行全面
的自主经营的前提条件。（2）企业作为自负盈亏的经营实体，应该拥
有自身的经营财产，因为有这一财产企业才能进行独立的经营活动、
扩大再生产，承担经营风险，真正实现自负盈亏。（3）作为法人的企
业，还拥有对资产的经营成果的一定的收益权。独立经营、自负盈亏
的国营企业应该因经营差而受罚，因经营好而受奖，如果对企业资产
的使用和处置得当，实现了资产增值，理应获得一定的收益。总之，
作为法人的国营企业所拥有的资产支配使用权、收益权和处置权，可
以归结为经营财产占有权。这种产权关系和利益关系，使企业对保存
和增值资产价值拥有利益上的关心和内在的冲动，这种物质利益的关
心，既给企业从事自主的产权转让以动力，促使它去转让那些闲置
的、呆滞的资产，另一方面又给企业的产权使用和处置行为以约束，
使企业不会有任意转让它所需要的资产的短期行为。

在传统体制下，全民所有制企业不具有上述产权关系，是资产的
使用者而不是经营财产的占有者。企业对国家给它使用的资产拥有什
么权、责、利是不清楚的，资产的归属，即责任所有者更不清楚，这
就是所谓"产权模糊"。"产权模糊不清"，产权的利益驱动缺乏，
自然就说不上产权自主转让，再加之，企业对国家财政资金的依赖
性，这些决定了企业对资产的合理使用和价值增值漠不关心，这也是
造成传统体制下的大量资产闲置和大量资金呆滞的原因。

我国当前以实行承包制和租赁制为主要内容的改革，主要还是经
营机制的改革，由于企业所有制具体形式与财产关系尚未理顺，因而

企业产权模糊问题未能获得解决。例如国营企业的产权是属于企业，是属于主管局，还是其他经营管理机构，均是不十分清楚的，从而出现了任何一种行政的和经济管理机构都可以向企业乱摊派和"切一块"的情况。城市集体所有制企业（即大集体），更是长期存在产权归属不清。这种产权模糊状态给企业产权转让造成困难。

要形成一种十分顺畅的产权自主转让机制，首先就在于明确企业的产权主体的身份和它们所拥有的产权的性质和范围，使企业的利益、责任、权利，十分明确，周界清楚。为此就要进一步使企业改革深入发展，由经营机制的改革发展到所有制关系的改革。在当前应该在坚持国家所有权前提下，赋与企业以占有权，要使固定资产和其他知识财产、商标等成为企业占有即充分自主支配的法人财产。当然，法人财产只是一种由企业占有的相对财产，它的最终所有权仍然是属于国家。

（二）贯彻商品交换的等价原则

在传统体制下，全民所有制企业的产权转让，采取了无偿调拨的形式，这就是通过关停并转，企业固定资产一部分或全部无偿地由一个企业调拨给另一企业。这种无偿调拨的理论依据是，全民所有制企业的资产是国家财产，只属于唯一的共同的主人——国家，固定资产在不同企业之间的转让，有如从同一个人的左手交到右手，它不发生所有者的更易。不承认资产的企业相对财产的性质、是一种企业产权虚无论，它正是传统的社会主义经济理论否认企业资产的商品性和否认产权有偿转让的理论依据。显然地，这只不过是一种理想化的观念，它不符合社会主义初级阶段的实际，不能正确反映改革后全民所有制企业的现实的特征。

在当前，正确的做法是，根据产权所固有的商品性，在企业产权转让中——无论是发生于不同所有制之间的所有权的转让，或是发生在全民所有制企业之间的使用权的转让——贯彻等价交换原则，对转让者予以合理的补偿。具体地说，企业无论是转让它的部分固定资产，或是转让整体企业产权（包括土地使用权），都应该实行有偿和遵循等价原则。

企业的科学技术资源，如创造发明权，属于技术商品，是企业的知识产权，也是一种无形的固定资产①。全民所有制企业或经济单位对这种无形资产拥有占有权。企业为了改善其财务状况，为了发挥专利权储存的效益和支援其他企业，需要把它占有的某些专利权实行有偿的和等价的转让。

商品式样、商品名称、商标，属于知识产权，它是形成企业产品竞争力的重要要素。一些企业在发展横向的联合中，除了协助其他企业，改造技术设备，改进工艺流程，提高产品质量而外，还允许协作企业打自己的商品牌号，利用自己的产品式样和商标。这种知识产权是作为商品来转让的，也需要遵循等价原则。

总之，承认产权的商品性质，和按照商品交换的等价原则来组织各种产权——包括企业整体产权——的交换，这样将能正确处理不同的所有制之间和全民所有制内部不同企业之间的利益关系，从而使产权转让立足于价值规律的基础之上。这是企业间产权转让顺利发展的重要条件。全民所有制企业的产权转让，如果是随意作价，或是实行无偿调拨，只能造成对企业产权的侵犯，阻碍产权转让的正常发展。

---

① 可以说，存在两种精神产品：1.作为一般消费品的精神产品——书籍、图画、艺术表演。2.作为固定资产的精神产品——工厂发明专利权、新设计、商标权、技术诀窍等。这些产品或是用来改善生产条件，生产工艺或是用于改善生产品的品质，由于它的价值是逐步流转回来，基于这一特征，可以把它列入固定资产之中，只不过它是无形的固定资产。

（三）产权市场的形成和产权的价格决定

产权顺利流动，必须以固定资产和其他产权的市场形成和发育成熟为前提。它包括：（1）企业的固定资产的转让市场，（2）各种专利权与商标权、工业式样的转让市场，（3）企业整体产权转让市场（如进行企业出售、招标和拍卖的市场）。这种产权市场，是社会主义市场体系中的一个组成部分。

为了形成产权市场，不仅要保证各类固定资产和产权能作为商品进入市场流通，即以自主售卖对象方式出现在购买者面前，例如，要有适合于这种特殊商品进行交易的方式和交易组织，以及进行交易的场所，但更主要的是要形成一种能贯彻等价交换的竞争性的市场机制。

我国当前产权商品化正在起步，而产权市场则远未形成和发育成熟，因而各类产权价格的估算与确定，是一个十分复杂和困难的问题。（1）就物质产品的产权，例如固定资产来说，由于生产资料业已是商品和业已存在生产资料市场，因而它的估价是不难的。（2）技术发明专利权，这是一种无形的产品，它的价格决定是较为困难的。由于技术商品不可能大批量生产，带有稀少性，从而它的价格往往会带有垄断价格的特征。因此，要大力开拓平等竞争的技术市场，和在价格确定上必须要有国家相应政策的指导，以保证能形成一种有利于转让双方的合理价格。

全民所有制范围内企业产权的转让价格的决定，涉及企业资产的估价，这是一个十分艰难但又必须加以解决的课题。社会主义企业产权转让应该是产权由经营不善、效益不高的企业，向经营好、效益高的企业转让。这种转让既要维护出让者的利益，又能鼓励买方，有利于企业资产向效益高的企业流动。在不同所有制之间的产权转让，资产正确估价，更是十分重要。如果价格太低，将造成国家财产转到集体或个人手中，从而损害国家利益；而另一方面，如果转让价格定得太高，加上产权购买者要承担经营风险，因而会出现产权无人接手，造成转让的困难。

为了能够形成对企业资产正确估价的机制，看来，有必要在股份制基础上实行股权商品化，使企业实际资产价值通过股票价格表现出来，从而实现对企业资产价值的社会评价。当然，实行股份制和搞好股票的市场转让，要经过试点，还需要很长的时间。当前我们应该寻找一种切实可行的能实现对企业资产的合理估价的方法。首先要明确企业资产转让和整体企业的产权转让，也带有"商品转让"的特征，应该是有偿的并要按照价值规律的要求办事。在尚未形成完备的"产权市场"以前，人们应该在产权转让时，引进竞争机制，打破行业、地区的界限，进行投标，使产权价格的确定中体现出市场力量。但同时，也要体现国家计划的指导，对企业重要产权，特别是对于企业整体产权的转让，要按照产业政策的要求和有关法规来进行，特别要保证价格的合理，使这种产权转让既是自主的商品交换行为，又能避免盲目性，防止侵犯它方的产权和利益，特别是防止削弱国家财产和损害国家利益的情况发生。

总之，我国经济生活中新近出现的产权的流动化，生动地表现出改革开创了一个强劲的经济市场化的发展进程，显示出我国经济的向社会主义市场经济迈进。可见，我国当前经济体制改革的深化，离不开市场的发育、开拓和市场机制的发动，市场体系的形成和市场机制的发动业已成为我国改革的中心环节，把这一中心环节抓住不放，和使之与其他改革紧密结合，就能进一步推动我国的其他方面的改革的深入发展和实现向新体制的转换。

论产权自主转让[①]

近年来，在我国国营企业领域，随着企业改革的逐步深入，承包制、租赁制的普遍推行，出现了企业承包、承租企业（产权暂时转让），企业买卖、拍卖和兼并（产权转让），企业以资产入股、组建股份制公司（产权重新组合）等企业产权（以下简称"产权"）自主转让的现象。在当前，产权转让日益发展，一个产权自主转让的新浪潮正在我国大地上兴起。产权的自主转让是我国经济体制的商品性强化和生产要素全面市场化的产物，是实现社会主义市场经济固有的自我调整功能的契机。产权转让这一新的交换方式使企业找到了一种自我扩展的新形式，增强了企业的活力，促进了企业组织结构、产品结构、产业结构的调整。人们可以清楚地看到，这一企业占有关系和流通关系的改革将是一条真正能有效地搞活国营企业的路子。

产权自主转让是改革中的新鲜事物，需要研究的问题很多。例如：什么是产权？什么是产权自主转让？它是怎样产生的？企业产权自主转让具有什么形式？它将如何发展？产权应如何梳理和构建？特

---

① 原载《经济学家》1989年第1期。

别是企业产权的梳理与构建具有什么现实意义和理论意义？这些都是当前迫切需要研究、探讨和加以科学地回答的问题。可以说，改革的深入发展已经把探讨与建立社会主义的产权理论提到了中国经济学家的议事日程上。

一、产权的两种含义

我们认为，产权具有两种含义：原本的含义和扩大了的涵义。原本含义的产权，即具有法律形式的财产所有权（property rights），是具有法律规定的主体对于客体的最高的、排他的支配占有权。这种产权是一种具有法律形式的生产关系，是由法律这种社会权力所维护和硬化的、合法的所有关系，它是主体（所有者）对于客体即财产的最高支配权[①]。上述产权，可以称之为所有产权。历史上的严格意义的所有产权，大体说来开始于奴隶制社会。其最初的表现形式是私人财产权，即奴隶主私有财产权，封建主私有财产权，资本家私有财产权，以及个体农民的私有财产权。公共财产权是产权的另一形式：如古代的村社财产权，中世纪的宗祠财产权，现代社会主义公有财产权等。上述这些产权均体现了主体对客体（财产）的最高占有权，而就客体即财产来说，它就是完全从属于主体的独立意志的绝对财产。

产权的第二种含义是支配使用权。马克思主义经济学告诉人们：任何生产都是以人对生产条件的占有，即独立自主地使用、支配和处分为前提，只不过这种占有具有绝对占有（所有）与实际占有两种不

---

① 原本的财产权，包括主体、占有方式、客体三要素。氏族作为主体，独占土地（森林、牧场、河流），即原始公社社会共同财产权。个人或家庭作为主体独占土地，即私有财产权。

同形式。如果它是主体对客体的最高的支配使用关系，就是所有关系；如果它是主体对客体的有限制和不完全的支配使用，即实际占有关系。马克思就是这样来区分所有与占有的区别的。他阐述了历史上存在的非所有者拥有对生产条件的实际占有的许许多多的情况和事例。他指出："在亚细亚的（至少是占优势的）形式中，不存在个人所有，只有个人占有"①，"个人是公社土地的占有者"②，在这种情况下，土地所有者是公社，作为经营主体的占有者的个人则拥有对生产条件的有限制的支配使用权，例如个人及其家庭占有的土地要定期重新分配，或者是使用者死亡后归还公社。在上述情况下，产权就一分为二，它是归公社的财产所有权和归个人的财产使用权，后者可以称之为支配使用产权。产权的二重性和经营主体没有所有权，却拥有对客体的支配使用权，是所有制关系的历史发展与两权分化的后果。在现代商品经济中，这种两权分化有了进一步的发展和在企业中采取了所有权与经营权相分离的形式。

当代发达资本主义国家的公司经理，他作为全权的经营者，拥有完备的经营权。公司经理在服从董事会制定的经营方针之下，能独立地进行生产、经营、企业扩展、向外投资，即充分自主地对企业资产进行支配、使用和处置。因而，现代两权分离的结果是，股东拥有财产所有权，而企业则拥有区别于所有权的财产支配使用权或占有权③。社会主义商品经济中的全民所有制企业，乃是以所有权与经营权相分

---

① 《马克思恩格斯全集》第46卷上，人民出版社，1979年，第481页。

② 《马克思恩格斯全集》第46卷上，人民出版社，1979年，第475页。

③ 马克思指出，生息资本对于其所有者来说，"它不过暂时离开它，不过暂时由它的所有者占有变为执行职能的资本家占有"（《马克思恩格斯全集》第25卷，人民出版社，1979年，第384页）。

离为其固有特点。全民所有制领域的产权：一方面表现为国家的最高的和终极的所有权，即所有产权；另一方面则表现为企业的财产支配使用权，即使用产权。可见，产权这一范畴的内涵是随着历史的发展而扩大的。当代社会主义的商品经济中的产权，就不只是原本的财产所有权，而且包含着第二含义的产权，即财产支配使用权或经营权。而在我们谈到的是全民所有制的企业产权的场合，它就是指企业整体财产支配使用权或占有权，即第二含义的产权。

二、产权自主转让的原因

产权的转让，就是拥有财产所有权或使用权的主体的转换，是一种财产占有关系的变更。产权的转让是一个十分古老的经济、社会行为。自有产权以来，产权转让就是人们的活动交换与财富分配的一项固有的内容。迄今历史上产权转让采取两种方式：非经济的方式与经济的方式。用战争和暴力夺取其他主体（部落、国家或个人）的财产支配权，通过分封、赠予或是继承等方式获得财产支配权，是非经济性的产权转让。通过交换、经营、租赁、承包等方式去获得财产支配权，则是经济性的产权自主转让。这种产权转让发轫于商品交换，并随着商品经济的发展而日益发展和普遍化，成为商品经济形态社会经济生活中的日常现象。

所有权的转让是商品交换的固有的内涵。商品交换就物质形态来说是物的易手，就产权关系来说是所有权的让渡和所有主体的转换。卖方丧失了商品所有权，从而失去了占有即支配使用该商品的权利；买方则获得所有权，他由此合法地占有该商品，将它作为生产手段生产地使用，或者作为消费对象加以消费享用。体现在商品交换中的所有权转让，或产权转让，正是人们相互间转让和占有产品从而发展生产社会化的一种经济机制。

产权自主转让，随着商品经济的发展而日益采取了扩大的与发达的形式。它表现在：（1）随着社会分工和商品经济的发展，拥有物质产品与精神产品的独立经济主体越来越多，他们相互之间的社会联系与依赖性越来越密切，商品交换和产权转让也就越加发展，越加频繁。（2）产权转让的内涵扩大了，它不仅是商品交换中较为单纯的财产所有权的转让，而且出现和发展了经营领域的财产使用权的转让，例如租赁（房地产租赁，其他工业、金融租赁）关系，大规模的货币资本借贷关系，财物典当关系，企业经营中的经理责任制、承包制、代理制，等等。这些经济关系大多数体现了使用权的转让：人们将一种物质资产（或精神资产）的使用权在一定时期内有条件地让渡给对方，但却保留着由自己重新支配和重新占有的权利，例如两权分离的企业，董事会所代表的资本所有者集体保留着更换责任经营者——经理的权利，出租人、出借人拥有在租期、借期、典当期届满之后将物收回，重新置于自己支配之下的权利。可以说，最高支配权和使用权的转让即所有权的转让，和支配使用权暂时的或部分的让渡同时并举，乃是发达的商品经济的产权转让的特征。（3）产权转让范围扩大了，它不仅是一般交换中的商品产权的转让，而且扩大到企业产权（固定资产和企业整体资产权）的转让，不仅是物质财产权的转让，而且扩大到精神产品、知识产权等无形产权的转让。总之，产权商品化和市场流动化乃是发达的商品经济中产权的特征。

实践表明，社会主义商品经济中存在着发达的产权转让，它不仅包括不同所有制之间在商品交换中的财产所有权的转让，而且包括全民所有制领域商品交换关系中的财产使用权的转让①，此外，还包括承包制、租赁制等经营形式中的使用权的转让。另外，随着社会主义商品经济充分发展而必然出现的地产（土地使用权）的出售，房产的出售与出租，特别是企业产权——固定资产（局部的固定资产如一个工厂、一个车间，或是企业整体固定资产即整个企业的生产能力），知识资产（发明专利权、技术诀窍、商品样式、商标权）等的所有权或使用权——的转让，这些均已经是我国近年来商品关系发展中出现的、令人注目的新的情况与新的实际。另外，人们还可以看到，在传统体制下遭到压制的个人与国家、个人与个人之间的各种物质产权与知识产权的转让，也随着商品经济的发展而复苏和发展起来。

产权之所以能自主转让，在于产权的商品性质。产权的商品性是由社会主义全民所有制的特点所决定的。这就是：（1）全民所有制的不完全性，全民所有制还存在着一定的局部占有的特征和体现有局部利益；（2）全民所有制的两权分离性质，使全民财产还要表现为企业相对的财产。国有企业的上述特征决定了不仅国有企业的产品是商品，而且企业的一切经营手段，一切作为获得收益的对象，如权利凭证——收取贷款的借据、收取股息的股票，企业的经营财产，例如企业拥有的固定资产、专利权，也是商品和要采取商品形式转让。此外，企业产权——在作为财产所有权的场合——无论是有形物质财产例如机器、土地、厂房（它们具有商品的二重特征：使用价值和价值），或是无形的非物质财产，例如专利权或其他知识产权（它们具有使用价值，表现为一种生产能力或是满足消费需要的能力），也有交换价值即市场价格，也是商品。

---

① 应该说，全民所有制企业的相对财产权正是全民所有制经济的商品性的根源。

产权在作为财产使用权的场合，如出租的房屋、承包的工厂，也是以商品形式出现于产权市场的。

总之，产权作为商品是社会主义商品经济体制下的客观必然性。在传统的经济体制下，全民所有制企业只是上级国家管理机关的行政附庸，它不具有经济实体的性质，因而，在那里，不仅谈不上有企业自行转让的产权，而且连企业的产品，特别是生产资料，也不是作为商品来转让的。近年来，随着企业改革的深化，国有企业逐步拥有了责、权、利，经济实体性有所强化，不仅企业的劳动产品——包括生产资料——要作为商品来自行交换，而且由于自身利益的获得，使企业萌发了把它拥有的固定资产和精神产权用于自主转让的内在冲动。企业作为自负盈亏的经济实体的性质，使它们不能接受产权转让的无偿调拨形式，而产权作为商品，作为自主的、有偿的、等价交换的对象就是不可避免的。

三、产权转让在产业结构完善中的作用

产权转让即产权的市场流动化，是商品经济的重要特征，是生产社会化的要求。在社会主义商品经济中，产权流动，特别是在企业之间流动，有着重要的现实意义。产权流动意味着生产要素的全面市场流通化，它是完善产业结构、实现资源优化配置的一种必要的经济机制。在社会主义商品经济中，资源的优化配置是在一个产业结构不断地自我调整的过程中实现的。这是因为：（1）产业结构要适应需求的变动而变动。随着新需求的产生，旧需求逐步消失，现行的产业结构和资源配置方式就要发生变化。（2）产业结构要适应原材料、技术等的变化而变化。新技术、新的原材料的出现，必然会引起现有的产业

结构发生变化。（3）产业结构要随着生产要素的价格的变化而变化。例如，某些原材料价格的上涨促使人们去使用代用品，能源的昂贵促使人们采用节能的工艺和生产方法，从而引起原有的生产要素的重组。

可见，产业结构和资源配置方式从来不是固定不变的，人们总是要按照最小投入最大产出的原则，根据各个生产要素的产出成本率去调整它们的资源配置方式，形成一个能以最少的投入获得最大的和最合理的——即符合社会总需要的——产出的产品结构、企业组织结构和产业结构。因而，生产要素的全面流动化就是十分必要的，它是社会主义经济结构表现出自动修正、自我调整的功能的内在契机与必要条件。

在我国传统的权力高度集中的体制下，全民所有制领域实行国有、国营，由于片面强化国家的财产所有权，因而，传统体制禁锢国有企业之间的商品交换，更不允许企业自主转让固定资产。由于行政的和地区分割，全民所有制具有封闭性质，它排斥企业固定资产的相互交流。特别是基于全民所有制是"高级的"公有制，而集体所有制是"低级的"公有制的传统观念，人们不允许全民财产转入集体单位，否则就是一种"倒退""肥水外流"，至于知识产权，则是根本未形成或是模糊不清。1984年《中华人民共和国专利法》颁布以前，习常的做法是，一切创造发明均归国家所有，实际上不存在归属于个人和企业的知识产权。因此，传统体制是一次性生产要素和资源配置的僵化模式，国家用指令性计划自上而下地分配物资、资金、劳动力，把这些生产资源固定于各个部门、行业和各个特定的产品生产之中。除非是大调整时期，国家要对严重亏损的企业进行自上而下地关停并转而外，一般很少实行企业间固定资产的调整、调拨，当然企业更加无权去从事自主调整。产权不流动，固定生产要素不能交换、交流、重组，决定了传统经济肌体缺乏自我调整功能。

产权不流动，企业不能对它拥有的生产要素进行日常小调整，阻碍了企业的扩大再生产。我国经济中长期存在着下述现象：

第一，企业资金不足与资金闲置共存。一方面，一些适销对路、效益高的企业无法获得充分的扩大再生产资金，用以扩充固定资产，以加强其物质基础；另一方面，一些企业又存在大量闲置的，或利用不足的固定资产。由于没有产权的流动和生产要素日常的小调整，上述矛盾不断积累，其结果使短线产品不能得到加强，从而加深了产业结构的失衡。

第二，大量资金呆滞，资金使用低效。由于没有资产在企业之间的流动，使大量的闲置的固定资产，以及精神财富（如知识资产）不能利用于现实生产，从而不可避免地产生经常性的非生产的固定资产沉淀，即呆滞资金。据估计我国全民所有制领域呆滞资金约有2000亿元，固定资产能充分使用的不到1／3，这种非生产性固定资产大规模沉淀，造成社会财富的大浪费。资本主义经济中，由于一切资源在市场自由流动，非生产性固定资产大量沉淀只出现于经济危机时期；而传统的社会主义经济体制下，非生产固定资产沉淀和堆积却是一个经常性现象，它是社会主义国家经济效益低，资产利润率上不去的一个重要原因。

第三，资产存量范围内生产力硬化，扩大再生产依靠新投资。产权不流动使资产存量范围内的生产要素不能自我调整和重新组合，人们只有依靠资产增量来扩大生产。由于企业不能通过合并、兼并其他企业的固定资产，使其物质设施得以配套，生产能力得以充实和提高，因而只有不断地向国家要投资，不断地扩大新的基本建设，这是传统体制下存在持续的投资饥饿的一个重要因素。

归结起来，企业产权不流动是我国传统的僵化体制的一个重要表现。企业的产权不流动，在微观上引起国有企业缺乏扩大再生产的活力，在宏观上加深了经济结构的失衡。因而在当前，为了搞活国有企业和加速产业结构的调整，解除上级机关对国有企业的束缚，进行产权重塑，使企业产权明朗化和拥有进行产权转让的自主权，由此来强化企业的经营权就是十分必要的了。

四、兼并是企业产权自主转让的一种重要形式

社会主义商品经济中，企业的产权转让具有多样形式，如闲置的机器设备的转让，某些工业发明权的转让，商标权的转让，等等。但是，具有重要意义的是企业产权（整体产权）的转让。企业整体产权转让，既可以通过企业以自己的资产购买另一企业的股本的产权重组方式——这种产权转让不改变被参股企业的法人身份，也可以通过企业"拍卖"与购买等"兼并"的方式来进行。1984年以来企业产权转让的兼并形式出现于北京、上海、辽宁、黑龙江、河北、湖北、广东、福建、四川、甘肃、内蒙古等省市自治区，如：1987年7月25日北京市齿轮总厂用500万元买下朝阳区金属工艺制品厂；武汉1984年以来有24家企业兼并了32家企业，1988年春又有21户要兼并他人，39户希望被兼并；保定13个优势企业兼并了41个劣势企业。

兼并（merger）与合并不同，兼并是产权转让中的企业一兴一灭的形式，被兼并一方的财产占有权（或是所有权）一旦转让给他人，企业的法人资格也就宣告结束，原先作为独立的经济实体和法律实体的企业，也就为对方"吞并"，因而，兼并实际上是一方吃掉另一方。

兼并曾经被人们视为是资本主义商品经济中特有的现象，这种传

统观念在社会主义经济发展中出现的新情况下已经站不住脚了。实践表明，兼并并不一定姓"资"，可以说，它是发达的商品经济中企业扩展的一种方式，因而，它也是社会主义商品经济中企业扩展的必要形式。

我国当前经济生活中的企业兼并现象之所以产生，是由于以下的原因：

第一，实现产业合理化和增加竞争力的需要。随着社会主义市场经济的进一步发展和市场机制的更充分发挥作用，竞争也会更加激烈。在尖锐的市场竞争中，一方面，那些经营不善、负债累累而又实行自负盈亏的企业，自身就要求出售部分企业产权或出售企业整体产权来谋求新的出路；另一方面，拥有优势的企业自然愿意以较低的价格购买对方的财产，以充实自身的生产能力，进行企业内部的技术结构与劳动组织的调整，发展产业的合理化，降低成本，增强原有产品的市场竞争能力和新产品的开发能力。可见，通过兼并来进行企业调整和企业扩展，就成为竞争的必然结果。

第二，进一步发展经济联合体和组建企业集团的需要。随着企业间的横向经济联合的进一步发展，松散的联合总是要逐步转化为紧密的联合，以便在联合体内实行生产要素的重新组合，以形成新的生产能力。当前，各地的一些企业集团，已经在核心层组建股份制公司，或是实行兼并以组成更紧密的联合体。这表明，企业产权的转让乃是经济联合化更深入发展的要求。

第三，开放、搞活的需要。企业产权大规模地在国际范围内的转让乃是第二次世界大战后国际经济的一个新现象，是经济国际化、资本的国际流通扩大和加强的必然产物。为了谋求比较成本低的利益，企业要在国外设厂、经营，特别是汇率的变动、本国货币的升值，促使发达国家企业到原料、劳动力便宜的国家去投资设厂，购买当地企业。这种国际的产权转让，不仅有利于生产要素在国际范围内优化组合，对于经济不发达国家来说，它还是引进资金和技术的一种形式。我国当前正在加强沿海地区的发展战略，沿海地区的一些企业力图通过兼并，发展出口创汇，而且一些企业还要到海外去设置分厂；内地企业也要到沿海地区去设厂，扩大自己产品在国内市场上的阵地和打入国际市场。此外，为了引进资金、技术，也要允许外国资本到国内投资、设厂。成都无线电一厂就在广东购买设置了三个分厂，而一些外国资本也试图用购买企业的方式在我国国内投资。这就表明产权的转让，乃是我国开放、搞活的需要。

第四，企业经营机制改革深化的需要。我国在实行承包制、租赁制、股份制的企业改革中，企业自主权和实体性进一步增强，企业的自主意识由此萌发和苏醒，它们积极采取措施扩充其生产能力，调整生产技术结构，形成必要的规模效益和发展多种经营，而那些经营不善的企业则迫切需要摆脱经营与财务上的困境，因而，出现了"企业承包企业"和兼并等企业产权转让形式。

总之，产权自主转让的兼并形式的出现不是偶然的，它是我国改革深化发展的必然结果。

企业兼并是一项具有重大积极意义的改革措施。各地的初步实践表明，企业兼并在促使全民所有制企业生产要素优化组合、消灭亏损、提高资金使用的微观效益与宏观效益等方面起了重要作用。

（一）兼并是优胜劣汰，以劣补优的一种有效形式

传统的关停并转的企业合并方式，由于合并双方处于权利平等地位，在组建新企业，形成领导班子时，原有干部平起平坐，因而难以

对经营不善的企业实行根本改造，使它补充优势企业。而兼并，通过优者吃掉劣者，消化、改造劣者，以劣服从和补充优，既加强与发展有优势的一方的物质基础，又改造与发挥了处于劣势的一方的生产能力，因而它能使企业的效益大大提高。保定市由于采取了优势企业兼并劣势企业，1987年国有企业消灭了亏损。1987年重庆市6家被兼并的亏损企业，在兼并后当年就有5家扭亏为盈。我国目前国有企业领域大量固定资产闲置或半闲置，效益好的企业缺乏扩大再生产的能力，而效益差的企业却占有大量固定资产与流动资金，并不断依靠国家财政补贴。1987年国有企业亏损面占17%，加上集体企业，亏损面为全部企业的25%，国有企业亏损户达6000户，亏损额年达40亿元。一方面是闲置资产与资产利用低效益，甚至亏损；另一方面是扩大再生产能力与经营规模的迫切需要。为了解决这一矛盾和实现以劣补优的微观调整，这正是当前企业整体产权转让产生和兴起的经济根源。

（二）兼并是实现生产集中以发挥规模效益的一种有效形式

现代生产方式总是要表现在大生产及其规模效益上，因而它要求一定生产集中。我国原有的企业组织结构中存在着大量的中小企业，许多企业的设备很差，技术落后，物质基础急需加强。近年来在改革中，各地方、部门用自己支配的资金上了一大批中小企业，投资分散化的结果是大量新企业的固定资产不足，形不成批量生产能力，缺乏规模效益，例如我国汽车行业盲目发展，全国办起的汽车零配件加工厂有100多个，企业规模小，装备落后，生产能力低，从而缺乏效率，一些企业更是长期亏损。基于上述情况，当前的企业改革有必要通过生产集中化，扩大企业规模，改善企业组织结构。当然生产集中还可以通过发展横向联合，通过平等的"企业合并"来实现。发展企业互相参股，组建共同持股的股份公司就是实现生产集中的一种好方法。但是兼并也是一种不可缺少的和十分有效的方式。

（三）兼并是充分发挥资金存量的效益的一种有效形式

兼并借助现有企业内在结构的调整与生产要素的优化组合，它可以在不增加资金的总量的条件下充分发挥资金存量的效益。兼并是一种以劣补优的企业结构调整，通过兼并，人们按照优势企业扩展的要求，以某一产品为"龙头"，来实行产品结构、企业结构和产业结构的调整，将劣势企业的缺乏效益的和呆滞的资金转化成为具有充分效益的资金。青岛市在承包中引进了兼并机制，促进了产品结构的调整和企业规模经营，加快淘汰了那些滞销品，发展了名优产品，1987年亏损户减少了40%，亏损额下降74.22%。在这里，企业生产能力的增强和经济效益的提高，不过是借助企业内部生产组织和技术结构的重新调整，借助生产要素的优化组合，而不是来自增加新投资，因而，这是一种社会范围内的内涵的扩大再生产。其优点是：它大大节约了国民经济范围内的新投资，而社会可以由此把新投资用于迫切需要的重点部门，如能源、交通、教育等。在我国当前百废待兴而又资金短缺，许多基本物资匮乏，特别是面临通货膨胀威胁的条件下，大力发展兼并，以之来促进生产发展和结构调整将是争取国民经济稳定增长的一项可行的方法。

总之，企业产权自主转让的兼并形式体现了社会主义商品经济中的一种企业肌体自我调整、自我充实、互相补充的机制。这种企业产权转让形式，一方面，强有力地起着优胜劣汰作用，另一方面又是一种温和而较少引起社会震荡的淘汰机制，它不仅为搞活国有企业打开了一条新的路子，而且是一种实现资产高效利用的方法，这样就使社会既有资金存量的利用效率大大提高，就如有了新的固定资产的投入一样。在我国当前治理经济环境、控制固定资产投资增长的时期，充分利用企业兼并机制具有十分重要的现实意义。

对于兼并这一新事物，目前人们还有不同的认识，一些同志把兼并视为资本主义竞争的范畴，当作是垄断组织对小企业的扼杀，是"大鱼吃小鱼"，这是兼并与社会主义不相容的观点。

兼并并不是起源于资本主义，它是一个很古老的自从有商品经济以来就出现了的现象，例如在中国古代，秦汉以来随着土地的商品化就有土地兼并的发生。不过它不是纯粹的经济兼并，而在很大程度上是借助于封建政权的行政强制。当然，兼并是发达的资本主义中的竞争现象和企业扩展的一种形式。在资本主义商品经济中，兼并具有二重性：一方面它体现了大资本特别是垄断资本对小资本的扼杀（即人们说的大鱼吃小鱼），另一方面兼并实现生产要素组合的优化，即人们称之为"产业合理化"。它表明了生产社会化，是一种经济的进步。因而人们不能把兼并单纯地看成是消极现象。

兼并作为发达的商品经济中的一种企业自我调整与自我扩展的形式，也会出现于社会主义商品经济中。这种企业间的兼并和产权转让，一不改变公有制的性质，二不改变原来职工的主人翁地位，因而人们不应该将它当作是一种非社会主义的企业行为。

从目前各地的具体做法来看，在实行兼并的场合，产权的转让有以下具体方式：（1）无偿转让经营权。严重亏损濒于破产的企业，在兼并的一方承担其债务的前提下，无偿地让渡它的经营权或所有权。在兼并发生在全民所有制范围内时，转让的对象只是经营权，不存在企业所有权的转让，从而不影响国家的财产所有权。（2）有偿转让所有权。在兼并发生在全民所有制和集体所有制之间时，它是所有权的

149

转让，但是作为特殊的商品，这种产权转让应该遵循商品交换的等价原则，并且要从属于国家的计划指导。因而，这种有指导的有偿兼并不会破坏与削弱国家财产。

兼并的上述方式均不会影响职工的主人翁地位，由于企业被兼并后，兼并者承担安排企业职工的就业，退休职工的退休金和其他福利，因而，他们的生活状况还将由此得到改善。

以上情况表明，发生在公有制基础上的社会主义兼并，基本上摆脱了资本主义兼并所固有的对抗性质，它以其互补作用，和种种关系的妥善处理与安排，从而有利于双方，因此，人们在观察和对待兼并时应该从实际出发，采用新的思维方式，而不能从字义出发，把它视为是一种"丑恶的"资本主义企业行为。

为了使兼并顺利地进行，还需要恰当地处理好双方利益的矛盾。例如：（1）当前国营企业兼并中，由于资产估价不确实，产权不能贯彻等价有偿转让，而实际存在的各种所有制之间、各个产权主体之间产权被侵犯的现象和利益矛盾；（2）兼并者和被兼并企业，因原有条块关系未能打破，在兼并后工资收入、劳保福利方面各不相同而存在的利益的差别和矛盾，等等。可见，人们必须制定正确的方针，妥善调节兼并双方的利益关系，才能实现公有制基础上兼并的社会主义性质，从而使双方的劳动积极性得到最充分地发挥。

此外，兼并后，少数优势企业因为生产规模的扩大、生产能力的提高、产品成本的降低和产品数量的增多，逐步在市场占据更大优势地位，甚至排挤了竞争者。在社会主义商品经济中，如果企业只此一家或几家，由于竞争的缺乏，也就会出现垄断价格的现象，它不仅会引起价格上涨，侵犯消费者的利益，而且也不利于技术的进步与经营管理的完善。因此，采取措施防止生产与市场的垄断，这就是实现社会主义兼并所必须注意加以解决的问题。

总之，对于兼并，我们应该加以利用，因势利导，使之有利于产品、产业结构的合理调整和生产的社会化，有利于社会主义商品经济的发展。这就要求我们去学习并树立起一种观察经济新现象与新事物的正确方法。这种方法就是：要着眼观察新事物在生产力发展中的作用，而不能用教条主义的方法和以一些附加给马克思主义的东西为标准，形而上学地去评判它是姓"社"还是姓"资"。

五、产权自主转让机制的形成

为了使企业产权能够顺利地和健康地自主转让，人们必须积极创造条件，形成一个体现市场作用与计划指导相结合的社会主义产权转让的机制。为此，首先就要：

（一）理顺与落实企业产权

产权转让的主体应该是企业，产权转让是企业自主的行为。企业相互间要能进行自主的产权转让，必须以企业拥有资产所有权或使用权即产权为前提。企业连它拥有什么对象范围与程度的产权都不清楚，处于"产权模糊"状态，它就不仅缺乏转让产权的冲动，而且也不能形成顺利的产权自主转让。例如，全民所有制企业的自有资金形成的资产，如果企业对它没有任何产权，如果这一部分企业资产转让收益纯然归属于国家，必然会影响企业产权转让的积极性。可见，明确企业的财产主体的权益是实现企业产权自主转让的前提条件。

在充分发达的社会主义商品经济中，作为法人的全民所有制企业应该享有对企业资产的支配权、使用权、一定的处置权和一定的收益权。（1）作为独立的企业法人，不仅对资产在生产中如何使用享有独立的决策权，而且对于资产处置，包括整体企业资产的转让——出售或拍卖——拥有自主决策权，上述的自主决策权乃是企业进行全面的自主经营的前提条件。（2）企业作为自负盈亏的经营实体应该拥有自身的经营财产，因为拥有这一财产的企业才能进行独立的经营活动，扩大再生产，承担经营风险，真正实现自负盈亏。（3）作为法人的企业，还拥有对资产的经营成果的一定的收益权。独立经营、自负盈亏的国有企业应该因经营差而受罚，因经营好而受奖，如果对企业资产的作用和处置得当，实现了资产增值，理应获得一定的收益。总之，作为法人的国有企业所拥有的资产支配使用权、收益权和处置权，可以归结为经营财产占有权。这种产权关系和利益关系，使企业对保存和增值资产价值拥有利益上的关心和内在的冲动。这种物质利益的关心，既给企业从事自主的产权转让以动力，促使它去转让那些闲置的、呆滞的资产，另一方面又给企业的产权使用和处置行为以约束，使企业不会有任意转让它所需要的资产的短期行为。

在传统体制下，全民所有制企业不具有上述产权关系，它们是资产使用者而不是经营财产的占有者。企业对国家给它使用的资产拥有什么权、责、利是不清楚的，资产的归属，即责任所有者更不清楚，这就是所谓"产权模糊"。"产权模糊不清"，产权的利益驱动缺乏，自然就说不上产权自主转让，再加以企业对国家财政资金的依赖性，这些决定了企业对资产的合理使用和价值增值漠不关心，这也是造成传统体制下的大量资产闲置和大量资金呆滞的原因。

我国当前以实行承包制为中心的企业改革主要还是经营机制的改革，由于企业所有制具体形式与财产关系尚未理顺，因而企业产权模糊问题未能获得解决，例如国营企业的产权是属于企业，是属于主管局，还是其他经营管理机构均是不十分清楚的，从而出现了任何一种行政的和经济管理机构都可以向企业乱摊派和"切一块"的情况。城市集体所有制企业（即大集体）更是长期存在产权归属不清。这种产权模糊状态给企业产权转让造成困难。

要形成一种十分顺畅的产权自主转让机制，就在于明确企业的产权主体的身份和它们拥有的产权的性质和范围，使企业的利益、责任、权利十分明确，周界清楚，为此就要进一步使企业改革深入发展，由经营机制的改革发展到所有制关系的改革。在当前应该在坚持国家所有权前提下赋予企业以占有权，要使固定资产和其他知识财产、商标等成为企业占有即充分自主支配的法人财产。当然，法人财产只是一种由企业占有的相对财产，它的最终所有权仍然属于国家。

（二）贯彻商品交换的等价原则

在传统体制下，全民所有制企业的产权转让采取了无偿调拨的形式，这就是通过关停并转，企业固定资产一部分或全部无偿地由一个企业调拨给另一个企业。这种无偿调拨的理论依据是，全民所有制企业的资产是国家财产，只属于唯一的共同的主人——国家，固定资产在不同企业之间的转让，有如从同一个人的左手交到右手，它不发生所有者的更易。不承认资产的企业相对财产的性质，是一种企业产权虚无论，它正是传统的社会主义经济理论否认企业资产的商品性和否认产权有偿转让的理论依据。显然，这只不过是一种理想化的观念，它不符合社会主义初级阶段的实际，不能正确反映改革后全民所有制企业的现实的特征。

在当前，正确的做法是根据产权所固有的商品性，在企业产权转让中——无论是发生于不同所有制之间的所有权的转让，或是发生在全民所有制企业之间的使用权的转让——贯彻等价交换原则，对转让者予以合理的补偿。具体地说，企业无论是转让它的部分固定资产，或是转让整体企业产权（包括土地使用权），都应该遵循有偿和等价原则。

企业的科学技术资源，如创造发明权，属于技术商品，是企业的知识产权，也是一种无形的固定资产[①]。全民所有制企业或经济单位对这种无形资产拥有占有权。企业为了改善其财务状况，为了发挥专利权储存的效益和支援其他企业，需要把它占有的某些专利权实行有偿的和等价的转让。

商品式样、商品名称、商标，属于知识产权，它是形成企业产品竞争力的重要要素。一些企业在发展横向的联合中，除了协助其他企业改造技术设备，改进工艺流程，提高产品质量而外，还允许协作企业打自己的商品牌号，利用自己的产品式样和商标。这种知识产权是作为商品来转让的，也需要遵循等价原则。

总之，承认产权的商品性质，按照商品交换的等价原则来组织各种产权——包括企业整体产权——的交换，这样将能正确处理不同的所有制之间和全民所有制内部不同企业之间的利益关系，从而使产权转让立足于价值规律的基础之上。这是企业间产权转让顺利发展的重要条件。全民所有制企业的产权转让，如果是随意作价，或是实行无偿调拨，只能造成对企业产权的侵犯，阻碍产权转让的正常发展。

[①] 可以说，存在两种精神产品：（1）作为一般消费品的精神产品——书籍、图画、艺术表演。（2）作为固定资产的精神产品——工厂发明专利权、新设计、商标权、技术诀窍等。这些产品或是用来改善生产条件、生产工艺或是用于改善生产品的品质，由于它的价值是逐步流转回来，基于这一特征，可以把它列入固定资产之中，只不过它是无形的固定资产。

（三）产权市场的形成和产权的价格决定

产权顺利流动，必须以固定资产和其他产权的市场形成和发育成熟为前提。它包括：（1）企业的固定资产的转让市场；（2）各种专利权、商标权与工业式样的转让市场；（3）企业整体产权转让市场（如进行企业出售、招标和拍卖的市场）。这种产权市场是社会主义市场体系中的一个组成部分。

为了形成产权市场，不仅要保证各类固定资产和产权能作为商品进入市场流通，即以自主售卖对象方式出现在购买者面前，例如，要有适合这种特殊商品进行交易的方式和交易组织，以及进行交易的场所，更主要的是要形成一种能贯彻等价交换的竞争性的市场机制。

我国当前产权商品化正在起步，而产权市场远未形成和发育成熟，因而各类产权价格的估算与确定是一个十分复杂和困难的问题。（1）就物质产品的产权例如固定资产来说，由于生产资料业已是商品和业已存在生产资料市场，因而它的估价是不难的。（2）技术发明专利是一种无形的产品，它的价格决定是较为困难的。由于技术商品不可能大批量生产，带有稀少性，从而使它的价格往往带有垄断价格的特征。因此，要大力开拓平等竞争的技术市场，在价格确定上必须要有国家相应政策的指导，以保证能形成一种有利于转让双方的合理价格。

全民所有制范围内企业产权的转让价格的决定，涉及企业资产的估价，这是一个十分艰难但又必须加以解决的课题。社会主义企业产权转让应该是产权由经营不善、效益不高的企业向经营好、效益高的企业转让。这种转让既要维护出让者的利益，又能鼓励买方，有利于企业资产向效益高的企业流动。在不同所有制之间的产权转让，资产正确估价更是十分重要。如果价格太低，将造成国家财产转到集体或个人手中，从而损害国家利益；如果转让价格定得太高，加上产权购买者要承担经营风险，就会出现产权无人接手，造成转让的困难。

为了能够形成对企业资产正确估价的机制，有必要在股份制基础上实行股权商品化，使企业实际资产价值通过股票价格表现出来，从而实现对企业资产价值的社会评价。当然，实行股份制和搞好股票的市场转让要经过试点，还需要很长的时间。当前我们应该寻找一种切实可行的能实现对企业资产的合理估价的方法。首先要明确，企业资产转让和整体企业的产权转让应带有"商品转让"的特征，应该是有偿的并要按照价值规律的要求办事。在尚未形成完备的"产权市场"以前，人们应该在产权转让时引进竞争机制，打破行业、地区的界限，进行投标，使产权价格的确定体现市场力量。但同时，也要体现国家计划的指导，对企业重要产权，特别是对于企业整体产权的转让，要按照产业政策的要求和有关法规来进行，特别要保证价格的合理，使这种产权转让既是自主的商品交换行为，又能避免盲目性，防止侵犯他方的产权和利益，特别是防止削弱国家财产和损害国家利益的情况发生。

六、产权流动化是农村商品化的必然结果

以上我们着重考察的是城市企业，特别是国有企业领域内的产权流动化。下面我们要考察农村领域内的产权的流动化。

在我国农村集体所有制领域，随着近年来农村改革的深化和商品经济的发展，也出现了农业基本产权即土地产权的流动化。土地是农业的基本生产要素之一，是农村企业的固定资产。我国传统体制禁止转让土地，土地只能长期为社队使用。尽管我国人多地少，但是一些地方还有富余的土地，特别是各地均有大量的荒山、荒坡、滩涂、水

面等可开发的土地资源，由于土地处于地域和行政区划的禁锢之中，它的使用权不允许转让，这是造成我国多年来农村土地资源不能充分有效地利用，和大量土地资源闲置的一个重要原因。

土地使用权的流动化是商品经济的固有的要求，作为商品生产者的农村企业——不论是农业企业或是非农业企业，在市场机制作用下，通过地产（使用权）的让渡，来实现企业土地的重新组合，扩展或是分散——是会经常发生的。特别是我国农村实行家庭联产承包制后，存在着土地碎分，家庭农户占地很少，例如成都市郊区每户不过5亩左右，狭小的土地面积严重限制着家庭商品经营的效益。另外，我国农村正处在产业结构调整之中，有大量农业劳动力正在向非农产业中转移，由于《宪法》原先规定不准土地转让，因而弃耕和土地丢荒时有发生，抛荒土地在一个县往往达数千亩。可见，允许土地使用权的转让是农村产业结构调整的要求。此外，允许土地使用权的转让，意味着农民对土地的使用权的强化，这将增加农民对土地的稳定感，从而调动和鼓舞农民对土地进行投入的积极性，促进土地的改良。土地使用权的转让，也将改变土地无偿占用下各单位乱占、多占土地的浪费资源的现象，对于像我国这样土地资源稀缺的国家——我国人均土地面积1.5亩，为世界人均占地面积的1／3，为美国的1／8，苏联的1／9，法国的1／3，加拿大的1／19——更是有着十分重要的意义。此外，土地使用权的转让也是农村工业发展和小城镇建设的现实需要。

总之，地产（使用权）的转让是商品经济发展的必然趋势。近年来，随着农村商品化的进一步发展，专业户的扩大经营规模，土地使用权的转让已经在我国农村经济生活中出现，只不过它表现为一种暗流，多半是以无偿或低偿形式转让给亲戚耕种。但在缺乏土地使用权市场转让机制的条件下，农民出于"安全"考虑，总是要保存土地以防万一。农民即使成为"万元户"也宁肯使土地抛荒，而不愿贸然放弃土地使用权。

可见，在家庭联产承包化实现了土地所有权与经营权的分离之后，进一步使土地经营权流动化业已成为农村经济发展现实的需要，成为使当前农村商品经济表现出更大势头的重要关键。适应这一需要，我国一些地方近年来进一步放宽了土地使用政策，不仅延长承包期，而且允许承包期内经营权继承和转让，承包期满可继续承包、有偿转让他人承包、土地租赁和转租，等等，如一些地区将承包土地分为口粮田与责任田，实行责任田认标租赁，有能力者多租，无能力者少租或不租，这种土地使用权的转让取得了良好的效果。总之，农村改革的继续深化，已经使土地使用权的商品化和流动化成为一个现实课题。七届一次全国人民代表大会对我国宪法有关条文进行了修改，作出了土地所有权不变但使用权可以转让的规定。可以说，这一新的法律规定将开拓我国有偿转让的道路，促进土地使用权的商品化，进一步促进农村商品经济的发展。

可见，我国当前城市工业企业产权的商品化和流动化，是和农村土地使用权的商品化和流动化并行发展的。产权的商品化和流动化已经是社会主义商品经济的不可抑阻的趋势。当前我们的任务是：采取措施，促进这一发展和对它进行引导，将它规范于合理的范围内，使它能最有效地发挥促进城乡生产力发展的积极作用。

七、产权自主转让对社会主义所有制理论意味着什么

党的十一届三中全会以来，我国社会主义经济理论在体制改革的发展和实践经验的总结中，在破除过时的、陈旧的传统理论观念中有

了巨大发展和创新。应该说，社会主义所有制理论的发展和创新是十分引人注目的。

社会主义所有制理论的发展，大体说来表现在以下几个方面：

（一）纯公有制理论转变为多元的所有制论

党的十一届三中全会以后，基于我国社会主义建设的经验教训的总结，人们摒弃了社会主义以纯公有制为基础——即"一大二公"论——的"左"的理论。根据国家、集体、个人一起上的新的卓有成效的实践经验，在形成了社会主义经济结构包括个体经济成分的明朗观念的基础上，人们承认了社会主义所有制多元性，这是对传统的社会主义所有制理论的重大突破。此后，我国个体经济在商品经济的机制下，不可避免地产生了私营经济，在党的十三大正式提出社会主义初级阶段这一科学命题的基础上，人们进一步明确和承认社会主义所有制还要包括私营经济，从而进一步拓宽了多元性这一概念的内涵。多元性的社会主义所有制理论得到阐明和确立，其意义是十分重大的。从这一理论出发，人们才能正确地对待、自觉地支持与妥善调节改革中必然会出现的所有制的多元化，来构筑起一个有利于社会主义商品经济发展的经济基础。

（二）单一所有制结构论转变为混合所有制结构论

社会主义商品经济中，占有的主体和占有的客体（财产）都要随着企业的扩展、合并、分离等而不断地发生变化，因而所有制的具体形式不是固定不变的。

商品经济中企业资产是资金，具有流动性，因而，在企业横向联系的发展中，随着企业间互相投资、参股，就会出现资金的结合，和各种不同所有制的交错，其结果是联合所有制的形成，其重要形式是一企多制的股份公司。这种混合所有制形式当前正在我国各个经济领域兴起，股份制企业的混合所有制形式是一种新的社会主义的财产组织形式。这种形式使企业突破了原来的条块分割和行政区域的束缚，企业能由此投身于整个经济社会之中，去吸收各个方面的闲置资金，壮大自己的经营资产，这种结合的财产组织形式，才真正使企业有了自我扩张的能力，从而能适应商品经济的发展。股份制目前在各个领域（包括全民所有制领域）的卓有成效的实践表明，社会主义所有制不是内在结构单一的、纯全民经济或纯集体经济，而是包孕有多样成分的结构。我国所有制改革的这一重大实践，进一步推动了社会主义经济理论的变革，这就是由"一企一制"的单一公有制论，转变为"一企多制"的混合的公有制结构论。可以说，所有制内在"结构论"是对传统的社会主义所有制理论的又一重大突破，它反映社会主义商品经济中企业财产不断组合的机制和规律，这是具有重大现实意义的理论创新。

（三）全民所有制的两权统一形式论转变为两权分离形式论

传统的所有制理论把国有国营作为社会主义全民所有制的唯一模式。这种理论的失误在于：它把所有与经营这两个不同概念的内涵混为一谈，把通行于前资本主义生产方式中的所有者与经营者一体化，当作是建立于社会化大生产基础上的、实行商品生产与经营的社会主义所有制的特征。

社会主义全民所有制是商品性的全民所有制，一方面存在统一的终极所有者——国家，另一方面每一个全民单位又是拥有相对的经营财产，从事独立经营的商品生产者，从而国家—企业关系表现为所有者与经营者的关系。社会主义全民所有制又是建立在社会化大生产基础上的，企业的十分复杂的现代物质技术基础，以及十分复杂的适应市场经营活动，要求有十分明确、清楚的所有者与经营者的权限划分。唯物辩证法的发展观也是一种结构分化观，它阐明了结构分化是自然、社会成熟发展的必然。例如：生物整体结构在发展中要分化出各个器官；在经济生活中，由传统生产方式向现代生产方式的发展，会有所有者与经营者的分化；经营主体中有经营责任者与一般经营者的分化，等等。可见，实行所有权与经营权的分离是社会主义全民所有制的必然，是企业表现出活力和顺利运行的必要条件，而企业改革的中心课题就是要在维护国家所有权的前提下，赋予企业以独立的经营权，使企业拥有相对的经营财产，独立支配自有资金，实行自主经营，自负盈亏，自行发展，自我调整。实行承包制、租赁制及其他责任形式，均是旨在强化企业经营权，真正实现两权分离。实行两权分离收到了搞活国有企业的成效。这一成功的实践，进一步推动了社会主义所有制理论的发展，由传统的全民所有制两权统一论转变到两权分离论，这既是对传统经济理论的重大突破，又是社会主义所有制理论的重大创新。

（四）静态的国家财产理论转变为动态的企业财产理论

传统的全民所有制理论，把企业资产视为是只能由国家统一调拨的全民财产，根本否认有权将各类固定资产自主地转让，至于企业整体产权的市场转让以及土地的转让，当然更是不能容许的[①]。基于这

[①] 列宁认为，在社会主义国家实行土地国有和禁止土地自行转让，"在土地国有化的情况下，这种共同的规则包括禁止一切中介行为，即禁止转让土地，禁止将土地转让给自己不经营的人等等"（《列宁全集》第13卷，人民出版社，1959年，第314页）。

种传统理论，各种生产资料由国家分配给企业和形成企业固定资产之后，就处于静止的、不流动的状态，长期封闭于各个企业之中，听任其在低效率中使用，甚至长期闲置不用。这种否认企业资产与产权市场转让的理论是一种静态的国有财产理论，它是为经济封闭性提供理论依据的。

随着我国城市体制改革的深化和企业经营机制的改善，企业逐步成为独立的商品生产者和拥有自身经营财产的法人，这一微观组织的再造，大大地发展了企业—企业之间，企业—国家之间，企业—个人之间的商品关系。企业不仅使自有资金流动化，把它用之于外部投资、参股、发展经济联合和组建股份企业，而且为了自身的扩展，企业还要自主地把固定资产和企业整体产权流动化。

企业产权自主转让这一新的现象，其重要意义在于，它表明企业拥有产权（相对的经营财产）和实现了企业产权流动化，这种企业财产的流动化使企业财产得以重新组合（分化与组合），一方面使企业能自主分立，另一方面使企业能自主合并，这样就给企业带来了生气勃勃的扩大再生产。基于这一实践，人们也就有理由摒弃传统的静止不动的国家财产论，而提出一种流动性的企业相对财产论，这一理论观念，可以说体现了一种动态的企业资产占有观，它是全民所有制理论的一项重大创新。

（五）由企业资产产品论转变到企业资产和产权商品论

传统的社会主义所有制理论立足于社会主义产品经济之上，按照这一理论，占有的对象——财产是产品。从个人占有的消费财产来说，很大程度是产品，例如传统体制下，个人财产权模糊不清，个人占有的生活消费品及其他资产不曾取得明确的法权财产形式，人们不能将这些个人财产自由地转让和在市场出售。至于全民所有制企业的资产更是产品，只能由国家委托给企业长期使用，由于企业缺乏资产的处置权，它不能将闲置的资产用于市场交换。如果说在国民经济调整时期对一些长期亏损的企业实行关、停、并、转中也发生了资产使用权在不同企业之间的转让，那也是带有行政权力的产品调拨和分配的性质。

我国经济体制改革的深入发展，是一个商品关系不断扩展和市场机制作用不断强化的过程，而就所有制关系和具体形式来看，它就是一个占有对象的逐步商品化的过程。首先，在社会主义商品关系发展和市场不断发育中，个人财产将完全地商品化，成为市场自由交换的对象。随着科学技术体制的改革，科技产品及各种制造、发明专利权也商品化了，成为个人和企业自主的市场交换对象。此后，随着住房制度改革与允许地产（使用权）出售，作为个人财产与企业经营财产的住房、厂房及地产权（使用权）也成为市场交换对象。而随着企业改革的深入发展，在允许企业通过出售、拍卖、兼并，进行整体产权有偿转让后，企业产权也成为市场交换的对象。可见，社会主义商品化必然会使那些旧体制下不流动的产品性财产转化为在市场进行自主交换的商品性财产，例如当前最令人注目的和意义深远的新变化，就是会随企业产权的流动化而出现的企业相对财产（财产使用权）成为可流通的商品性财产。产权流动化，也就是产权市场的形成，这个派生的商品市场的形成，进一步发展与丰富了社会主义的要素市场，将大大促进我国社会主义市场体系的发育和成熟的进程，成为发挥与强化市场机制作用的重要动因。

以上的论证在于表明，社会主义所有制的客体——占有对象是商品，是一个可以在市场流通和其运动要从属于价值规律的作用的对象。这就是说，企业支配的财产并不是可以永远固定于企业之中的，这一财产还将受到企业盈利能力和产权市场状况的影响，通过转让而发生分化与合并。正确运用这一机制，将能积极促进企业的扩展。以上这些关于商品性财产的理论论证，可以归结于商品性社会主义所有制的命题，可以说，对这一命题进行探讨是很有意义的，它将推进社会主义所有制的理论研究的深入。

小 结

如果我们把对产权转让（包括其兼并形式）现象的理论分析与当前体制改革如何深化结合起来考虑，我们可以简要归结为以下三点：

第一，产权的自主权转让要求产权落实，对国有企业来说就是赋予和落实企业对资产的占有权，这一改革不仅是企业经营机制的完善，而且也是一定的占有关系的调整，是相对财产权的塑造。就这种意义上说，它是两权分离进一步的深化和发展，将把企业改革由经营方式的改革推进到所有制改革的周界。

第二，要把承包制、股份制与产权的建造结合起来。企业产权自主转让是发达的商品经济中企业行为的特征。它表明了企业不仅能独立从事日常的商品经营，而且能从事占有的经营财产的转让。这也标志着企业拥有国家财产的使用、支配、处置权，是一个拥有产权的占有主体。既然企业应该有权从事产权转让，因而就不应该规定在合同期满后，承包企业必定要将资产以原本基本形态交回，而应采取保证原本资产价值的流回。可见，将承包制的完善与产权构建结合起来，应该是当前完善承包制中一个不可忽视的课题。

第三，大力发展市场化。产权自主转让表明：全民所有制企业不仅两权要分离，以实现企业自主化，而且产权要流动和转让，以实现产权商品化和市场化。企业产权转让，本身就是商品化与市场化的改革进程深入发展的产物。人们看见，正是商品化与市场化的进一步发展，生产资料要素的进一步流动化，市场组织与市场机制的进一步发展，才激发企业去发展资产和产权的自主交换关系。总之，我国经济生活中新近出现的产权的流动化，生动地表现了改革开创了一个强劲的经济市场化的发展进程，显示出我国经济的向社会主义市场经济迈进。可见，我国当前经济体制改革的深化离不开市场的发育、开拓和市场机制的发动，市场体系的形成和市场机制的发动业已成为我国改革的中心环节，把这一中心环节抓住不放，并使之与其他改革紧密配合，就能进一步推动我国的其他方面改革的深入发展和实现向新体制的转换。

试论国营企业的产权制度^①

一、国营企业领域产权问题的提出

几年来国营企业的改革，按照两权分离的原则，借助赋予企业的责、权、利的各种改革措施，使企业自身的利益、权力有所增强，企业的具体财产关系与利益结构发生变化和重组。但是企业的财产关系尚未理顺，归属于企业的产权、产益、产责尚未划清（即产权模糊），企业作为独立的商品生产者所需要的财产结构尚未形成，它主要表现以下几个方面：

第一，企业资产表现为直接的国有财产，即既是国家所有，又是国家直接支配与经营。为发达的商品经济所需要的、把资产作为相对的经营财产归企业直接支配和处置的财产结构与关系尚未组建起来。

第二，国有财产的责任主体模糊不清。除了企业的直接主管部门具有财产所有者身份而外，各种国家管理机构（包括计划、财务、税务、劳动、价格，等等）都以所有者身份向企业征取收益，实行各种

———————————
① 原载《天府新论》1989年第2期。

各样的"摊派""切一刀"。这种产权模糊，正是对企业实行任意的和无限制的行政干预的重要原因。

第三，在承包制、租赁制中，承包或承租企业面对着企业用自有资金或经营者个人资金进行生产投资形成的资产的归属与权益界定的问题。原有体制把企业资产（包括自有资金形成的财产）作为纯国家所有，目前虽然对自有资金实行分账管理，但是并未明确其产权归属。企业自有资金形成的资产产权模糊，已成为目前承包制和租赁制企业缺乏积累和投资冲动、行为短期化的重要原因。

第四，正在蓬勃发展的经济联合化，特别是当前发展势头甚旺的企业间相互投资、参股，也遇到了如何确定隶属关系各不相同的投资者的权益问题。财产关系的不清，业已成为企业相互投资和企业经济联合向更成熟更紧密的形式——真正的公司——发展的障碍。

第五，产权包括国有财产的维护问题。当前在实行两权分离、强化企业经营权的改革中，出现了国家财产被削弱和分解的情况。在承包经营责任制中，由于一对一的谈判，以及基数难以定准等原因，国家利益受损的情况经常发生。因而，国家所有权的维护，也是产权构建的一个必要内容。

可见，在全民所有制的国营企业中，明确财产权限，落实财产权利，使国家和企业之间、企业和企业之间、企业和个人之间的利益关系，通过具有法律形式的产权而取得硬化的形式，从而形成一个完备的和稳定的企业财产结构，这是使企业拥有和发挥与社会主义商品经济运行相适应的各种功能的经济条件

二、国营企业的产权存在的依据

我这里提出的国营企业的产权，是指全民所有制企业的财产关系和形式，它包括企业中多样主体对财产的所有权与使用权。所谓企业财产结构，就是企业中各种主体对归其经营的各种资产的所有权与使用权的总和。

全民所有制的国营企业中还存在着产权范畴，人们对此感到陌生，但这却是一个社会主义经济的客观实际。

（一）全民所有制的性质与企业产权

国营企业中所以还存在财产关系和产权，首先在于社会主义全民所有制本身的性质。传统的社会主义经济理论，把企业中的产权等同于国有财产权。这种国有财产一元论，是否认和取消企业中多样的、复杂的财产关系的。事实上，社会主义国营企业中的全民所有，具有不完全与不成热性。任何一个国营企业，固然是社会联合劳动共同体的细胞单位，但是，它又具有一定的企业联合劳动共同体的性质。企业职工共同生产，不仅仅是体现全社会利益，而且也要体现一定的企业局部利益，它表现为职工对企业经营成果和盈利有一定的超出按劳分配性质的占有权。

因此，全民所有制企业中还存在着某些局部占有因素。特别是在社会主义初级阶段的全民所有制中，全民占有的不完全性就表现得更为鲜明。承认这种特殊的占有关系和利益关系，是有效地组织社会主义联合劳动、充分调动社会主义劳动群体积极性所必要的。既然企业内部存在着全民占有和局部占有的双重关系，因而，就存在统一的国家财产和相对的企业财产、全民财产和企业集体财产等关系和范畴。

国营企业在扩大再生产过程中，也会不断再生产出全民占有的国家财产和带有局部占有性质的企业财产，从而企业中也就存在和表现出既以国家为主体、又以企业为主体的财产主体结构。可见，把国营企业的产权等同于单一的全民财产权，否认有企业财产，认为国营企业只有一个占有主体——国家，否认企业也具有一定的占有主体性质，总之，看不见和否认国营企业中存在多层次的主体结构和复杂的财产关系，是对社会主义全民所有制的简单化的理解。

（二）社会主义商品经济中的独立经营与企业的产权

产权，无论是财产所有权，还是使用权，拥有它，就拥有利益和权力，从而就有了行为的激励和自主行为的权力。商品交换，作为当事人的自主行为，就是以当事人对产品拥有产权——所有权——为基础的。

商品生产和经营，是一种以主体发挥高度的自主能动性为特征的生产，因而它必然要以主体拥有对经营资产的所有权或支配权为前提。近代资本主义的商品经营，通过初期的所有主体与经营主体的同一，保证了企业家对物质生产要素的所有权与人身要素——劳动力的支配权。而流行于当代发达资本主义经济中的公司制度，则是通过限制和缩小所有者——股东——的财产权和赋予公司经理以充分的经营权，保证公司法人拥有高度的经营积极性和能动性，使公司企业的功能能够同极度强化的市场机制和激烈的市场竞争相适应。

社会主义经济仍然是商品经济，因而，企业必然是一个自主经营的商品生产者。特别是在发达的社会主义商品经济中，发达的和极不驯顺的市场机制，要求和强使企业具有高度的经营自主性和独立性。因此，充实和保证企业拥有充分的财产权，是十分必要的。

三、国营企业产权的特征

（一）国营企业产权构建的内容

第一，国有资产的管理权（及部分收益权）在中央、地方和各级政府管理机构之间的划分。对国家所有制责任主体加以明确，是这部分资产管理权划分的重要内容。这是解决国家所有制责任主体模糊不清、所有者缺乏人格化所必要的，也是维护国有财产权，使之免遭侵犯的前提条件。

第二，企业内部的多样主体在企业资产收益上的划分。随着经济体制改革的深化，特别是实行经济联合和股份制以来，出现了企业内部投资主体多样化。合理界定与明确企业内部各个主体（包括国家、不同所有制的企业和个人）的产权，这是妥善处理企业内部利益关系，稳定经济联合体和公司的前提条件。

第三，企业资产的国家所有权与企业经营权（或占有权）的界定——也包括国家资产原始投入与自有资金投入引起的产权的界定，是企业相对经营财产的构建问题。我认为，这既是当前搞活国营企业的根本，也是企业产权构建问题的核心。因为：（1）企业动力机制的强化，必须有产权的构建。这就是：企业资产权益要在国家和企业之间作合理的、明确的划分，特别是要界定经营主体的产权并使之明朗化，在当前，尤其要强化企业的经营权。（2）企业自主经营机制的强化，必须有产权构建。要通过产益的明确激励经营积极性通过产权（如赋予企业以固定资产处置权）的充实，增强企业的经营决策能力，扩大企业的经营范围，发展企业全面的自主经营。（3）企业积累动机与积累机制的强化，必须有产权的构建，特别是要赋予企业以更充分的资产占有权和使企业拥有将部分自有资金再投资作为企业自身财产的权利。（4）企业资产转换机制的形成，必须有产权的构建。这就是：在明确企业产权的基础上，实行和鼓励产权自主转让，形成产业转让机制，促使企业将闲置不用的机器设备转让给其他的企业，从效益低的企业转让到效益高的企业，从而发展生产要素的优化组合。（5）企业资金流动机制的形成，必须有产权构建。这就是：通过明确和维护投资者的财产权益，调动各种投资主体（全民企业、集体企业、职工、居民）的投资积极性，从而发展社会主义的资金联合与经济联合。这不仅有利于充分发掘社会资金的潜力，提高资金使用的效益，而且，它直接促使资金的社会结合，促进经济联合化和企业集团的形成和发展。（6）企业自我约束机制的形成，必须有产权构建。这就是：通过划分产益、明确产权和硬化产责，实行企业依靠自己的经营财产承担投资与经营风险的法人财产体制，彻底废止企业对国家资金的依赖。这样才能使企业具有适应市场机制的自我调节的功能。

可见，财产关系理顺或产权的构建，具体说就是：产益、产权、产责在企业中的强化和有机结合，乃是搞活企业，使之具有适应市场经济机制的行为特征和功能的一项重要条件。

（二）国营企业产权的特征

与社会主义商品经济相适应的全民所有制企业，它的产权结构将具有什么样的特征？

1. 产权的多元性

社会主义商品经济中的资金具有流动性，企业之间（包括不同所有制的企业）互相投资、参股是经常发生的，它是资金联合和生产集中的必要条件。资金流动和资金联合，必然会使国营企业财产表现为包括全民财产、集体财产和个人财产的复合结构，从而产权具有多元性。因此，国营企业产权构建的重要任务，就是要把传统体制下以单一的国家财产为内容的一元的产权结构，改造和转变为以多样的社会主义财产为内容的多元的产权结构。多元的产权结构的存在，改变了原有的国营企业的具体规定性。就个别企业来说，由于主体结构与资金占有比重的不同，例如在某些企业中集体财产或个人财产可以占较大比重，因此，传统的按所有制划分企业的管理方式就不再适用了。社会主义经济的以全民所有制经济为主体的性质，只是通过全民——国家财产在社会总财产结构中的比重表现出来。

2. 产权的双重性

社会主义商品经济中自主经营、自负盈亏的企业，必须拥有充分的资产占有权，包括资产支配运用权、部分资产经营收益占有权、资产处置权。企业具备了不是口头上的、而是实际的，不是微小的、而是充分的产益、产权、产责，成为资产的实际占有者，企业也就可以说具有某种相对的财产主体身份，而归它实际占有的企业资产，也就成为了它的经营财产。企业一旦拥有了这种财产占有、支配和利得关系，企业的生产与经营活动就能拥有充分的来自财产利益的启动和来自财产利益的约束；企业的自负盈亏和承担经营风险，将拥有来自企业财产的保障；企业的自我发展也将具有自身的财产基础；国营企业将因上述财产关系而表现出自主经营、自行发展、积极开拓的充沛的活力。上述企业的财产占有，乃是处在国家拥有最终占有权的前提下，它并不意味着全民财产能变为集体财产，并不割裂与肢解社会主义全社会所有制。

基于以上论述，国营企业产权构建的中心任务，就是要改变传统的全民所有制的国有、国营模式，即企业单一的国家直接财产形式，而实行国家所有、企业实际占有的双重体制，或国家最终财产、企业相对财产的双重财产形式。

3. 产权的流动性

社会主义商品经济中，企业的产权具有市场流动性，它可以而且必须采取商品形式，通过市场交换而在企业之间转让。流动性从来是市场经济的客体的特征。在发达的市场经济中，不仅仅一般消费品和生产资料是在市场流通的，而且企业中业已形成的固定资产，如厂房、机器、设备等"不动产"，也是通过售卖、企业兼并等方式在不同主体间进行转让的。此外，知识产权，如商标权，创造发明专利权，科学、文学作品出版权，也是在市场转让的。上述产权的转让，同样存在于社会主义商品经济中。产权转让将开拓和形成生产要素自发重组的机制，它使产权由效益低的企业向效益高的企业转让，使那些沉淀于企业之中的未加使用的闲置的生产要素得以运转起来，使那些长期在亏损企业低效运转的生产要素得到高效利用。可见，产权的流动性，乃是生产要素优化组合和高效利用的重要条件。

因此，国营企业产权构建的一个重要任务，就是要将禁锢于传统的封闭性经济体制中的不流动的企业资产解放出来，使之成为能在产权市场上自主转让的对象。

综上所述，为真正搞活企业，特别是为了在国营企业经济领域重组适应社会主义商品经济的微观基础，改革以单一的公有制财产、直接的国家财产和不流动的财产为特征的传统财产体制，建立以产权多元性、双重性和流动性为特征的企业财产结构，是十分必要的。

四、关于相对财产与最终财产的关系

如何通过所有制关系与其具体形式的改革、完善来搞活国营企业，特别是大中型企业，这是一个不能回避的和需要首先在理论上探讨清楚的问题。在这个问题上存在以下几种观点：

第一种思路，实行占有私人化。这是个别人的主张。具体地说，就是要将现存的国营企业通过股份制等形式实行占有私人化，并普遍发展私营经济。显然，这是一种错误的观念。我国是社会主义国家，我国改革的最终模式是建立以公有制为主体的社会主义经济。传统的公有制模式有其严重的弊端，但这并非意味着公有制注定不如私有制，关键在于要深化改革，大胆实践，创造出与社会主义商品经济相适应的社会所有制形式。

第二种思路，实行占有企业化。一些同志主张，为了解决国营企业的产权模糊问题，不仅应该确认企业通过自有资金形成的固定资产归企业所有，而且还可以设想将大部分国营企业的资产归企业所有。这些同志认为，只有实行企业集体所有，把全民财产分化为小集团财产，才能彻底落实企业的责、权、利，解决企业经营活力的问题。我认为，这种观点是片面的。固然，社会主义全民所有制是不完全的，具有某些局部占有因素，实行两权分离后，企业的自有资金也将具有某些局部占有性质，从这种意义上说，对全民所有制的改革，包括了使某些局部的占有企业化。但是这并不是说应该实行全面的占有企业化，将全民所有制转变为集体所有制。因为，集体所有制也有其局限性，它并不是在任何情况下、在任何部门都注定优越于全民所有制。

第三种思路，是对全民所有制进行深入改造，去掉传统的高度集中、否认企业权益的全民所有制模式的弊端，在保留全民所有的框架内，发展、充实企业占有，以充分调动企业积极性。我认为，这是搞活国营企业最为可取的途径。

基于这一思路，就有必要实行和完善企业法人制度，首先要建立企业法人财产体制。

在全民所有制经济领域，企业财产是归企业实际占有的经营财产。必须指出，这种企业财产是一种相对的财产，是作为最高的和最终的国家财产的转化形态。这是由于：（1）作为这一财产的主体的全民所制企业，只是作为统一的社会联合劳动组织的基层单位，是大联合体中的细胞，离开了社会大联合体，就谈不上企业小联合体的存在。这种情况与集体所有制领域中每一个企业都是一个独立的存在是完全不相同的。（2）企业财产在这里只是指企业拥有一定的利得权和充分的支配使用权、处置权的资产，这是一种主体对客体的实际占有权，但是主体对客体没有法律上的所有权。上述最高的法律上的所有权仍然属于国家。国家通过制定有关法律和法规来约束企业的活动，此外，国家还从企业分享剩余产品的主要部分，从而拥有经济上的所有权。例如实行独立经营的国营企业，必须照章向国家上交税利，股份制企业除交税以外，必须保证国家股的红利。

总之，在法人财产制度下形成的企业财产，属于财产的使用权或实际占有权。因而实行企业法人制度的改革，乃是赋予企业以充分的财产使用权，这是一种使用产权的构建。它使企业在资产使用中的益、权、责进一步充实，国家作为最高所有者的法律地位与经济地位并没有发生变化。因而，这种企业财产实质上是全民所有制的转化形式，是一种派生的和相对的财产[①]。

以产权构建为内容的企业改革，超越了一般意义上的所有权与经营权的分离，这是两权分离的深入发展，实际上是所有制关系、形式

---

① 由原本的财产派生出第二级的财产，这是产权形成的规律。除了全民财产转化为企业财产而外，社会主义的公共财产——全民财产、集体财产或是混合财产——还要派生出社会主义个人财产，即个人的工资、奖金等收入。

和结构的调整。

法人财产制度的重要意义在于，它是全民所有制结构的一种新分化和局部调整。它把资产法律的与经济的所有权归之于国家，而把占有权，即资产的支配使用权、处置权和部分利得权归之于企业，这一分化的结果，是最终所有权与相对所有权范畴的确立。这种全民所有制内在结构的调整的实质是，在全民所有这一基本占有格局与框架不变的前提下，赋予企业以实际占有权，实行权益向企业分散。这一调整，把传统体制下削弱企业地位与作用的直接国家财产形式，改造成为国家最终财产与企业经营财产的双重财产体制。借助这一双重财产体制，既可以克服传统体制下削弱与侵犯企业权益的弊端，又保持与维护了社会主义经济的社会公共占有的基础；既能收搞活企业之效，又不至于削弱企业财产的社会主义性质。这种双重财产体制，可以恰当地处理社会主义全民所有制结构内部的国家、企业利益关系，使企业能充分地适应发达的商品经济的需要。因而，我认为，这是一个深化国营企业改革的可行的思路和方法。

兼并是企业产权转让的
一种重要形式[①]

在社会主义商品经济中，企业的产权转让具有多样形式，如闲置的机器设备的转让，某些工业发明权的转让，商标权的转让，等等。但是，具有重要意义的是企业产权（整体产权）的转让。企业整体产权转让，既可以通过企业以自己的资产购买另一企业的股权的产权重组方式——这种产权转让不改变被参股企业的法人身份，也可以通过企业拍卖与购买等兼并的方式来进行。企业产权转让的兼并形式，自1986年以来，先后出现在北京、上海、辽宁、黑龙江、河北、湖北、广东、福建、四川、甘肃、内蒙古等省、市、自治区，正处于方兴未艾之中。

一、产权转让的兼并形式是改革深化的必然结果

兼并（merger）与合并不同。兼并是产权转让中的企业一兴一灭的

---

① 原载《人民日报》1989年2月3日。

形式，被兼并一方的财产占有权（或是所有权）一旦转让给他人，企业的法人资格也就宣告结束，原先作为独立的经济实体和法律实体的企业，也就为对方"吞并"，因而，兼并实际上是一方吃掉一方。

兼并曾经被人们视为是资本主义商品经济中特有的现象，这种传统观念，在社会主义商品经济发展中出现的新情况下已经站不住脚了。实践表明，兼并并不一定姓"资"，可以说，它是发达的商品经济中企业扩展的一种方式，因而，它也是社会主义商品经济中企业扩展的必要形式。

我国当前经济生活中的企业兼并现象之所以产生，是由于以下的原因：

第一，实现产业合理化和增强竞争力的需要。社会主义商品经济的进一步发展和市场机制更充分地发挥作用，竞争也就会更加激烈，在尖锐的市场竞争中，那些经营不善、负债累累而又实行自负盈亏的企业，自身就要求出售部分企业产权或出售企业整体产权来谋取新的出路。另一方面，拥有优势的企业，自然是愿意以较低的价格，购买对方的财产，以充实自身的生产能力，进行企业内部的技术结构与劳动组织的调整，促使产业的合理化，降低成本，增强原有产品的市场竞争能力和新产品的开发。可见，通过兼并来进行企业调整和企业扩展，就成为竞争的必然结果。

第二，进一步发展经济联合体和组建企业集团的需要。随着企业间的横向经济联合的进一步发展，松散的联合总是要逐步转化为紧密的联合，以便在联合体内实行生产要素的重新组合和形成新的生产能力。当前各地的一些企业集团，已经在核心层组建股份制的公司，或是实行兼并以组成更紧密的联合体。这表明，企业产权的转让，乃是经济联合化更深入发展的要求。

第三，适应开放、搞活的需要。企业产权大规模地在国际范围内的转让，是第二次世界大战后国际经济的一个新现象，是经济国际化，资本的国际流通扩大和加强的必然产物。为了谋求比较成本低的利益，企业要在国外设厂、经营，特别是汇率的变动，本国货币的升值，促使发达国家企业到原料、劳动力便宜的国家去投资、设厂，购买当地企业。这种国家间的产权转让，不仅有利于生产要素在国际范围内优化组合，对于经济不发达国家来说，它还是引进资金和技术的一种形式。我国当前正在实行沿海地区发展战略，沿海地区的一些企业，力图通过兼并，发展出口创汇，还有一些企业还要到海外去设置分厂，而内地企业也要到沿海地区去设厂，扩大自己产品在国内市场上的阵地和打入国际市场。此外，为了引进资金、技术，也要允许外国资本到国内来投资、设厂。

第四，深化企业经营机制改革的需要。我国在实行企业承包经营制、租赁制、股份制的企业改革中，企业自主权和实体性进一步增强，企业的自主意识由此萌发和苏醒，它们积极采取措施，扩充其生产能力，调整生产技术结构，形成必要的规模效益和发展多种经营，而那些经营不善的企业则迫切需要摆脱经营与财务上的困境，因而，出现了"企业承包企业"和兼并等企业产权转让形式。

总之，产权自主转让的兼并形式的出现，完全不是偶然的，它是我国改革深化发展的必然结果。

二、企业兼并对当前治理经济环境具有重要的现实意义

企业兼并是一项具有重大积极意义的改革措施。各地的初步实践表明，企业兼并在促使全民所有制企业生产要素优化组合、消灭亏

损、提高资金使用的微观效益与宏观效益等方面起了重要作用。

第一，兼并是优胜劣汰、以劣补优的一种有效形式。传统的关停并转的企业合并方式，由于合并双方处于权利平等地位，在组建新企业，形成领导班子时，原有干部平起平坐，因而难以对经营不善的企业实行根本改造，让其补充优势企业；而兼并，通过优者吃掉劣者，消化、改造劣者，以劣服从和补充优，既加强与发展有优势的一方的物质基础，又改造与发挥了处于劣势的一方的生产能力，因而，它能使企业的效益大大提高。保定市由于采取了优势企业兼并劣势企业，1987年国营企业消灭了亏损。1987年重庆市6家被兼并的亏损企业，在兼并后当年就有5家扭亏为盈。我国目前国营企业领域存在大量固定资产闲置或半闲置，效益好的企业缺乏扩大再生产的能力，而效益差的企业却占用大量固定资产与流动资金，并不断依靠国家财政补贴。为了解决这一矛盾和实现以劣补优的微观调整，这正是当前企业整体产权转让产生和兴起的经济根源。

第二，兼并是实现生产集中以发挥规模效益的一种有效形式。现代生产方式总是要表现为大生产及其规模效益上，因而它要求一定的生产集中。我国原有的企业组织结构中，存在着大量的中小企业，许多企业的设备很差，技术落后，物质基础急需加强。近年来在改革中，各地方、部门用自己支配的资金上了一大批中小企业，由于投资分散化的结果，大量新企业的固定资产不足而形不成批量生产能力，缺乏规模效益。例如我国汽车行业盲目发展，全国办起的汽车零配件加工厂有100多个，企业规模小，装备落后，生产能力低，从而缺乏效率，这些长期亏损的企业成了国家财政的沉重负担。基于上述情况，当前的企业改革，有必要通过生产集中化，扩大企业规模，调整企业组织结构。当然生产集中还可以通过发展横向联合，通过平等的"企业合并"来实现。发展企业互相参股，组建共同持股的股份公司，就是实现生产集中的一种好方法。但是兼并也是一种不可缺少的和十分有效的方式。

第三，兼并借助现有企业内在结构的调整与生产要素的优化组合，可以在不增加资金总量的条件下，充分发挥资金存量的效益。兼并是一种以劣补优的企业结构调整，通过兼并，人们按照优势企业扩展的要求，以某一产品为"龙头"，来实现产品结构、企业结构和产业结构的调整，将劣势企业缺乏效益的和呆滞的资金，转化成为具有充分效益的资金。青岛市在承包中引进了兼并机制，促进了产品结构的调整和企业规模经营，加快淘汰了那些滞销品，发展了名优产品，1987年亏损户减少了40%，亏损额下降74.22%。在这里，企业生产能力的增强和经济效益的提高，不过是借助企业内部生产组织和技术结构的重新调整，借助生产要素的优化组合，而不是来自增加新投资，因而，这是一种社会范围内的内含型扩大再生产。其优点是，它大大节约了国民经济范围内的新投资，而社会可以由此把新投资用于迫切需要的重点部门，如能源、交通、教育等。在我国当前百废待兴，而又资金短缺，许多基本物资匮乏，特别是面临通货膨胀威胁的条件下，大力发展兼并，以此来促进生产发展和结构调整，将是争取国民经济稳定增长的一项可行的方法。

总之，企业产权自主转让的兼并形式，它体现了社会主义商品经济中的一种企业肌体自然调整、自我充实、互相补充的机制。这种企业产权转让形式，一方面，它强有力地起着优胜劣汰作用；另一方面，它又是一种温和而较少引起社会震荡的淘汰机制。它不仅为搞活国营企业打开了一条新的路子，而且是一种实现资产存量高效利用的方法，这样就使社会既有资金存量的利用效率大大提高，有如有了新的固定资产的投入一样。在我国当前治理经济环境，控制固定资产投资增长的时期，充分利用企业兼并机制具有十分重要的现实意义。

三、正确地观察和对待兼并，妥善调节兼并双方的利益关系

对于兼并这一新事物，目前人们还存在不同的认识。一些同志还把兼并视为是资本主义竞争的范畴，当作是垄断组织对于小企业的扼杀，是"大鱼吃小鱼"，他们认为，兼并与社会主义是不相容的。

兼并并不是起源于资本主义，它是自从有商品经济以来就出现了的一个很古老的现象。例如在中国古代，秦汉以来随着土地的商品化，就有土地兼并的发生，不过它不是纯粹的经济兼并，而在很大程度上是借助封建政权的行政强制。当然，兼并是发达的资本主义国家中的竞争现象和企业扩展的一种形式。在资本主义商品经济中，兼并具有二重性：一方面它体现了大资本特别是垄断资本对小资本的扼杀，即人们说的"大鱼吃小鱼"；另一方面兼并实现生产要素组合的优化，即人们称之为"产业合理化"，它表明了生产社会化的发展，是一种经济的进步，因而人们不能把兼并单纯地看成是消极现象。

兼并作为发达的商品经济中的一种企业自我调整与自我扩展的形式，它也会出现于社会主义商品经济中。这种企业间的兼并和产权转让，一不改变公有制的性质，二不改变原来职工的主人翁地位，因而人们不应该将它当作是一种非社会主义的企业行为。

从目前各地的具体做法来看，在实行兼并的场合，产权转让有以下具体方式：

第一，无偿转让经营权。严重亏损濒于破产的企业，在兼并的一

方承担其债务的前提下，无偿地让渡它的经营权或所有权。在兼并发生在全民所有制范围内时，转让的对象只是经营权，不存在企业所有权的转让，从而不影响国家的财产所有权。

第二，有偿转让所有权。在兼并发生在全民所有制和集体所有制之间时，它是所有权的转让，但是作为特殊的商品，这种产权转让应该遵循商品交换的等价原则，并且要从属于国家的计划指导。因而，这种有指导的有偿兼并，不会破坏与削弱国家财产。

兼并的上述方式均不会影响企业职工的主人翁地位。由于企业被兼并后，兼并者承担安排企业职工的就业、退休职工的退休金和其他福利，因而，他们的生活状况还将由此得到改善。

以上情况表明，发生在公有制基础上的社会主义兼并，基本上摆脱了资本主义兼并所固有的对抗性质，它以其互补作用，各种关系的妥善处理与安排，从而有利于双方。因此，人们在观察和对待兼并时，应该从实际出发，采用新的思维方式，而不能把它视为一种"丑恶的"资本主义企业行为。

为了使兼并顺利进行，还需要恰当地处理好双方利益的矛盾。例如，当前国营企业兼并中，由于资产估价不确实，产权不能贯彻等价有偿转让，而在各种所有制之间，也存在着各个产权主体之间产权被侵犯的现象和利益矛盾。再有，兼并者和被兼并企业，因原有条块关系未能打破，在兼并后工资收入、劳保福利方面各不相同而存在利益的差别和矛盾，等等。可见，有关方面必须制定正确的方针，妥善调节兼并双方的利益关系，才能实现公有制基础上的兼并的社会主义性质，从而使双方的劳动积极性得到最充分的发挥。

此外，兼并后少数优势企业因为生产规模的扩大，生产能力的提高，产品成本的降低和产品数量的增多，逐步在市场中占有更大优势地位，甚至排挤了竞争者。在社会主义商品经济中，如果企业只此一家或几家，由于竞争的缺乏，也就会出现垄断价格的现象，它不仅会引起价格上涨，侵犯消费者的利益，而且也不利于技术的进步与经营管理的完善。因此，采取措施防止生产与市场的垄断，这也是实现社会主义兼并所必须注意加以解决的问题。

论国有资金流失及克服的方法[①]

　　国有经济是我国国民经济的主体。国有资金在我国社会资金中占统治地位，从资金运行的角度来看，我国社会主义扩大再生产表现为国有资金的顺利循环和有效地增值。如果国有资金营运效益高，资金保值和增值功能强，国有资金价值就能在运行中不断地和幅度较大地增长，即采取 $G—W{\begin{bmatrix} A \\ Pm \end{bmatrix}}\cdots P\cdots W'—G'$（G+g）形式，这就意味着国有企业的物质资产和其他形态的资金得到不断的增强。而其具体表现就是绝大多数企业，特别是大中型企业的物质基础的增强，技术的进步，经济实力的充实。这也就是一种健康运行和生气勃勃的社会主义国有经济的扩大再生产。

　　我国当前正处在新旧模式转换时期，我们正在通过改革，重组和逐步地形成与社会主义商品经济相适应的新的社会主义国有资金的运行新机制。在实行改革以来，不少国有企业自主经营权有所扩大，活力有所增强，效益得到提高，对财政的上缴也不断增加。另外，自主积累也得到增强，企业获得迅速发展。但是，国有企业总的说来尚未

---

① 原载《财经论坛》1991年第4期。

搞 "活"，表现出资金效益小，积累少，特别是国有资金保值与增值功能薄弱，甚至在某些领域出现了国有资金流失的现象。即出现了$G—W\begin{bmatrix} A \\ Pm \end{bmatrix}\cdots P\cdots W—G^{-1}$（$G^{-1}<G$）的形式。

造成国有资金运行中的障碍和流失现象的原因，并不是市场性改革，也不是公有制本身固有的，而是由于体制改革不到位，机制不健全，以及某些政策问题。当前各方面正在采取措施，大力搞活国有企业。对于国有资金运行中的矛盾和国有资金流失问题，我们需要高度地加以重视，并且采取有效措施来加以解决。要大力探索和形成国有企业的保值增值机制，并且将它作为增强国有企业活力的一个重要方面。本文就上述问题谈一点不成熟意见。

一、国有资金的流失及其表现

本文从国有资金概念出发来进行分析。国有资金是指国家所有的资产和资金，它包括固定资产、流动资金，也包括无形的资产，如技术专利权及其他知识产权等。此外，应该归国家所有的资产收益，也是国有资金。所以，要提出和使用广义的国有资金概念，这是由于当前现实生活中国有资产流失，除资产价值流失外，已经涉及其他企业资产，如无形资产和资产收益，是一个多形式的流失，因而使用广义的国有资金概念，是符合实际的。使用广义的国有资金概念，将有助于我们更全面地认识当前的国有企业资产流失问题，和在更深层次上找出流失的原因和制定更全面的和有效的制止流失的对策。

国有资金的流失，是指国家所有的资产和资金转归集体和个人占有，这是近年来经济生活中表现得十分鲜明的新情况，而且是愈演愈烈，出现了国有资金多渠道流失的状况。其表现如下：

第一，自留利润分配的向消费倾斜引起的国有资金流失。我国自从实行放权让利的企业改革以来，企业有了内在的利益的驱动，但是却未能形成有效的自我约束机制，从而带来企业追求近期盈利和将自留利润最大地转化为消费基金的短期行为。人们可以看见，不少扩权的企业存在把自留利润主要用于发奖金、实物和集体福利，从而造成少留积累甚至不留积累的"分光吃光"。自留利润其性质是国有的资金，它的主要部分作为自主积累，用来扩大固定资产和增加流动资金以及留作风险基金。正常的企业自主积累机制乃是新的国有资金形成的途径，是国有资金价值增值的前提。企业不留或少留积累、自留利润分配中的消费倾斜，意味着理应归国家占有的财产转归个人，也意味着消费超逾合理限界造成的对国有生产资金的侵蚀。

第二，不完善工效挂钩中带来的国有资金流失。合理的工效挂钩，应该是把一部分企业有效率的生产和良好经营创造的真实的和超常的效益，即超额利润，作为奖励基金。企业由于定价高或是因为自销比重大，从而获得超常利润，由于它不是有效率的生产和良好的经营所创造的实在的效益，按道理是不应该实行工效挂钩和转归个人的，这部分超常利润，应该通过一定的分配机制主要归国家所有或企业占有。但是，我国在实行企业经济效益与职工收入挂钩中一些措施失当，例如，未能把真正的劳动效益与价格因素带来的不真实效益区别开来，或未能把一般效益即平均利润与超常效益区别开，从而造成了"泛挂钩"和普遍的工资攀比，有效益的或无效益的企业，有平均效益、超常效益与低效益的企业，都竞相争发奖金。工效挂钩带来我国近年来消费基金以20％的年率增长，大大超过了国民生产总值的增长——十年来平均年增9.6％。这是一种消费基金扩张，即使是对有效益的企业来说，也意味着把本应归国家占有的生产基金变成了消费基金分给职工，而对于无效益的企业来说，同样地发放奖金和照发正常工资，则更是对企业生产资金和国家财政资金的侵蚀。

第三，企业经营形式不完善，国家企业之间的分配关系失当引起的流失。企业实行承包经营，由于在承包指标上实行"一对一"的谈判，国家与企业之间的分配"不规范"，这就对在利润分配中发生向企业倾斜提供了可能性。"包死基数"的上缴方式，又使因为承包基数偏低以及因为承包期间出现价格上涨带来利润增长，统统为企业占有，其绝大部分在个人收入（包括经营者的高收入）形式下转归个人占有。显然，这里存在着本应归国家的收入的流失。另外，税前还贷，也使利润分配有利于企业。此外，承包制本身的性质——承包者站在经营"对方资产"的地位，而不是自身的资产的地位——不能不激发企业的追求承包期盈利极大化的短期行为，造成拼设备等"掠夺性经营"，使国有固定资产转移价值转化为职工的收入。如果说，不少管理不善的承包企业存在着不重视技术改造，拼设备引起的隐性国有资产流失，那么，一部分经营好、效益好的企业，却存在着个人收入畸高形式的显形的国有资金流失。

第四，土地和其他国有资产收益的漏失。在发展社会主义商品经济的条件下，国有的资产如土地、国有的专利、商誉、知识产权等均会带来经济效益，而国家也必须采取一定的经济形式如租、费、税来占有这些自然资产和无形资产收益。但在制度不健全和管理不力的情况下，也就会出现国有资产收益流失。在实行承包经营条件下，对国有土地收益的失去估算或低估，从而土地收益的漏缴，是当前城市国有资产价值流失的一个重要方面。城市土地属于国有资产，在实行商品经济条件下，土地要素的级差收益已经是现实的存在和越来越明显，土地使用费作价低，从而使城市良好地段经营中产生的级差收入转归企业占有。企业或个人将宅前土地出租给个体户经营，是近年来城市的新情况，这也意味着国有土地的绝对地租和级差收入转归企业和个人占有。

第五，企业产权转让中国有资金的流失。我国国有资产产权责任所有者不清晰，一些企业又经过一再的管理权上收下放，企业合并，产权归属多次变化。城市大集体企业，又存在原始集体投资、主管局投资等多种产权主体，在企业管理体制变化中，产权主体更不清晰；在近年来兴起的企业联合化，与正在深入发展的企业兼并中，或是由于企业产权主体不清晰，或是由于未予登记和纳入预算管理之中，或是由于登记产值远远低于现值，从而发生国有资金的流失。产权转让中的国有资金流失，还出现在国营小企业拍卖作价过低，以及一些企业在实行股份制时，将股权以低价转化到个人的场合。另外，在中外合资企业，国有资产只是按照账面值和无形资产不计值的低价折股，也是国有资产流失的另一形式。

第六，国营企业为了支持主要是职工子女就业的"大集体"和其他各种生活福利事业，存在着将国有资产低价归大集体所有的情况。另外，也存在为了保"大集体"而在原材料、能源、资金等方面"过度照顾"，从而影响企业的生产计划和利润上缴的情况，这些也成为国有资金流失的一个因素。

第七，固定资产价值补偿不足，企业"虚赢"引起的资金流失。我国国有固定资产价值，以原值进账，和按照原值的5％的折旧率进行固定资产价值补偿，在出现通货膨胀和生产资料价格上涨——所提的折旧——大大低于实际的价值消耗和转移的状况。例如，只是1984年至1988年间，国营企业固定资产的实际重置价格和资产原值之差就达3860亿元，即每年固定资产的补偿费用不足额有700亿元之多。这种固定资产价值补偿不足，一方面，带有资产重置的困难，实际上是一种资金（及生产能力）萎缩的再生产。另一方面，因物化劳动消耗费用低估及其造成的利润虚增（包括自留利润虚增）和财政收入"虚增"，虚增收入主要部分转化为职工的消费基金。这是我国折旧制度不完善，在通货膨胀情况下发生的一种国有资产的流失现象，它是真正的"吃老本"，而且是在合法的工效挂钩形式下的吃老本，它造成资金萎缩的再生产，其后果是十分严重的。以上我们举出和分析了我国近年来，特别是在实行改革条件下国有资金的合法流失的多种渠道。除此而外，还存在国有资产非法流失的渠道，例如公私不分，拿公家原材料和器材干私活，以及企业私设小金库，公款私存，将国有资金用于高息贷款，为企业攫取非法收入，等等。上述现象在一些地方还十分严重，成为国有资金流失的一个重要渠道。

通过上述分析，我们看见国有资金流失，渠道很多，流失范围很广，可以说出现了多方面的侵蚀与损害国有资金的情况。这种国有资金的流失，采取显性的流失和隐性的流失两种形式，而以隐性的为主。显性的流失，是人们能够较为容易发现和认定的流失，如国有资产因产权不清楚，而在联合、兼并中转归某集体或个人所有；一切非法的侵蚀国家财产行为，如将国家禁止出让的土地私自出租，偷税漏税，以及其他贪污、盗窃行为均是国有财产显性的流失。这种显性的流失近年来是在增长中。但是更主要的，却是隐性的流失，这是指那些发生在国有企业经营活动中的国有资产价值的流失，这种价值流失多半是难以一下子看明的，而且它往往是在合法的形式下发生的，因而人们对它往往是视而不见和失去警惕。因此，通过理论思维，认真分析和弄清经济生活中客观存在的国有资产流失现象，就是十分必要的。

二、国有资产流失的危害

国有资产的流失其危害十分严重，不可等闲视之。

第一，它削弱国家财产。在拍卖、兼并资产折股中，即产权转让中国有财产偿付不足或无偿转变为集体、个人财产，这种资产流失，当然都是削弱与侵蚀国家财产。分配机制的不健全，例如畸形膨胀消费基金而不留积累，实质上也是对应归社会公共占有的积累基金的侵蚀。

第二，它影响国家财政收入的增长。企业新创造的应该上缴财政的资金归企业占有，后者又转化为职工的收入，这正是我国近年来财政收入增长放慢和财政收入在国民收入中的比重降低的一个重要原因。

第三，促进消费基金畸形膨胀。国有资产的流失的去向，主要是转化为消费基金，无论是在消费基金借固定资产补偿不足而增长的场合，或是在企业留利不用于生产发展基金而用于发奖金和搞福利的场合，它的经济后果，均是促进职工收入和消费的扩张，它是我国近年来消费需求膨胀的一个重要因素。

第四，它影响企业资金的增值。国有资金流失，主要是应该用于积累的国有资金被分掉和转归职工个人——主要又是用于消费。可见，国有资金流失阻碍了企业的正常积累，使企业只能进行低积累甚至不积累，近年来企业中普遍存在着的"自留利润发奖金，流动资金找银行，基本建设靠政府"的倾向，使企业的自我积累机制形成不起来，这是我国改革以来，国有企业资产增值功能薄弱的重要原因。在实行投资主体转换，国家不再负责企业的扩大再生产和对企业实行资金新投入的情况下，国有企业自主积累和资产增值功能的薄弱，其消极后果就更加显著。

第五，它影响企业国有资金原值的补偿。国营企业存在的不认真对固定资产进行维修，机器设备带病运转等现象，造成固定资产生产能力的破坏和价值的损耗，特别是拼设备的"掠夺性经营"，更是破坏了国有资产价值转移和补偿机制。此外，生产资料价格上涨——在不采取资产价值重估和按照现实价值提取折旧的情况下，也带来资产原值的流失。

以上情况表明，我国当前国有资金流失，已经不只是涉及上缴的国家积累和国家集中组织的扩大再生产，而且涉及企业自主积累和企业自主扩大再生产；不只是关系到资金价值的增值而且关系到资金原值的补偿，从而涉及能否使简单再生产能以为继。例如，当前国有企业就因为自有资金的流失，不用于增补流动资金，造成不少国有企业难以组织起正常的再生产。就长远的经济运行来看，国有企业不仅将因为积累资金不足，使固定资产难以扩大，而且将因为原有资金价值转移和补偿机制的遭受破坏，更新资金不足，甚至还会出现资产重置"危机"，使能力耗损完的机器设备难以在物质上更新。可见，国有资金流失不仅将影响扩大再生产，而且还将影响简单再生产，成为国有企业再生产的重大障碍。而我们对于国有资金流失问题，也应该从国有资金的正常循环的角度，来加以分析和认识。

三、克服国有资金流失的途径

国有资金的流失，不仅仅削弱国有财产，影响社会主义公有制基础的壮大，而且它对国有企业的资金运行带来障碍，直接影响国有企业经济实力的增强，活力的发挥。正由于此，切实采取措施来制止和消除国有资金的流失，就是当务之急。

为了制止和消除国有资金的流失，需要加强管理，特别是加强国家对国有资产的管理，和深化国营企业的改革。加强管理对于减少和消除国有资金的流失，是迫切必要的。加强管理有两种意思，第一种是，加强与国有资金保值与增值有关的经济活动的管理，例如加强工资收入的管理，防止和制止违反国家工资分配政策的乱发奖金、实物等现象；加强税收管理，防止和制止各种偷税漏税行为；加强财务管理，防止和制止企事业单位违反制度，无偿占用国有资金，侵占国有资金收益；加强对企业经营与自留利润的管理，防止和制止将自留利润统统用于消费，不增留生产发展基金，不增补流动资金的短期行为等。总之，在实行两权分离中，要从客观上，从方针政策上，加强管理，防止和抑制各种不合理的经营行为，以促使国有企业资金健康地运营。

加强管理，第二种意思是加强国有资产的管理。目前的情况是一方面有关国有固定资产（以及流动资金）的制度不完善、不科学，需要重新修订或加以完善，例如固定资产折旧制度不科学，折旧率太低，缺乏对因价格上涨引起的资产价值贬值的补偿制度，缺乏科学地考核评估企业资产效益的方法。此外，能确保国有资产完整和增值，提高资产营运效益的新的管理方式和企业经营体制尚未建立起来。另外，企业流动资金管理中也存在许多问题，例如流动资金增值机制尚未形成，流动资金循环还存在机制的障碍，企业间资金信用和偿还机制还未建立等。这些均要在加强国有资产管理中逐步地加以解决。另一方面，维护国有资产及其收益的、行之有效的制度还需要切实得到执行和落实，执行工作中的薄弱环节和漏洞，成为当前一些领域中侵蚀、损害国有资金行为大量出现的原因。可见，不仅仅加强国有资产管理局的职能，而且，政府各个有关部门互相配合，来加强国有资产的管理和促进国有资金顺利运行和有良好效益的运营，就是当前的一项重要任务。

四、深化国营企业的改革，是消除国有资金流失的根本途径

国有资金的流失，其深层的原因在于经济体制与经济机制的缺陷。现阶段发生的国有资金多渠道流失现象，主要是由于改革的尚未到位和经济机制的不健全，这是模式转换初始阶段两种体制共存和互相摩擦造成的不健全的经济机制的产物，因而可以称之为机制性的国有资金流失，这种机制性的流失，只有通过经济机制的健全才能加以解决。因而，为了消除国有资金流失现象，必须深化改革，完善经济机制，而不能单纯诉诸"收"和"管"，走回头路。具体地说，解决国有资金流失问题，必须消除扩权后企业内部的利润向消费倾斜。

第一，必须完善国家、企业、个人的分配关系，形成一个能确保国有资金收益和能实行正常积累以及保证职工收入合理增长的利润分配机制。这一分配机制的形成，主要关键在于形成企业的自我约束机制，以之来制衡和消除企业的消费亢进和消费侵蚀积累的内在动因，为此，就要硬化企业的预算约束，使企业自负盈亏。

第二，基于承包制的经营机制下，企业存在着追求短期分配利益而忽视资产增值的倾向，因而应该将保值与增值要求列入承包责任之中，来抑制承包制在资产营运中存在的负效应。把保值与增值列入承包责任的工作做好，可以作为现阶段完善企业承包制的一项重要方面。但是，必须看到承包制毕竟不可能解决经营者利益与国有资金最佳营运和从长期看的价值最大增值的矛盾，从而不能消除企业重自身

短期分配利益，轻国有资金增值的内在动因。"承包"对方资产，而不是经营自身资产的"承包制"本身，决定了即使是把资产增值指标订入合同和延长承包期限，也不可能从根本上消除上述矛盾和杜绝国有资产被"侵蚀"。因而，承包制的进一步完善和寻找更为恰当的经营形式就是十分必要的。

第三，国营企业资金流失的经济根源，在于企业两权分离的改革还不到位。一方面扩权后的企业拥有强烈的利益驱动，另一方面又缺乏充分的经济损益的约束机制，这就是所谓企业"负盈不负亏"，即有盈利企业自己可以多得，职工可以多分，有亏损找财政支持，找银行贷款。这种企业内在的消费扩张趋势必然会引起消费侵蚀积累，工资侵蚀利润，从而是国有资金流失的经济根源。因此，要从根本上解决国有资金流失问题，就需要进一步搞好和深化赋予企业以经营主体地位的改革。具体地说，既要坚持企业两权分离的方向，同时又要确保国家所有权的实现，为此有必要探索把产权机制引入国营企业之中。一方面要建立能确保国家实现财产所有权的产权机制，使国家能有效地对自主经营的企业实行活动的引导和调控，征取税收和资产收益。显然，国有资产收益必须是有经济根据的和规范的，不能侵占企业的营运资本。另一方面，要建立能确保企业实现财产支配使用权的"法人财产权"机制，使企业能从良好经营中，包括从企业资产的长期看的最大增值中获得利益，同时也要因经营不善，包括因资产价值的损失而蒙受经济损失。这样的企业经营产权机制，将既给企业搞好资产保值和增值以利益激励，同时又使企业有因价值保值增值状况不佳而发生经济资产损失的约束。这样的产权机制引入自主经营的国营企业之中，和使之与企业的利益驱动相结合和配伍，企业的消费亢进和消费对积累的侵蚀等不健康的机制就将得到改变，企业行为就能进一步合理化，两权分离就不会导致企业权益的"越位"，即削弱国家所有权和侵蚀国有资产权益。形成了上述既能维护国有资产所有权，又能确保企业资金占有权的产权机制，才能使国营企业拥有有效的自我约束机制，才能切实保证企业行为合理化。由于这一问题需要专门论述，在此不多论及。

总之，解决国有资金流失的根本之途，在于深化国营企业的改革，推进国营企业分配关系以及企业职工分配关系的改革，进行企业经营形式与财产组织形式的改革，要探索坚持以公有制为基础的国有企业产权制度的改革。总之，在建立起与社会主义商品经济相适应的企业体制与经营机制后，作为机制性的国有资金流失问题将从根本上获得解决。

关于当前经济形势和
搞活国营大中型企业的若干问题①

一、两年多的治理整顿及其巨大成效

搞活国营大中型企业是当前我国经济工作的重点。国营大中型企业在我国具有十分重要的地位，是社会主义经济的骨干力量。从1989年统计数字看，全国国营大中型企业有10,706个，占全民所有制企业的14.6%，拥有的固定资产占78.5%，职工人数占61.3%，工业产值占72.3%，上缴税利占80.3%，是国家财政收入的主要来源。

几十年来，国营大中型企业在发展中为国家做出了重大贡献，但存在的需要解决的问题也很多，主要有以下三方面：（1）企业缺乏经营自主权；（2）企业缺乏自我发展和技术改造的能力，缺乏发展的后劲；（3）企业没有形成一个不断提高效益的内在机制。这些问题的存在使国营大中型企业潜力没有得到充分地发挥，并且在治理整顿期间

---

① 　原载《四川金融》1991年第8期。

又遇到了新的困难。

治理整顿以来，国家实行了紧财政、紧信贷的"双紧"政策，宏观环境发生了变化，过热的、膨胀发展的经济变成了收紧的经济，国营企业难以适应这一变化。1979年到1988年，国营企业以相当高的速度发展，1980～1990年工业总产值平均增长12.6%，国民生产总值年均增长9%。货币发行1985～1988年年均增长20%以上，1984年增长了49.5%，1988年增长46%。这是经济高增长、货币高发行的时期，国营企业产值迅速增长，由于这是外延型的发展，耗费大，劳动生产率不高，经济效益趋于低下。特别是工资增长快，原材料进价不断增长，成本负担不断增加，但这些问题在经济高速发展、需求膨胀下被掩盖了。进入治理整顿时期，由于货币信贷被抽紧、财政支出从紧，国营企业多年积弊就暴露出来了。一是生产滑坡，产值增长速度放慢；二是市场疲软；三是产成品积压；四是流动资金占用增加；五是债务链产生；六是经济效益迅速下降，亏损面不断扩大。

经过两年的调整，现在我国经济稳定、社会稳定、市场繁荣，治理整顿取得了明显效果。自1990年以来，经济回升，六大困难已有两个缓解了：（1）生产由负增长转为正增长，今年1月～4月工业增长15%；（2）销售增加，社会商品零售额增大13%～14%。但其余四个问题——产品积压、流动资金占用大、债务链及效益下降却仍未解决，甚至还在继续发展。为什么国营企业在治理整顿中会出现这些问题？为什么在两大问题——生产、市场趋于好转的情况下，其余四个问题还在发展，还更加明显和突出？这需要回顾一下1988年以来的宏观调控。

治理整顿期间的宏观调控，我们一方面要看到它的成绩，物价涨幅迅速地被刹住，在一两年内把18.5%的物价涨幅降到3%，这是世界上其他国家难以办到的，取得了稳住人心、安定社会的效果，这是应该肯定的。但另一方面也要看到宏观调控的负效应，并认真加以研究。

治理整顿期间的宏观调控已经经历了两个小阶段。第一阶段是1988年10月～1989年9月，针对1988年的物价上涨、银行挤兑、市场抢购，采取了"双紧"，更准确地说是比过去几次紧缩力度更大的严峻的"双紧"。首先是紧财政，1989年基本建设的财政支出压缩500亿元，控制集团购买力和消费基金的增长。其次是紧缩银根，实行紧缩的货币政策，1988年9、10月份采取坚决措施收回逾期贷款、压缩信贷规模，1989年1～9月贷款增长600亿元，信贷增长幅度显著下降，对乡镇企业贷款实行零增长，两度提高银行利率等。治重病、用猛药，这一系列的"双紧"措施是必要的。1988年经济那么热，前几次那样的紧缩方式已不行了。1979年农副产品调价，1980年物价上涨6%，1981年采取压缩100多亿元基建，1982年物价涨幅就降为2%。但是在1988年严重通货膨胀情况下，如果只紧一头，或紧信贷而不紧财政，或紧财政而不紧信贷都不行，所以我们采用了"双紧"。但是今天看来，力度过大，时间过于集中。由于信贷紧缩过度，资金供应不上，出现了收购农产品打白条和企业间的"三角债"。改革以来的国营企业是自有资金发工资、流动资金找银行。企业营运资金依靠银行供应，银行一旦紧缩信贷，经济就不能正常运转，工资发不出，原材料购不进，不能互相支付，出现债务链，而且企业生产也难以为继，就只能减产或停产；再加之砍了几百亿元的基建，生产资料需要减少；几百万基建队伍回乡和1989年城镇居民实际购买力的负增长，消费品的市场需求也减少。1989年"双紧"需求缩减效应就显示出来了。当然，缩减总需求是"双紧"要达到的目的，但应有一个度，应该压缩那些没有效益的企业的生产，保有效益的企业，保基本产业，这就是：需求过旺要压住，经济过热要冷却，基本生产的运行要保住。今天来看这个"度"超过了。1989年春已出现市场疲软的迹象，1989年6月市场疲软涉及大面积的消费品，到1989年9月，又扩大到生产资料领域，出现煤炭、石油的胀库和钢材、木材的滞销。市场疲软是紧缩期难以避免的，但从1989年6月后出现持续性的疲软，就是个问题了。市场疲，加上资金紧，使生产下滑。1989年9月工业增长0.8%，10月增长-2.1%，直到1990年3月，有将近6个月工业是负增长，这是多年所未有的。四川1989年7月工业开始负增长，1990年8月以后才回升，早滑迟升。可以说，治理整顿第一阶段严峻的"双紧"，正效应显著，负效应也显著。正效应显著在于一下子能把物价上涨势头刹住；负效应显著就是力度大了些，影响面大了些，使市场疲软持续化，使生产下滑和负增长化和时间过久，造成企业难以承担。基于这种形势，1989年第四季度开始启动经济，1990年3月以来，实行了更全面的适当松动政策，治理整顿进入第二阶段。首先是松动银根，1989年第四季度贷款增长1200亿元。最初是增加流动资金贷款，特别是给一些大型企业贷款，以启动生产，但效果不大。此后，又启动流通，多给商业贷款，发挥商业的蓄水池的作用，但市场也未能启动，出现库存搬家，1990年3月人代会上，李鹏总理的报告提出一系列措施，保证经济有适当速度，增加基建，增加技改资金，放松集团购买力，以工代赈，以启动生产资料和消费资料市场，主要采取启动最终产品市场需求的措施。7月中央计划工作会议后，更出台了一系列措施，各省也开始全面启动，如加快基建进度，增加技改投资，集团购买力放开，职工提高工资，银行两次调低利率，一些商品开始适当降低价格。这一系列措施后的扩大需求效应逐步表现出来，1990年下半年国营工业生产逐步增长，9、10月份社会商品零售额开始增长，1991年春经济进一步复苏。事实表明，启动经济的措施是成功的。

二、经济回升过程中的新矛盾

1990年经济中既有积极的成果，也存在新的问题。主要矛盾之一是市场疲软没有根本解决，市场需求适当增长没有完全到位。从生产资料行业看，当前生产尚未恢复正常，如机电产品积压严重，水泥、木材、钢材销路仍然不旺，煤炭大量积压，重工业企业生产能力没有充分利用。消费品市场除食品、名优特新产品销售较好外，一般商品的生产能力与市场销售仍然存在较大差距。且不说彩电2000万台的生产能力难以发挥，就是基本产业如钢铁、煤炭、水泥，重要的机电产品如水轮机、大汽车，这些行业仍然不景气，或需求不振，表明生产资料需求的投资拉动，仍然疲弱无力。因而今年社会固定资产总投资5000亿元，应该尽早到位，兑现落实。其次，消费需求拉动，城市情况较好，甚至出现"热"起来的现象，问题在于农村购买力增长很慢。1990年全国农民实际收入人平仅增长1.8％，农副产品价格下降，农民增产不增收。总之，市场疲软没有根本解决。

当前经济生活中主要矛盾之二是在信贷大量投放下资金仍然紧张。从1989年底到1990年底，信贷资金增长幅度是相当高的。1990年信贷投放由原计划1850亿元增加到2773亿元，超过计划近1000亿元，但工业增长只有7.6％（可能还有水分），货币增长与工业增长之比是5∶1，而在1983年以前是1.8∶1，1989年是4∶1。由此带来的问题：（1）是货币大量投放而有效供给增长率却很低，流通中的货币大量沉淀使货币增长超过商品流通的需求，从而已出现潜在的通货膨胀压力。（2）1990年工业增长7.6％，社会商品零售额增长2％，意味着大量新增产品中相当大的部分并没有销售，出现了胀库型的生产增长，即是增长库存（工业库存和商业库存）。根据国家统计局的材料，1990年非正常库存是2000亿元，起码多出600亿元。大量产品积压在库内，资金流不回，企业生产又需要贷款，银行面临着经济复苏期的资金饥渴，承担着复苏期的资金压力。资金饥渴的另一个原因是"三角债"。一些企业市场打开了，有了收入也不愿拿来还债。搞"拉债"经营——有钱也不还，无钱更不还，使银行不得不连续地注入资金，包袱又落在银行身上。上述1990年复苏期中的两个矛盾，反映在银行方面就是永远满足不了的资金需求，银根已经很松动了，企业还哇哇叫。

综上所述，治理整顿取得效果以来，经济生活面临的主要问题是市场问题，目前还没有完全解决，还不能说经济已经进入良性循环。市场问题从当前看，主要是结构问题，即产品结构不合理。但我认为，从宏观来看不完全是结构问题，还有即期需求不足问题，例如农村市场需求不足。这些问题不解决，市场也活不起来。当然大力解决结构问题应该是主攻方向。第二个主要问题就是资金运行不畅。资金供求矛盾在于运行不畅，其根子在市场，市场打不开，资金就流不回；资金流不回，债务链就打不断。"三角债"我国多年就有，只是市场疲软后才成为经济生活中的一个突出矛盾，也只有在市场疲软得到解决后，"三角债"才能根治。不着眼于把市场疏通，再拿多少钱去清欠，也只能是前清后欠。另一方面，对"三角债"也不能听之任之，要采取有力措施打断拖欠惯性，必须加强清理"三角债"工作，上上下下一起清：一是从下面清；二是从中间清，城市与城市清，省与省之间清；三是从源头清，固定资产建设资金要到位。我想应该制定一个更严的章程，例如从1992年1月1日起，无理拖欠货款要动真格付息，欠债要付息，逼着欠债企业没钱也想办法拿钱来还，还不起由政府拿出一笔付息基金。这比不断拿钱清欠，前清后欠好。"拉债"经营是不符合经济规律的。

当前，在解决上述两个矛盾之中我们又面临一个新问题，就是执行"八五"计划，要促进经济回升，保持一定的增长速度。在1990年出现信贷过多增长的情况下，要防止出现新的一轮过热。就是说既要尽力而为，又要量力而行。现在，下面各地发展热情很高，都想多上项目，但结构又没有很好地调整，在复苏中，有效益和无效益的企业都在复苏，都在要钱，资金饥渴将更旺，这不仅增加银行的压力，而且也还有再次盲目发展的危险，因此宏观调控要把紧。从金融宏观调控来讲，一方面应该进一步采取措施，促进经济的健康复苏和中速增长，要尽最大努力，保证经济正常增长的资金需要。另一方面，总量控制不能放松，这是前十年经济几起几落的经验教训。既要支持适度经济增长，又要坚持适量控制，金融工作难度很大，必须按产业政策要求，调整信贷结构，用好增量，盘活存量，有效益的给予贷款，对无效益的要坚决顶住，发挥信贷杠杆在扶优汰劣中的作用。在资金来源上，要更多地通过社会筹集资金，包括发行财政债券、企业债券、股票等途径，尽量把社会上3000多亿元手持现金吸引出一部分，支持地方事业的发展。金融改革，看准了的要大胆进行，包括集资、发行债券、开放证券市场等方面的改革。

再谈一谈金融宏观政策于20世纪90年代初期前后效应不够理想的原因。治理整顿第一阶段，即1988～1989年由于紧缩力度过大，第二阶段，即1990年以来，由于两度修改信贷计划，出现信贷扩张。责任是否都在银行呢？不可否认我们工作有缺陷。（1）由于缺乏金融调控经验，对一些问题研究不够；（2）宏观控制的杠杆运用得不够灵活，比如利率杠杆的运用，未能有效地对调整增长的储蓄加以调控，引导其扩大消费需求。这些都属于工作上的问题。但我们看问题应该再深一点，金融调控中的问题最根本的原因在于，国营企业缺乏一个自我调整机制、自我完善机制、自我恢复机制。表现在：国营企业挖掘资金潜力、加速资金周转、积极调整产品结构和加强营销的不力，缺乏内在的动力。责任不在我们的企业家，而是体制与机制的不完善。在这种不完善的体制下，企业对调整产品的结构不灵敏、不积极、不迫切。当效益下滑时，企业缺乏千方百计节支、降低成本、消化涨价因素的内在动因，缺乏自我调整、自我完善、自我恢复和发展的动因。所以，从紧银根到工业降温，时滞为9个月，甚至一年。1988年9月紧银根，工业降温是1989年8、9月份，有的企业产品已经缺乏市场还照样生产。发达资本主义国家一旦紧银根和提高利率，经济也随之紧缩，企业自动改组、调整结构。我们紧银根，地方政府由于财政包干要银行保企业，为维持安定要保企业。此外，改革没有到位，企业仍是吃大锅饭，特别是吃资金供应大锅饭，从而对市场缺乏主动适应性。在这种情况下，紧银根的紧缩需求效应发挥作用经历的时滞就较长，紧缩中发生力度过头，也在于企业体制不灵。1989年12月份开始松动银根，启动生产，调整结构，花了八九个月才把生产启动，原因也在于企业缺乏自觉调整产品结构的内在动因。经济回升了，但产品仍是老模样，边生产边积压，造成1990年信贷口子越开越大，信贷年增长将近1000亿元。治理整顿两三年来，一紧缩又过紧，一松动又过松，这既有主观原因，但深层原因在于体制和机制，是由于企业机制、市场机制和宏观调控的不健全。我们正处在经济模式转换期间，体制改革不到位，经济机制不健全，这正是两三年治理整顿中紧缩难、复苏也难的原因之所在。要解决这些问题，只有从深化改革着手：一是要搞活国营企业；二是要发挥市场机制的作用；三是要完善宏观调控体系和加强国家的调控功能，包括强化金融调控功能，运用新的手段和方法。

这段时间经济生活中出现的各种困难都与国营企业缺乏活力有关。国营企业生产虽已开始回升但还没有健康回升；市场销售正在回升，但积压仍较严重。当前的困难：（1）是成品资金占用大大增加。1990年企业产成品资金占流动资金比重达到32.3％，1989年初预算内国营工业企业产成品资金只占流动资金的16.8％，现在流动资金有1／3都变成了库存积压。（2）是企业效益大幅度下降，目前成为紧迫问题。效益下降亏损增大，直接关系到企业的再生产、职工收入，直接引起财政收入减少。去年财政赤字120多亿元，"八五"计划中每年的赤字也都在100亿元以上，还不包括国家负债。企业效益下降，财政收入减少，财政挤银行，银行还要发票子。今年银行的压力，不仅来自企业，还有财政的压力。

企业效益显著下降开始于1990年，进入1991年春更加严重。如果以工业每百元销售利税率看，1978年销售利税率26.7％，1988年是18.9％，1991年1月～3月，降为10.73％，这是近十年的最低点，每降一个百分点，财政就减少80亿的利税。1990年企业效益大幅度下降的主要原因，一是市场疲软引起的生产规模缩小；二是原材料涨价，利息支出增加和社会负担重。销售利税率降到10％，资金利税率还更少。这种比银行利息率还低的经济效益状况，从经济学来讲是一个极大的问题。据国外经济学家分析，印度和我国投资盈利率，只有10%~20%，中国1980年盈利率14.23％，而亚洲"四小龙"在起飞前后，盈利率40%~50%，如台湾地区1962年经济起飞前夕盈利率为52.59％。资金效益下降，意味着我国资源大浪费、储蓄大浪费，不仅给财政带来困难，也影响我国的经济增长和社会发展。

三、采取有力措施，促进经济健康回升

要解决当前经济回升中的矛盾和困难：

第一，就宏观条件来说，要使企业有一个能够正常运转的良好外部环境，要解决好市场问题、资金问题、债务链问题以及价格方面的问题。

第二，就微观来说，要深化企业体制改革，增强国营大中型企业活力。如果说现在宏观条件不好，那么乡镇企业的宏观条件又比国营企业不见得更好。乡镇企业原料靠自己买，产品靠自己销，无皇粮可吃，而乡镇企业仍然发展快，不少企业很快渡过难关。其关键在于乡镇企业有充分的自主权，可扬长避短克服困难。因此，（1）要有自主权。国营企业缺乏自主权，生产搞不活。企业法规定十二条自主权，在治理整顿期间已基本上收了。计划权、价格权、用工权受到限制，分配权、机构设置权都要报批。企业憋死了，只能什么事都找政府，缺乏自我应变能力。十年改革开放和两年治理整顿的经验教训表明，应该下决心切实落实企业经营自主权，该放的权要大胆地放。（2）要使企业有自我发展的财力，进行自我积累。现在企业留利太少。根据国家计委统计数字，现在全国国营预算内企业总体留利只有9.2%，已退到1982年前的水平。辽宁省的企业留利只占纯收入的8%。一份四川10家国营大中型企业的调查材料说，企业留利仅占利润的2.6%，如果这个数字是准确的，那就是我省的一个不容忽视的问题。要让企业有自我发展的财力，必须调整国家、企业之间的利益分配关系，使企业有利可留。虽然这涉及企业留利和财政收入调整，问题复杂，矛盾

大，但从原则上讲，财政应该放水养鱼，首先把蛋糕做大。财政应该宽松，要想方设法给企业减少包袱，应该中央、省、地市财政一起想办法，争取松动一点，不然企业自我发展的财力问题就落不到实处。企业什么钱都没有，又怎么搞得活呢？（3）要加快企业的技术改造。企业要搞活，产品要创新，结构要调整，要上品种、上质量，增强竞争能力，技术改造必须抓紧落实，这需要企业重视，国家扶持，相应增加技改资金，提高折旧比率。目前要把所有企业的技改问题都解决很难，应该排队，一个省总要解决一批骨干工厂，一个市要扶持几个品种的技术改造，搞出"几大名旦"。当前技改投资靠企业是挖不出来的，财政、银行要扶持。（4）是增补企业流动资金。目前资金占用大，使企业利息负担不断回升，成本下不来，效益上不去。现在定额流动资金还是原有的额度。因此要解决企业流动资金来源问题，新企业由国家拨够铺底流动资金，同时要采取其他措施增补现有企业的流动资金。流动资金供应银行一家背不起，要认真加以解决。（5）要改革企业的经营机制。企业要上水平、上等级，抓管理是必要的，但关键还在于经营机制的转变，使企业具有一个提高效益、降低成本、完善经营管理的机制。企业经营机制不转变，不能做到自负盈亏，都得用财政兜着、银行保着，那就没有压力，也没有动力，不能优胜劣汰，经济结构调整不了，国家财政也承受不了。企业机制要健全，说到底就要深化企业改革。当前搞活国营大中型企业不能头痛医头，脚痛医脚，不能治标不治本，而应标本皆治。当前首先要治标，解决下放自主权，适当让利，企业流动资金、技改资金等问题，特别是重点企业落实要"双保"等，这些都是治标。要由治标到治本，根本在于转变机制。前十年我们最大的教训是扩权让利较多，转换机制做得不够。治理整顿两三年出现的困难与新问题，使我们进一步认识到，如果企业机制不转变，宏观调控就调不动，治理整顿出现的难题就解决不了。所以，应把转换机制作为治本来解决。要增加企业约束机制，强化竞争机制，允许优胜劣汰，其中关键是使政企分开，使企业自主经营，自负盈亏，自我发展，自我约束，这还包括要进行股份制的试点，等等。当然转换机制是一个长期过程，不是在一两年就能够完成得了的，同时企业经营机制的转换涉及体制改革。对于改革我们既要有迫切感，又要有耐心，还得要稳妥，要充分认识到改革不是一朝一夕能完成的，得分步实现。但不管怎样，我们必须抓住转换企业机制这个问题不放，才能保证90年代经济的稳定协调增长，不再出现一放就活、一活就乱、一乱就管、一管就死的新的不良循环。

论构建国有企业产权制度的
重要意义①

一、建立双重产权构架，是国有企业实现转换经营机制的根本条件

为了把国有企业重塑为社会主义市场经济的微观主体，产权制度的构建已经提上议事日程。国有企业产权制度，也就是企业法人财产体制，其内容是：国家拥有资产终极所有权，企业法人拥有资产支配使用权或占有权（也称为经营权），而后者则采取企业法人财产体制形式。把传统国有制财产体制改造为法人财产体制，其关键在于企业产权的引进和塑造。

财产（property）是一个体现了排他的或专属的占有关系之物或对象，简单地说是有"主"之物。人类要进行生产、消费和从事其他社会活动，总是离不开对客观的物质产品、精神产品，包括人的劳动能

---

① 原载《国有资产研究》1993年第3期。

力的支配使用。可以说在任何时候，由于自然的、社会的原因，社会面对着生存、发展和享乐资料的供给与需要的矛盾，从而存在着占有中的矛盾与冲突，因而社会就要形成和建立起财产制度，确立起一种排他的占有关系，即专属的支配使用关系，通过财产主体的明确定位和财产权的界定——支配对象和支配程度的明确——，由此来规范人们的占有行为，形成社会的经济和生活秩序。

财产权最抽象的含义，是主体对客体的排他的占有权，但是社会现实的占有是采取多种多样的形式来实现的，因而财产权概念也就有多种规定。首先是财产所有权（ownership）。所有权就其权利本身性质来说，是主体对客体的最高的、绝对的占有关系，或"全权占有"；所有权就其主体即所有者来说，它是最高权利主体，是对某一物权追溯的终极点。可是，所有权概念在于回答对象的最高支配者是谁，是最高权利主体的定位。特别是所有制概念，是指财产制度即基本占有制度，它是用来分析阐明社会占有的基本性质和本质的。所有权是最根本的产权，社会生活中多种多样的产权形态都是立足于所有权构架之上的，而且，各种具体的产权的运作方式也是要体现所有权的性质和要求的。

在建立现代产权理论时，不能只把所有权作为产权的唯一形态，也就是说，不能像一些同志所说的那样：产权就是所有权。产权既包括财产所有权，又包括财产支配使用权。在使用产权概念时，在很多场合是指特定经济组织形式下的当事人对资产的支配使用权或占有权。例如，在现代市场经济中的产权概念，包括独资企业、合伙企业、公司企业中所有权和支配使用权的具体划分，包括承包者、租赁者、公司法人等主体的经营权，以及其他的诸如资金信贷、财产委托、典当等活动中的各种当事人享有的对自身财产或他人财产的支配权。可见，产权主要是揭示更具体的生产经营当事人对资产占有关系的概念。这一概念在于回答当事人对资产怎样实行支配使用，怎样实行处置，怎样分享占有利益。它是用来规范人们的经济行为，特别是用来规范现代市场经济极其复杂的经营活动和社会交往活动中的主体行为，以形成市场经济的行为规范的经济、法制基础。

人类社会经济发展史表明，微观经济组织的产权形态经历了一个从所有权、支配权、利得权、处置权相统一的形态，到支配权、利得权、处置权和所有权相分离的形态的逐步发展过程。两权分离的产权形态在生产社会高度发展的现代市场经济中获得了广泛的发展。这种两权分离的产权形式，集中表现在股份公司的法人财产制度中。在那里出现了所有权和企业产权的双重产权构架，一方面出资者即股东拥有主要表现在利得权形式上的所有权；另一方面企业有对法人财产的支配权与部分利得权。前者是终极的所有权，后者是由前者派生的独立化的经营权。这种两权分离的产权形态，一方面有效地维护了终极所有者的财产权，它是形成资金联合的经济基础；另一方面又借助于企业法人和私人财产体制的构建，模拟了自然人直接占有财产的运行方式和利益机制，从而极大地强化了企业的经营权。公司企业作为拥有由它直接支配的财产的主体，它就真正能实现自主经营，自负盈亏，自行运作，自我约束。正是这种产权构架，才使股份制公司企业成为市场经济中，表现出高度的经营积极性和首创精神的微观单位和经济细胞。

现代公司企业的双重产权的构架及其双重功能，即维护所有权以实现资金联合，强化经营权以保证企业独立运作，并不是只是存在于资本主义条件下的市场经济之中，而且也适应社会主义条件下的市场经济。这是由于：社会主义以社会化大生产为基础，社会主义公有制企业理所当然地应该实行社会化大生产的企业组织所需要的，既能确保公有主体的利益，又能充分调动企业的经营积极性的产权形式。特别是社会主义市场经济中的企业要实行适应市场的独立营运，而企业独立营运，就需要有各种生产经营决策权；独立营运，包括自行发展，就需要有企业自身财产的积累，从而要求有一定的利得权和收益权；独立营运更重要的是资产营运，要以最少的资金投入实现最大的价值增值，因而，不能停留在日常生产与经营上，还需要有对企业资产的处置权，如闲置资产的转让、企业兼并与被兼并、金融资产的经营等。

归结起来，适应市场经济需要的企业独立营运，需要企业拥有一种准财产主体的地位和拥有对"自身财产"的支配权。因此，构建起一个国家所有权和企业占有权相结合的双重企业产权体制，就是发展社会主义市场经济所必需的，这种产权构建是当前真正实现国有企业机制转换的根本条件。

二、赋予企业以直接占有权是完善社会主义公有制的必要途径

引进企业产权和在国有企业中构建起实行国家所有、企业经营的产权构架（这是假定国有企业是单纯国家所有权结构。实际上市场经济中财产联合化，将导致国家+集体、国家+集体+外资、国家+集体+外资+个人等一系列多元产权结构），不仅仅是市场经济运行所必需的企业组织形式的变革，而且，是一次公有制内部的国家、企业、个人之间责、权、利的关系的调整。这种调整的实质是通过企业占有产权的构建，而把传统的联合劳动者间接占有的公有制，变成直接占有的公

有制。

占有，就其广泛含义来说，是主体对客观对象的支配和对使用对象的成果、效益的支配。这种对生产手段和成果的支配，是所有权的重要内容。占有就其形态来说，有完全的占有，即占有对象及其使用成果，如像在两权统一的所有权形态的场合；有不完全的占有，即只占有对象的使用成果，亦即利得权或收益权，而不占有或支配对象本身，如像在股份公司的财产权的场合。在以上场合，所有权总是通过占有——不管是完全的，或是不完全的——来实现。历史上的对抗性的私有制形态，就是私人所有者的占有或是经营者的占有，而劳动者却没有对资产的占有权。资产支配权和利得权的缺乏，使他们从根本上缺乏劳动积极性。正是因此，在公有制基础上确立起联合劳动者对资产的直接占有，就是社会主义的必然要求。把直接占有作为劳动者公共所有制的特征，是马克思主义经典作家一再阐述的。马克思指出："这种所有制的原始形式本身就是直接的公有制。"[1]马克思认为，这是一种劳动"与它的客观条件的原始共生状态"[2]，社会主义将建立起"联合起来的生产者的财产，即直接的社会财产"[3]。当然，如何构建这种直接占有的公有制，是需要在实践中进行探索的。

当代社会主义实践，在所有制上经历了一段弯路，即经历了长期的以传统国有制为实现形式的间接的公有制，通过国营企业改革实行占有直接化，最终走向了直接公有制的形成，传统国有制，实行国有国营，国家不仅拥有企业资产的所有权，而且实行直接支配，即由上级政府机构直接调配企业的人、财、物，直接决定企业的产、供、

---

① 《马克思恩格斯全集》第46卷上册，人民出版社，1979年，第47页。

② 《马克思恩格斯全集》第46卷上册，人民出版社，1979年，第520页。

③ 《马克思恩格斯全集》第25卷，人民出版社，1974年，第494页。

销。这一体制下企业被变成政府行政机构的附属物，不仅缺乏日常生产活动中的对资产的自主支配使用权和生产利得的分享权，更缺乏对资产的处置权。这是一种集所有权、占有权于国家一身的公有制模式。这种公有制模式的产生，不仅仅是传统的计划经济体制的产物，而且也是人们长时期来受传统公有制理论观念束缚的结果。

理论的误区之一：企业占有与全民所有不相容。传统社会主义理论认为，既然企业资产是全民财产，是社会公共财产，理所当然不能由企业来实行占有，如国家财产交给企业支配，就是实行企业所有制，就是意味着化全民所有为企业所有和化公为私。这是一种企业占有和全民所有不能兼容论。其错误是：不懂得所有权和占有权是可以分离的，如同股东共同所有的财产可以由企业占有一样，全民所有的财产，也是可以由企业实行占有。

理论误区之二：既然社会主义国家是代表全民的，理所当然国家能代表全民利益和意志进行统一决策，直接经营。这是一种传统计划经济的国家统一决策论。其错误是：离开了市场经济体制对企业的要求来淡论决策方式。要建立社会主义市场经济，就要求企业高度灵敏地适应市场状况而运作，要求由企业独立决策，自主经营，自负盈亏，自行发展，从而要求企业实行占有。尽管政府决策有了解宏观经济的优点，但确实存在诸种弊端：例如，处在企业之外的高层决策机构对企业情况不甚了解，特别是像我国这样的大国，各地条件、情况千差万别，中央机关难以充分了解下情；高度集中决策缺乏民主程序，难以避免官僚主义和文牍主义。难以避免"人情关系"以及腐化行为，等等。以上这一切都会造成决策错误与偏差。在经济越是发展成熟，企业越是众多，经济结构越是复杂，市场情况越是千变万化的情况下，政府集中决策的误区就会更大。可见，国家是人民的代表，企业就应由实行国家决策和国家占有的逻辑是不能成立的。

理论误区之三：既然是全民所有制，人民当家做主问题就根本解决了，劳动积极性的调动只在于对人民进行政治思想教育。这种人民当家做主随着公有制确立而自行解决的观点，经不起实践检验。实践证明，公有制的确立，并不等于公有制实现形式的完善，后者还需要有社会主义产权制度的完善，特别是需要有企业产权制度的构建，通过建立起经营者、广大职工在企业生产和资产营运中的直接的责权利机制，才能使公有制的优越性落到实处，成为群众切身的体验，从而最大限度地调动人民群众发扬当家做主的主人翁精神。

上述理论的误区，我认为，最根本的在于对马克思主义关于社会主义实行直接公有制的理论缺乏理解。直接公有制的实质在于：（1）对生产条件的直接占有；（2）对利益的直接享有。上述二者从来是激励劳动积极性的必要条件，也是调动社会主义劳动积极性的必要条件。

在社会主义制度下，赋予企业以对生产条件的直接占有权，才能使经理与广大职工拥有经营主体的地位和实现自主经营，才能使人们激发出自主劳动的积极性和首创精神。企业无权，职工也就无权，也就不可能有自主经营，只能是奉命生产，它只能把人变懒，造成照章办事，按部就班，松松垮垮。实践表明，在公有制条件下，企业的支配权不弄好，公有的企业也还是会出现类似雇佣劳动的那种劳动者失去主动性的情况。

在社会主义条件下，赋予企业的占有权，包括部分利得权，是贯彻劳动鼓励的财产基础。正如科学社会主义理论所阐明和社会主义实践所表明的那样：社会主义劳动还不可能是"乐生的要素"，而仍然是"谋生的手段"，仍然实行把劳动状况和个人报酬直接相联系，这种劳动带有"益己性",还体现有个人利益,人们还存在从个人利益出发的动机。当然,这种劳动益己性是和益公性相结合的。社会主义劳动带有的益己性特征,决定了在组织联合劳动中必须贯彻物质鼓励原则,实行按劳分配,多劳多得。实践证明,传统国家直接占有的所有制,由于分配的高度集中,企业缺乏收益权和分配权,不可能有效地贯彻按劳分配,真正鼓励劳动,造成劳动报酬和劳动效果脱钩,出现人们说的干好干坏一个样,干多干少一个样,干与不干一个样,即分配的大锅饭和平均主义。改革以来,在企业实行下放自主权和承包制、租赁制的实践表明:贯彻对有效劳动的物质鼓励,必须借助企业的占有权、部分利得权和分配权。显然,如果国有企业借助企业法人财产体制构建企业产权制度,赋予企业以经营权、部分收益权和分配权,使企业收益除了留作企业积累和福利基金而外,依法(和公司章程)归经营者和职工分享,从而形成一种企业效益高企业自留收入就多,职工工资就高的机制,就能真正做到使经营者与职工的个人收入与他们的劳动状况、效果直接相联系,从而有效实现对劳动的物质鼓励。这是调动组织在一个个企业中的广大劳动者的积极性的有效途经。

以上分析归结起来就是:一个完善的社会主义公有制,必须是在社会所有的前提下,实行企业直接占有,使企业拥有资产占有权和部分利得权和分配权,即形成企业产权,这是最充分调动社会主义劳动积极性的必要条件。

小 结

国有企业产权制度的构建,是一次企业权、责、利的重大调整。

这一调整的实质是：在维护国家所有权的前提下，实现经营权的独立化，由此使企业成为行使占有权、部分利得分配权、处置权的经营主体。这一企业财产制度的改革和创新，解决了传统单一国有产权体制下两大矛盾和缺陷：一是政府集中决策和发挥企业自主性的矛盾，二是政府集中占有、统一分配和保证企业群体利益的矛盾。引进和实行企业产权体制并不改变企业资产国家所有的性质——假定企业仍然是单一的国家所有制（未实行联合）——但占有权却已分化出来而赋予企业，交给了经营者和职工群体，联合劳动者由此拥有对资产的直接占有权。它意味着传统国有制下的间接占有的公有制改变为直接占有的公有制。这种产权制度使联合劳动者在企业资产的使用中拥有充分的责、权、利，劳动者与生产资料实现了直接的和紧密的结合。这种国有制是社会主义公有制的一种新形式，它不仅符合社会主义市场经济的需要，而且符合马克思主义经典作家所设想的社会主义公有制的性质。

再论现代股份公司与企业产权[①]

一、股份公司制度与企业产权的新变化

如果我们从经济活动的组织与运行的角度来观察现代市场经济，那么，人们会看见股份公司这种企业组织形式的重要意义。这一企业组织形式出现于早期资本主义的西欧国家的国外贸易领域，例如17世纪在英国和荷兰就出现了合股贸易公司（joint stock trading company）。19世纪这种企业组织形式引入了工业组织，1860年前后，在美国铁路部门及其他一些需要大量投资的生产部门，股份制企业获得蓬勃的发展。19世纪末20世纪初，美国工业、商业等生产与流通领域的大多数企业组织都采取股份公司形式，此后，它也成为银行与保险领域的占支配地位的企业形式。这种企业组织形式，对于当代资本主义经济有着极其重要的影响，它大大促进了经济的市场化和生产的现代化，大大改进了市场经济的运作。可以说，现代市场经济的特征和所实现的经济进步均是立足于股份公司这一微观基础之上的。

---

① 原载《经济学家》1993年第4期。

股份公司带来了企业财产权的新变化，它创造了一种企业法人财产制度，促使了所有权与经营权的最彻底的分离。

财产权概念内涵，大体说来包括所有权、财产支配权、收益权、处置权，是以上诸权组成的一个复合结构。财产权是一个历史范畴。产权结构是历史地形成和历史地变化的。具体地说：（1）财产权要适应生产组织形式的变化而变化，生产的社会化和微观生产组织形式的发展变化总会带来主体与当事人产权的变化。（2）财产权要适应经济商品化而发展变化，由实物经济转到商品经济，商品经济中市场化的发展带来新的生产、交换和经营方式，也会带来新的产权形式。

古代财产权的特点是：（1）带有集权性。所有权、占有权、收益权、处置权集中于所有者一身。（2）它与国家强制力相结合。不仅是经济上的占有，而且包括政治权，包括对人的支配和统治，例如古代与中古财产不仅以物为对象，而且以人为对象，即对人身条件的支配权。其中：有完全支配权，例如奴隶主对奴隶的支配；有半支配权，例如农奴主对农奴的支配。

历史发展中财产权的变化呈现出两个特点：（1）经济权利与政治权力相分化。那种依靠暴力建立起来的，与政治权力相结合的财产权（物权与人权）日益转化为经济占有权。这表现在古代财产权向中古财产权和近代现代财产权的演化中对人身支配权的放松和放弃，逐步地将劳动力支配权还给直接生产者，从而近代财产权主要是经济权。（2）经营权与所有权相分化。那种集诸权于所有者一身的产权，日益转化为把经济权在所有者与经营者之间适当划分的、分权型的财产权。其通常形式是把占有权归经营者，所有者掌握利得权和一定的控制权——这就是股份制中的主体所有者产权形态，而其极端形式则是所有者不仅放弃经营权，而且放弃控制权。所有权的内涵集中表现为收益权即分红权，如那些不参与股东大会的许许多多小股东只是凭股本定期剪息票那样。

经营权和所有权的高度分离是股份公司产权制度的特征。现代股份公司的所有者的权限，一般地说是：（1）规定企业总目标（投资总方向）；（2）罢免董事会成员，即决定所有者在企业中的代表；（3）批准年度报表，实行占有与支配收益；（4）维护资产完整性与追求资产增值。在股份公司的组织与运作秩序——股东大会、董事会、总经理负责经营下，所有权不仅是"实"的，而且它是渗透于企业活动之中，成为维护资金正常运行，实现资金不断增值，使资金真正成为资本的主体力量。

股份公司中经营者的权限是：（1）组织与指挥日常经营活动；（2）在法人财产制度下独立支配、使用企业财产；（3）作为法人代表，承担总的经营责任。经营者权限的扩大，和一个经济大权在握的经营者阶层的产生并且日益壮大，无疑是现代市场经济的一项显著的特征。公司经理独立的经营活动，总的来说要从属于所有者的意志，按照董事会决定的大政方针办事，因而，股份公司创造了一个经营者对财产独立支配但所有者不失控，所有者对经营者有控制但不直接干预的巧妙的运作机制。由此经营权毕竟已经从所有权中分化出来，经营成了一种由非所有者的专职人员的职能。马克思说："资本所有权这样一来现在就同现实再生产过程中的职能完全分离，正像这种职能在经理身上同资本所有权完全分离一样。"[1]可以说，出现与形成了一种经理代理制。这种强化了经营权限与责任的企业组织形式，极大地提高了经营活动的效率，使企业活动更加机动、灵活，对强化的市场

---

[1] 《马克思恩格斯全集》第25卷，人民出版社，1974年，第494页。

机制表现出更高的适应性，极大地提高了企业的经济效益。现代市场经济的更加有效率和表现出更大活力的运行机制，正是立足于这种强化了的经营权的基础之上的。

二、经营权独立化的原因

以经营权的独立化和强化为特征的现代企业产权形态的产生，其物质基础是生产社会化的发展和经营的专业化趋势。现代大生产的发展，使原先物质技术基础薄弱的小生产转变为拥有先进技术装备和机器体系的大生产，与此相适应，原先的独资企业、合伙企业就日益转变为多数人出资的实行资本联合的公司企业。

公司企业产权形态产生的经济基础和直接原因是资本联合带来的所有主体的多元化。现代大生产方式是以企业拥有大规模资本为前提的，而这个前提的形成必须依靠多数出资者共同投资于一个企业，即实行资金联合。马克思曾经指出："假如必须等待积累去使某些单个资本增长到能够修建铁路的程度，那末恐怕直到今天世界上还没有铁路。"[①]资金联合带来主体多元化，企业的财产不是属于单一的所有者，不是属于一个家族，而是属于众多投资者，因而它是一个"复合财产结构"。《现代股份公司与私有财产》一书的作者伯利说股份公司给企业加上了一层新的性质——"多重所有权"[②]，他又称之为"财产集合体"。而就现代企业的运作来说，要求经营权的集中统一，要实行一元化的经营管理，特别是对于现代化的大企业，对处于千变万

---

① 《马克思恩格斯全集》第23卷，人民出版社，1972年，第688页。
② A.A.Berle，Jr著：《现代股份公司与私有财产》，中译本，台湾银行经济研究室编印，1981年，第18页。

化的市场状况与激烈竞争中的大企业，更需要加强一元化的经营管理。这样就有主体多元化与支配一元性的矛盾，这一矛盾的解决方法是一部分人必须放弃其支配权，而听从另一些作为责任支配者的人的决定。伯利说："很明显地说，每位提供资本者，都想行使对企业的主要支配权，这是不可能的，'自由否决权'之对于一致行为的实现，是具有极大的不利点，因此把支配权赋予过半数持股股东，是属于自然的，一般都能接受的方法。"[①]

共同将资本投入某一公司的大多数持股者所以能同意放弃他的财产支配权，其道理是很明白的。这就是：与其大家都坚持其财产支配权，在意见分歧中使经营失败和企业破产，毋宁大家都放弃直接支配权而将企业委托给专家去经营，后者有成效的经营将带来成功的希望。尽管所有者放弃这一大笔可观财产的直接支配权，委之于经理支配和营运包含着极大的风险，但他们付出了风险成本，也因此有获得高额利润的可能性与机遇。

三、产权形态的新变化

股份公司制度下经营权的分化与独立化引起了财产权内在要素的重组，使财产权形态出现新变化，由于把支配权赋予经营者，对所有者来说，财产权主要表现为收益权或利得权。股份公司制度下，所有者放弃了物质财富的支配权，归属于经营者，而且，不仅仅企业日常经营、投资活动归经营者支配，就是企业本身的出售、合并——最初

---

① A.A.Berle，Jr著：《现代股份公司与私有财产》，中译本，台湾银行经济研究室编印，1981年，第77页。

要由股东大会过半数通过——的权利，往往也越来越归经营者掌握，至于一般物质资产和精神资产的"处分"权也是归属于经营者。而所有者掌握的只有：（1）按股分配收益权；（2）股票在市场自由转让权。可见，股份公司制度带来了财产权内涵和结构的新变化，财产支配权以及处置权（经营权）游离出来，转归经营者，所有者的权利内涵则表现在收益上，即占有收入、享有利益上。伯利描述这种情况为："目前，人们较少愿意拥有实际的生产工具，他们喜爱那些纸张，如股票、公司债券，及其他各种债券，因为这些纸张透过公开市场组织而具有流通性。然而，于此组织之下，潜存着某种最基本的变动，对于各种生产工具的实质支配权，已迅速移至集中管理的团体，这些团体虽然不能说是必然的，可能是为了证券持有者的利益而运用大量财产。对于企业财产的支配权，已与该财产的利得所有权（beneficial ownership）完全分离，或者以通俗的话来说，财产支配已与享受财产成果的合法权利分离。对于实质资产的支配，已从个别所有人，移交给指挥公开组织的经营者，而个别所有人仍保有其对其产品及增产物的权益。事实上，我们看见所有权影响范围的放弃与重组，而这些所有权在过去是包括人们对于实质资产的利用，取得各种成果及出售后的收入的全部权利。此处所谓所有权这一旧原子（old atom），已被分解为支配权与利得所有权两种构成分子。"[①]

可见，在股份公司场合，人们已经不能再使用支配权、收益专享权、处置权三位一体的古典财产概念内涵，在那里，产生了以利得权或收益权为主要内容的现代财产权概念。另一方面，股份公司不仅使经营

[①] A.A.berle, Jr著：《现代股份公司与私有财产》，中译本，台湾银行经济研究室编印，1981年，第10页。

权强化，而且使之"硬化"并采取了"法人财产"权形式。股份公司是一个法人，即承担民事责任的法律主体，企业还拥有自身的经营财产，后者是归企业永续支配的，独立于所有者直接干预之外的"法人财产"。

法人财产不仅意味着那些资产是固定在企业中，归企业支配——由股份制机制下的经理直接支配，而且，企业也享有一定的产益，企业的收益一部分要留作企业积累，一部分要转化为经营者收入，甚至是职工的附加收入。因而，法人财产使企业得以自行发展，自我约束，也强化了企业和经营者的自我激励。可见，法人使企业这样的社会团体有了独立活动的"人身"（制度人而非自然人）条件，法人财产更使企业有了独立地经营、自行发展的财产基础和经济实力，股份公司由此真正"财大气粗"地登上市场经济的舞台和进行独立的营运。

可见，股份公司制度一方面使所有权概念的内涵狭窄化，它不再是把占有权、收益权、处置权诸权集合在一起的"大一统"所有权，而是突出利得权；另一方面它加强和充实经营权和使它拥有"法人财产权"形式，成为一种构建出来的"准所有权"，因而，股份公司形成了一种终极所有权与法人所有权双重的产权构架，这是一种适应现代市场经济运作的新的企业产权制度。

四、股本形式的财产的特点

现在通过股本来分析股份制经济带来的财产权的新变化。

（一）交换价值形式的财产

股份制的运作方式使财产更加表现为交换价值形式。股份制企业的资产折合为股本，而后者又分解为一个个单元——股。股本就是股东投入企业，并且会转化为企业的物质资本以及经营货币的价值量。在实行股份制的场合，归属于投资人所有的财产即股本，是一个交换价值。如果说古代的财产主要采取使用价值形式，例如个人消费使用的食品、衣服、房屋，企业主的厂房、设备，人们占有它是为了使用——消费中使用或是生产中使用——而不再准备将它出售或转让，这里形成财产的目的是实现使用价值形态的财富，现代财产则越来越采取交换价值形式，现代投资者持有股票的目的，除了分得红利而外就是通过股票转让实现股本增值，以占有交换价值形态的财富。股份制不仅借助于股票市场交换的股本增值机制，激励人们去购买和占有股票，而且，它借助于发行小额面值股票，使收入低的阶层均能占有股票，这样使股本这样的交换价值财产形式获得大发展，成为现代财产的一种主导形式。

（二）价值内容与物质内容相分离的财产

股份制的产权机制把价值形式的财产与物质形态的财产区分开来，前者表现为股本——以股票为载体——归股票所有者持有；后者表现为企业法人财产，为经营者支配。

交换价值形态的财产和物质形态财产分开的要害在于：一方面所有者在掌握交换价值形式的财产所有权的前提下，将物质形态财产支配权赋予企业，作为法人财产，从而使经营者与经营财产捆在一起，使经营者有权有益有责，从而尽心尽力地去搞好企业经营；另一方面，解除了企业物质财产对所有者的束缚，所有者有了将他的投资实行转移的广阔的可能性。

在所有者自行经营的场合，投资者要亲自支配、运用其物质财产，投资者承担的无限责任，使其生命活动与企业捆在一起，在企业经营不良，出现不景气时，除非出售或关闭工场，投资者不可能抽出和转移资本，因而存在着财产对所有者的束缚，它引起资本的流动的阻滞。而在价值财产与物质财产分离开来后，所有者占有价值财产，而物质财产则归经营者支配，这样，保证物质资产良好经营的职能与责任委之于经营者，所有者则成为货币价值形态财产的经营者，他通过股市机制而随时改变资本投入方向，调整投资结构，这样，也就促进了资本的流动，有利于产品、产业结构的调整和资源的合理配置。

在股份制财产的两重形态下，产生了两重独立的资本运动形式。就企业所有者来说，他持有的是交换价值形式的财产 —— 股本，所有者的目标是交换价值财产的最大增值。为此，他或是不断地积累股息，扩大本金；或是通过在股市进行股票买卖，利用市场机制，通过价差获取超额利润，以实现股本价值极大化，而所有者财产的增大又成为他进一步扩大向企业投资的股本。这种交换价值货币运动表现为：

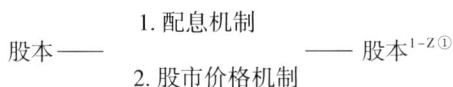

$$股本 \underset{2.\ 股市价格机制}{\overset{1.\ 配息机制}{\text{———}}} 股本^{1-z}[1]$$

就经营者来说，他拥有企业中的机器、设备等物质资本和经营货币以及精神资产的支配权，他追求的目标是企业法人财产的不断增值，为此他就要通过对企业物质资产和精神资产的独立支配，使其得到良好营运，实现盈利的极大化。这种企业良好的资产营运又成为他进一步利用股票发行去筹集资金的前提条件。这种物质资本运动表现为：

---

[1] 股本$^{1-z}$指从第一次到第二次、第三次……等不断增大的股本价值。

$$\text{企业财产} \underset{\text{2.营销机制}}{\overset{\text{1.生产机制}}{\underline{\hspace{3cm}}}} \text{企业财产}^{1-z}$$

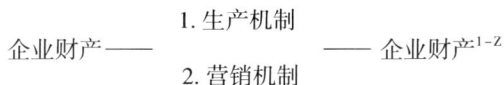

因而在股份公司的场合，产生了交换价值资本——虚拟资本——和企业物质资本的双重运动，这既是互相独立的运动，又是互相联系的运动。二者间的联系表现在，虚拟资本的增殖离不开物质资本的良好营运，譬如股票的市场价格总是要反映企业物质资本营运的状况和盈利率，例如，优厚的配发股息就会引起股票的升值。而另一方面，物质资本的良好营运也离不开虚拟资本的运动，例如在企业的股票市场行情看好和不断升值的场合，企业借助扩股就能获得大量资金，用以更新技术，扩大生产规模和加强资产营运。可见，股份制企业体现出的两重资本的运动，促使企业得以不断地进行扩大再生产。

（三）高度流动性的财产

股本形式的财产不仅是一种交换价值形式的财产，而且是具有高度流动性和不断流通的财产。财产的流动性是商品经济的特征。财产的流动性表现于所有主体占有对象是一个个商品，它可以在市场上出售，从而实现这一对象产权主体的易位。

财产的流动性是随着经济商品化的发展而不断增强的，在实物化的产品经济体制下，财产只是借助行政权力的授予——继承也是一种授予——或是重新授予而改变其主体，它缺乏市场流通机制产生的产权转让，因而财产带有专属性，它长期只认一个所有主体。这种财产权是不能或不经常转让的，它是非流动性的财产，其典型形式是西欧古代与中古的土地财产。

商品经济的发展把一切经营对象卷入市场交换之中，使原先不流通的房产、地产，以及精神产权如专利权、著作权，等等，都成为商品，而这些产权也就市场化从而具有流动性。股份制的机制进一步推动了产权的市场转让。股本是一种高流动性的财产，股本以股票为载体，后者是可以交换的、不记名的有价证券。股本体现了一定数量的企业产权，但是载入股票的产权是处在流动中，股票张三可以占有，李四也可以占有，而且可以说在股票交易所中流通的股权，其主体是不绝变换，是一种无固定主体的股权，股本形式的财产的流动性和股权的变易性，和原先独资经营企业条件下投资主体相对固定和难以经常发生转换形成鲜明的对比。

股权的高度流动性及其体现的企业产权的经常的市场转让，是现代市场经济的经济资源——设备、技术、专利权、车间，以及整个工厂——得以流动、重组和实现优化组合的经济前提。人们可以看到，借助股票交换，所有者可以通过出售股票，即转让股权，而把经营不善的工厂——包括其物质资本和精神资产——变卖成现金而另行投资。另外，所有者也可以通过控股，兼并其他企业，实现合并，而扩大控制的企业规模和组成企业集团。显然，财产权流动性的强化是市场经济的自我调整功能得以增强，产业结构与企业组织结构得以经常调整和实现资源优化配置的重要条件。

五、法人财产制度与经营者集团的产生

股份制企业产权制度的重大特征是法人财产的形成。公司制度使非自然人的企业组织有了"人格"，成为一个独立进行经营活动和承担民事责任的客体，而且通过法人财产制度，把企业中原先由所有者直接支配的资产转变为由企业经营者直接支配的财产。这就是：在日

常生产与经营活动中的资产支配使用权，企业积累的使用即投资权，甚至一定程度的企业收益分配权，以及物质资产与精神资产的处置、转让权均逐渐纳入经营者权利范围，财产不再是所有者支配的，而是由经营者支配的，是企业法人"所有"的法人财产。

的确，股份公司使企业有其人格和"名分"，有自主经营权，有其财产，从而构建起一个企业法人财产，由此实现了经营权的强化和硬化，从而实现了企业经营方式的重大变化，使私有主直接经营体制转变为由私有主代表的经理经营，即委托经营、代理经营的现代经营体制。

法人财产制度下经营者不仅拥有财产支配权，而且享有一定产益和享有一定处置权。企业享有一定产益表现如下：现代股份公司实行经营者强激励的工资制度，对经营者实行在创造出高经济效益的前提下的高额报酬。在发达的资本主义国家，不少董事长、总经理的工薪往往是一般职工的数十倍，高额经营者收入意味着企业纯收入在所有者与经营者之间的再分配，这种再分配甚至发生了对传统的所有者的收入的侵蚀。此外，由于经营者收益分配权的增大和对职工实行刺激工资制度，公司的普通职工也可以因企业盈利而获得额外报酬，这就意味着企业纯收入在所有者与生产者之间的再分配。企业享有一定处置权表现在：股份公司根据公司法和企业自己制定的公司章程，企业经理可以拥有处置转让各种物质资产与精神资产的权力，或者在董事会以及股东大会同意下拥有决定公司"兼并"、合并与"分立"等的权力。可见，将企业资产支配权和一定的产益，以及处置权归之于经营者的企业法人产权制度，就在经济运作与经济生活的天平上给经营者一方增加了砝码，使他们的权力、地位、作用越来越大，以至于培养出一个经营者集团，而其核心就是人们所说的经营者阶层。

更具体地说，在现代资本主义经济中，随着股份公司的兴起，适应于股份制产权机制运作的需要和经营者职能的增强，出现了如下的组织结构的变化。（1）所有者集团——主要功能是供应资金和占有收益，但不从事支配、经营。（2）经营者集团——他们是企业经理，借助专业知识和经营管理技能而参与董事会，成为执行董事或总经理，并能长期保持企业的支配权。（3）中间集团——他们不是经理层这样的技术控制者集团，而是一些人与经济组织，他们借助取得和操纵投票委托书而掌握公司控制权。

经营者总是从属于所有者和服务于所有者的，无论在哪一种社会制度下都是这样。在资本主义市场经济中，公司制度的普遍化，法人财产的建立，经营者集团的形成和壮大，并不是如伯利等西方学者所说的那种"支配权完全脱离所有权"，即所谓"经营权兴，所有权灭"。事实上所有权总是离不开控制权的，所有者即使不实行直接控制，也要通过股东大会选举董事、参与董事会和任命经理的体制和机制去对企业活动施加影响和实行控制（control）。应该说，股份公司不是使支配权与所有权完全分离，它只是使一部分所有者脱离支配，但大所有者却是千方百计通过控制董事会而控制企业，并直接左右公司经营的方针、大政。大所有者不仅控制经营者，而且还通过"参与制"，实行层层持股，控制着众多的中小所有者的资本，建立起他的金融帝国。因而，股份制企业经营权的独立化，只不过是变所有者的直接支配权为间接支配权，只不过是所有者支配与控制方式的改变，而不是放弃控制，因而伯利等学者提出的关于现代股份公司实现了没有所有权的支配权和没有支配权的所有权的观点是不正确的。

而且，即使在那些所有者——例如小股东——完全不介入企业经营的场合，也不能视为出现了经营权的"完全脱离"所有权。如我们指出，现代所有权内涵的核心是利得权。在两权分离的股份公司制度下，经营者是受托于所有者，为后者营运资本，它借助经理制度这一专业化分工的生产力，依靠良好的经营和组织，实现了企业劳动效率和经济效率的提高。尽管经营独立发展了分权化和分益化，较之传统的支配者拥有全权的产权制度仿佛是所有权被"疏远了""淡化了"，但是独立经营的股份公司制度大大提高了资本营运效果，增大了利润，加快了资本增殖，达到了增强所有者财产的效果，而且，这一切均是所有者参与生产与经营活动越来越少的情况下实现的。因而，这种经营权的分离化，其性质是所有权内在结构在新条件下的一种调整和独立演化，它并不削弱所有者财产权，恰恰是在新的资本营运方式下巩固和强化了所有者财产权。因而，现代资本主义经济中这种日益发展、日益庞大的经营者集团仍然是服从于财产所有者。可见，经营独立化的发展趋势只是资本主义制度所实现的一次内在组织结构的变化和调整，而不是私有制的消灭。

六、经营权与所有权的矛盾

必须提到，现代股份公司两权相分离的体制下客观存在着经营者与所有者二者之间的矛盾，这一矛盾在有些场合甚至采取十分激化的形态。

股份制的产权机制通过把所有和各种营运权利在股东大会、董事会和总经理之间具体划分，即赋予经营者支配权，又保持所有者的利得权与控制权，形成了一种两权相制衡的机制。例如，为了制衡与约束经营权，股份制企业将控制权即关系企业发展的大政策、基本方针、大措施的决定权，归属于全体股东或特定部分股东——有些股东没有表决权，将一些重大经营决策权归属于董事会，而将日常经营权归属于总经理，在能做到上述权利妥善划分与处理的情况下，所有者既能通过放权搞活企业经营，又能恰当限制经营者权限，保持经营者作为所有者代理人的地位，实现经营权与所有权的基本相一致。但是，经营权独立运用的体制与机制，特别是随着经营者集团的日益庞大，也会出现经营者权利越来越扩大的情况。例如，随着股权的分散化，一些小股东不参加股东大会和实行委托投票制，就会出现收集股票委托书的中间集团的介入，和获得被选为董事的权利，这样使支配权往往长期为一些董事会中的不变成员把持，他们利用所掌握的权力谋取自身利益，他们使董事会成为有名无实，经营者行为并不体现广大股东的利益和意志，出现了经营权对所有权的侵犯。

由于股份公司使经营权采取独立的形式，所有权的实现不能不通过股东大会—董事会—总经理这一十分复杂和充满着矛盾的机制。股份公司内在的运作机制决定了以下两种情况：一是群体所有者行使控制权——产生代表多数所有者的董事会和总经理——体现所有者利益的独立经营。二是群体所有者不能行使控制权——产生不能代表多数所有者的董事会和总经理——不体现或不能充分体现所有者利益的独立经营。

可见，股份制企业组织形式和运作方式，就其实现经营权与所有权的一致来说，不可能没有漏洞，不可能没有独立的经营者用以谋取自身利益的缝隙，即使是法规的健全和制度的完善也只能减少经营者上述扩大自身利益的行为，缓和所有者与经营者之间的冲突，而不可能消除这一矛盾。因为毕竟这是所有者放弃其直接经营权而将后者"委托"给经营者去自主行使的体制，这种"委托"经营制度下，必然哺育出一个权力庞大的经营者集团——其核心是经理层，他们不仅掌握经营权，而且要分享、占有一部分公司利益。在这种企业体制与经济运作下，要使经营权与所有权得到合理划分和恰当的制衡，做到所有权不限制经营权，经营权不侵蚀所有权，的确是十分困难和难以做到的，可以说，所有权与支配权的矛盾是两权分离条件的经济运行中固有的矛盾。而人们也可以清楚地看到，股份制经济实际运作中屡见不鲜经营权侵犯所有权的事例。这种经营者，甚至那些非技术管理职能的股权操纵者通过控制公司，谋取私利，侵蚀所有权，甚至侵犯经营权的情况，在伯利的著作中有十分详尽的论述。他说：从大公司来看，支配者"几乎与所有权没有关联"，"强有力的所有人已不再存在"。他强调"支配权一方面脱离所有权，另一方面与经营权分离"，后者是指公司并不是完全由经营者支配，而是由那些通过委托书制度掌握支配权的情况。他说："支配已以相当程度脱离所有权。过去只把支配视为所有权的一种功能，而现在却是脱离所有权的，个别的，可以分离的因素。"[1]伯利关于现代资本主义股份公司两权分离制度下，经营权与所有权的矛盾的某些理论阐述是不全面和不科学的，例如经营权"脱离"所有权理论。但是他用大量材料来论证经营权与所有权之间的矛盾，这些分析对人们很有启发性。对这种经营权与所有权的矛盾，他提出"新形式的专制主义"，用来描绘当代的经理制度，这一提法是颇为尖锐的。当然，伯利对于经营权功能的强化的积极意义与历史功能估计不足，这是他著作中的一大缺陷。但是，他这本50年前写作的书中分析的许多情况，也仍然存在于今天的西方资本主义股份制经济之中，他这本书的论述对于我们构建社会主义条

---

[1]　A.A.berle，Jr著：《现代股份公司与私有财产》，中译本，台湾银行经济研究室编印，1981年，第119页。

件下的股份制经济实践也具有启发作用。

七、所有权消灭了吗——股份公司制度下所有权的新特点

西方经济学家宣称股份公司引起了一场资本主义的革命，导致私有财产制度的崩解。伯利就宣称，出现了所谓股份公司的"革命"。伯利提出，在股份公司制度下所有者无支配权，支配者无所有权，由此来论证私有财产范畴的消失。"现在，所有者对于持有股份的企业及其实质财产——系指生产工具——已无支配权力"[1]，"能自己利用自己财富的个人已不存在。支配财富，且具有确保企业效率与产出利润地位的人们，不再是拥有此项大额利润的所有者。支配典型现代公司命运的人们，其持有该公司的股票微不足道，由于有利地经营该公司所获得的报酬只占很小部分。"[2]伯利认为，经营权与所有权的分离使传统的所有权与支配权一体化的私有财产概念不再适用。既然，公司中所有者已经"无权"，而经营中表现出高度积极性的经理们，不是公司所有者，或者只是占有很少财产，因此股份公司使私有制消灭了。他说："美国的企业财产，经过股份公司的设计，将被归入集体的经营，在其中个人的所有者将由于一连串的产业独裁者出现而逐渐消失"。因而，股份公司造成以私有财产为基础的运作秩序的崩解。"财产这一原子的爆炸，破坏了古老假设的根本"，成为对"以个人

---

[1] A.A.Berle，Jr著：《现代股份公司与私有财产》，中译本，台湾银行经济研究室编印，1981年，第71页。

[2] A.A.Berle，Jr著：《现代股份公司与私有财产》，中译本，台湾银行经济研究室编印，1981年，第11页。

为先的经济学基本原理的挑战"[1]。

西方经济学者上述论断是十分表象的。（1）财产是社会基本生产关系，财产权概念是一个历史范畴，财产权概念内涵是随着经济组织、生产关系的变化而变化的。古典财产权体现为所有权、支配权、利得权、处分权的统一，而现代财产权则集中表现在利得权或收益权上[2]。现代公司制度尽管带来了就古典所有权概念来看的"所有权的狭窄化"，但是财产所有权的基本制度仍然不曾有任何变化。作为主体的所有者——大资本对利润的占有，不仅在性质上不曾改变，而且占有利得的规模还不断扩大了。股份制不仅不削弱所有者的"权益"，恰恰相反，借助股份制机制大资本不仅控制公司，而且还控制"子"、"孙"公司，从而增强了对庞大社会资本的控制权。股份制改变了所有者支配权的方式，它在委托经营形式下使支配间接化，但是不改变主体占有利得这一所有权的核心和本质。可见，建立在私有财产基础上的股份公司的形成只不过是资产经营方式的变化——即由所有者自身直接经营转变为委托经营，是产权具体形式的变化，而不是财产基本制度的变化。（2）西方经济学家提出私有权消灭的论题，是着眼于从股份公司的物质资产支配权的让渡给经营者这一事实，这种论证本身就是不正确的。因为，股份制下企业财产还表现在交换价值形态——股本上，对于一般股东来说，他不再拥有物质资产的支配权，但是却保留着资产价值的支配权。首先，他能支配和自由售卖持有的股票。另外，在股票价值增值时，他能通过出售股票而占有资本

---

[1]　A.A.Berle，Jr著：《现代股份公司与私有财产》，中译本，台湾银行经济研究室编印，1981年，第11页。

[2]　当然也还体现在通过股份管理机制而实现的责任所有者——董事会——对企业经营活动的大方向与总进程的控制上。

价值增值部分。此外，在公司破产清算时，他享有按资产分取清偿后的公司剩余收入之权。可见，说所有者完全放弃资产的支配权的命题并不是准确无误的。（3）股份公司引起了法人财产制度的构建。所有者的财产仿佛归属于企业法人，由这一社会经济组织直接支配。但法人财产制度并不意味着非自然人的企业法人真正地取消了股东的所有权。股份制企业的所有者掌握财产利得权和大股东进行控制的机制表明，企业法人财产实质是派生的、相对的财产，它的最终主体仍然是投资者股东，只不过后者表现为终极的财产所有者罢了。

总之，股份公司是由个体资本经营转化为联合资本经营的基础上产生的财产组织形式，资本主义股份公司制度是私人所有制基础上产生的联合的财产组织形式。由于所有主体的极大多元化，和由此产生的主体多元性和经营一元化的矛盾，决定了实行委托经营的机制，产生了支配权和所有权的分离，但这个分化和独立运作的经营权仍然处在和所有权有机联系之中，并且起着为联合资本实现其所有权的功能。归根到底，股份公司制度的出现的确是资本主义微观经济经营形式和财产组织形式的重大变化，但不是资本主义基本财产制度的变化，更不是私有财产的消灭。

但是，把财产权作为一个历史的范畴的命题，要求我们密切注视和细致剖析当代公司制度下产权关系的新变化。应该说，在股份制这一财产组织形式下实现了一次私人所有权内在责、权、利结构的重大调整。这就是：

第一，原先拥有直接支配权的个人资本转变为直接支配权属于企业法人的个人资本联合，或社会资本，作为社会资本的体现的大公司企业已经是在多元主体的财产结构和经营独立的机制下运行。这也意味着原先的所有权主体与生产经营职能相结合的私人资本退出了历史舞台，“这是作为私人财产的资本在资本主义生产方式本身范围内的扬弃”[1]。

第二，经营者集团的日益壮大，出现了权力、利益向经营者——包括股份制机制产生的中间集团——的倾斜，经营权大大强化，并且在经济运行中表现出历史上未曾有过的那种积极作用。对这一权、责、利关系的变化，伯利如此加以描绘：“所有者被迫处于只能提供生产手段的地位，而让那些新支配者行使他的权力。”[2]

第三，财产所有者的范围得到拓宽。古典的财产，主要是居民中极小部分的统治者如奴隶主、封建主的财产，即使是近代财产也是大资产者的财产，而居民中的多数除了有某些仅仅用以糊口的消费财产而外，他们都不占有生产财产。而股本形式的现代财产，借助大量发行低面额股票，使更多的人，甚至那些低收入者均能持有一定股票而占有某些生产财产。当然，多数居民占有股票在社会总资产中的份额微乎其微，因而不能认为股份制就改变了资本主义的基本阶级结构和基本制度；但是，它毕竟扩大了投资的渠道，开辟了一种财产占有的途径，拓宽了财产占有范围，为低收入者开辟了一种补充收入的来源，成为现代资本主义缓解其矛盾而进行自我调整的一种方法。

总之，股份制及其企业产权，不仅引起经营方式的变革，而且的确带来了财产关系的调整，尽管后者是被限制在资本主义私有制的基本框架之内。正是因此，马克思对股份制的意义予以很高的评价，并把它视为是人类社会向更高的公有财产形态转变的“过渡点”[3]。

①　《马克思恩格斯全集》第25卷，人民出版社，1974年，第493页。

②　A.A.Berle，Jr著：《现代股份公司与私有财产》，中译本，台湾银行经济研究室编印，1981年，第18页。

③　《马克思恩格斯全集》第25卷，人民出版社，1974年，第494页。

论产权制度及其功能[①]

为了发展社会主义市场经济，产权构建已经提上议事日程。这一产权构建不仅包括构建国有企业产权制度，也包括构建各类公司企业的产权制度，还包括知识产权以及市场经济复杂的社会生活中的各种产权的形成。面对着这一全面的产权制度的构建，人们必须弄清什么是产权？其科学内涵如何？

传统的社会主义经济理论着重于对经济的制度分析，通常使用的是所有制概念，但是却缺乏或根本没有产权概念，因而在近年来关于产权制度的讨论中，一些同志还曾把"产权"一词视为资产阶级经济学的范畴。即使是使用产权概念的同志，对"产权"一词的内涵也有各种各样的理解。不少人认为产权就是所有制。我认为，把产权等同于所有制的理解是不正确的。产权或财产权与所有权，就其概念内涵来说是既有联系，但又有区别的，不能加以等同。本文就这一问题作一些分析。

---

① 原载《经济体制改革》1993年第5期。

一、产权概念的内涵

财产权或产权（property rights），是指特定的人（们）在特定的经济组织中对特定的物或对象的占有权。人类要进行生产，就要对生产条件和生产成果进行支配和使用，他就要宣称和确定对物（对象）的排他的，即专属的占有权，他也由此成为物和对象的占有主体。这种排他的占有关系和权利就是财产权或称为产权。

产权首先是所有权，即主体对物和对象的最高占有关系和权利。

所有权总是社会生产的现实前提。从人类社会产生迄至今日，人们在进行生产、创造财富中客观存在着占有和非占有的矛盾。我们暂且不论这种占有和非占有的矛盾是产生于物的稀缺性，或是现存的占有制度。为了确立特定的人（们）实际和稳定的占有者的地位，他就要对该物或对象实行全权占有，主要通过强制性的法律来确立他的最高占有主体的地位，宣称物归他"所有"（own），"是我的"，这样的产权就是所有权（ownership）。这一归主体所有之物，也就是政治经济学的真正的"财产"或有"主人"之物。所有权概念，其意义在于回答谁是该物或对象的最高支配者。这种物（事物）权在某些国家的法律中，称为"绝对所有权"，其权利性质是全权，或罗马法中所说的"任所欲为的权利"。使用所有权概念在于确定谁拥有对物或对象的最高和全权支配者身份，即最高占有主体的定位。所有权分析方法，在于揭示在某一社会生产形态下，谁是最高权利主体和利益主体，即生产的"主人"。

产权概念内涵，除了上述抽象的、最高的占有关系和权利而外，还包括现实生产中的实际占有关系和权利，即支配权。人类总是在某种特定的经济组织中进行生产和实行占有的，例如原始社会末期，土地既是由氏族公社群体最高支配，但又归家长制大家族实际支配和占有。中世纪封建土地所有制，既表现为土地归封建领主或地主最高占有，"溥天之下，莫非王土"，但又往往归佃耕农民实际支配和使用——例如在中古中国的均田制和实行佃耕制的地主经济的场合。在近代市场经济中，实际占有权更是随着经济组织形式的变化而变化，例如在独资企业、合伙企业、公司企业等不同经济组织形式中，就存在不同的具体经营方式和企业资产的实际占有关系，而公司企业中的有限责任公司、无限责任公司、两合公司等形式中的资产实际占有权也是各有不同的。

（一）占有主体的定位

随着生产社会化和经济商品化的发展，实际支配占有关系越来越复杂，因而人们不仅要研究、分析最高占有权，而且要研究和分析实际占有权。把产权概念用于分析当事人对生产要素的实际占有的性质和状况，和建立恰当的产权制度，是市场经济运行的现实的需要。这样来加以使用的产权概念内涵，是指各种生产当事人占有权的具体划分和界定。（1）它包括支配使用权、利得权（即占有收益权）、处置权等。这样使用的产权概念，就是指经济生活中多种多样占有权的结构，而所有权概念则主要用于表明占有的抽象性质。（2）是指财产诸主体的权利。它既是人身主体的产权，又包括非人身主体（例如机构、社团、公司法人）的产权；它既包括所有者权利，也包括非所有者的经营者、受托人、代理人等的支配使用权。所有权主体离不开人，离开了人，谈不上所有权，产权主体则包括非人身的机构、组织。可见，产权概念把产权主体的范围拓宽了。第三，这样来加以使用的产权概念往往要包括和涉及财产的对象性质与载体的性质，例如产权要回答是物权或人权（古代的人身权），是动产权或是非动产权，是实物财产还是价值物等，可以说这是看得见和摸得着的"财产"，而在使用所有权概念时，主要是揭示某种看不见、摸不着的占有关系和权利。

可见，所有权是产权概念的重要内涵，人们使用抽象的所有权概念来揭示某种最高占有关系，但产权概念比所有权概念更广泛，它包括所有权和支配权，或实际占有权也称为经营权。在现代市场经济的实际生活中产生和确立的产权概念，主要用于揭示具体的占有形式，界定实际占有关系，而这种产权制度的构建，其目的在于维护某种实际占有权利和行为秩序。

（二）占有的定性与定量

所有权概念主要用来进行制度分析，它通过最高主体的定位和权利定性，用来表现与揭示某一占有关系的性质。政治经济学就是要把财产所有权归结为所有制即财产制度。所有制主体是指最高权利主体，即绝对所有权的拥有者。所有权主体是全社会群体，或是亚群体、小群体，这就是公有制；所有权主体只是个人（或包括他的家庭）就是私有制。历史上的私有制又可以根据占有关系和权利关系的性质进一步加以区分，例如是个体小私有制（农民和手工业者），还是奴隶主、封建主、资本家的私有制等。马克思主义政治经济学借助基本所有制或基本财产制度的概念，把人类社会区分为原始公有制、奴隶制、封建制、资本主义以及社会主义和共产主义五种形态，由此对人类社会经济进行了科学的制度分析。

产权作为占有的具体方式也有定性问题，但它主要不是用于抽象地分析占有的公有或私有，而是通过具体占有方式来分析是所有权与占有权相统一，还是二者相分离，以及两权如何分离，由此来剖析和揭示所有权的内在结构。例如产权分析在市场经济中就要着眼于揭示独资企业、合伙企业、股份有限责任公司，以及无限责任公司、两合公司等企业的占有方式，分析它的特殊的资产所有权、占有权、利得权、处置权的分化和组合状况，以及责、权、利的具体结构，从而把握所有权的具体实现形式。

所有权分析本质上是定性分析，产权分析则包括定量分析，即占有权的"界限"和"度量"。使用产权范畴旨在说明原本财产所有权分化的状况，揭明各种当事人拥有的权利空间和限度，明确多层次主体对资产拥有的权、责、利。例如对地主经济的租佃制经营的产权分析，就要弄清所有者的地租占有权和租佃农民的剩余支配权，上述支配权又随租佃形式的不同而不同。对两权高度分离的现代市场经济的产权分析，要求人们对所有者、经营者和各种各样的财产委托人、受托人的权、责、利加以界定。例如要通过受公司法和公司章程等制约的企业产权机制，界定各类公司出资人的权限。在有限责任股份公司制度下，要确定所有者如何行使控制权，要界定其利得权，而上述权利对于持优先股的股东和持普通股的股东也是不同的。确定与界定经营者的占有权也是产权分析的重要内容。除此而外，市场经济中存在多种经营方式，对于租佃经营中的出租人与租入人的权限，承包经营中发包人与承包人的权限都需要加以界定。

可见，产权概念较之所有权概念，其内涵更宽。所有权这一范畴主要用于分析最高占有关系，它回答的是生产要素的最高支配者是谁。产权概念，不仅包括所有权，而且包括财产现实的支配占有权。使用产权概念和进行产权分析，通过科学地揭示现实经济生活中多种多样的、丰富多彩的、有血有肉的财产占有与支配形式，人们就能更加具体地把握所有权的内涵，把握所有权的实现形式和机制。

二、产权制度及其功能

如上所述，产权是通过法律、法规等而得到国家机器维护的、"硬化"的、排他的占有关系与权利。它包括最高占有权，即所有权，也包括不属于最高占有范畴的一般支配使用权。大体说来，分属于不同主体的以上两种占有关系与权利关系组成社会的产权制度。这种产权制度规范着各种经济主体的占有行为，它维护某种生产和经营方式，形成经济生活与社会生活的秩序。产权制度对于分工高度发达和社会生活高度复杂化的现代市场经济更有特别重要的意义，它是现代市场经济和社会得以顺利运行的重要经济、法权基础。

（一）所有权的制度化及其巩固社会制度的功能

任何社会都有其适应于生产力的水平和性质的所有制，这种所有制结构构成社会的经济制度。产权制度的构建首先是所有权的制度化，后者包括确立起社会生产财货的所有权制度，和其他消费财货的所有权制度。确立起生产资料和消费资料的所有权制度，对于明确各种生产资料和生产品的归属——即实行最高和终极权利主体的定位，规范人们对生产资源的占有行为，处理人们在财富创造与分配中的矛盾与冲突具有头等重要性。所有权制度，以其对各种经济活动中所涉及的财货的最高支配者的明确的法律规定，为人们的生产、交换、分配、消费等经济行为提供了社会规范，它由此确立和维护所有者的占有行为，排除非所有权人对所有者的财产的侵犯，维护特定的生产秩序和社会生活秩序。作为法权的所有权制度的确立，起着维护和巩固社会经济制度的功能，它是社会生产和再生产得以顺利进行的法权基础。

确立起由法律加以维护和界定清楚的所有权制度，更是实行社会主义市场经济体制的要求。我国处在社会主义初级阶段，实行以公有制为主的多种所有制，为了能在一个多元的所有制结构中，既维护个体经济、私营经济、外资企业的所有制，同时又有效保护公有制经济，也为了在一个两权分离的体制中维护企业的经营权，却又不削弱国家的所有权，因而要建立起在企业组织与营运中有效维护各种所有制，在现阶段特别要维护起主导作用的国家所有制的企业产权制度。社会主义市场经济不仅要求构建企业产权制度，而且还要构建能有效地指导和规范人们的经济行为例如交易行为、投资行为、获得个人收入行为、继承财产等行为的全面的产权制度。

总之，所有制多元化和实际占有和利益关系多元化的社会主义初级阶段，如果没有得到法律（法规）形式保障和经过法律程序——例如公证——而得到界定和明确的所有权，人们就不能有效地处理复杂的实际占有中的矛盾与冲突，和难以维持正常的经济秩序，社会就难以巩固其经济制度。

（二）实际占有关系的制度化及其规范经济行为的功能

产权制度构建的重要内容，是各种实际占有关系与权利的制度化。这就要通过立法，以明确、详尽的法律和法规来确立各类生产当事人对生产资料实行实际占有的制度。社会正是借助这种实际占有制度，一方面实现所有权，另一方面维护经营权，要通过赋予实际占有者以责、权、利来恰当处理所有者与实际占有者之间的矛盾，激励和规范实际占有者的行为，以维护与巩固某种生产方式与经营方式，保证经济顺利地运行。

最古老的财产所有权是主体拥有最高占有权和同时又拥有实际占

有权两权相合一的结构，但是随着人类社会历史的发展，两权相合一的所有权逐步分化，出现了实际占有权即支配权与最高占有权相分离的产权制度。

古代的和中古的财产形态下，实际占有权和最高占有权相分离就已经表现出来。封建土地所有权表现为国君拥有法律上的最高所有权，被分封对象的贵族、官僚则拥有实际占有权，而农民往往还拥有部分的实际支配权。两权相分离是现代财产所有权的特征，当代市场经济的多样组织与经营形式，如租赁制、承包制和各种公司企业体制，使财产实际占有权进一步强化和使财产占有方式复杂化。例如，有限责任公司和股份有限公司，不仅企业占有权与所有权相分离，而且企业占有方式和占有权各有不同。至于各种不同的交换形式如现货交换与赊购，不同信贷形式如一般小额信贷与财产抵押信贷，以及房屋和其他固定消费资料的租赁和再租赁等，都产生了当事人特殊占有方式与占有权。

可见，财产的实际占有关系的复杂性、多样性，乃是现代市场经济固有的特征。这种占有关系的多样性及其复杂的利益矛盾，要求人们对资产实际占有权利主体进行定位，和对占有权限进行界定，以约束和规范各种生产当事人的行为。这种占有权利主体的定位和占有权限的界定，也就是产权构建的重要内容，具体地说，它包括委托经营者、承包者、租赁者、借贷者以及各种各样的占有者对物（对象）的实际支配权的划分和界定。在现代市场经济中，占有主体的规定和占有权限的界定是一个庞大的社会系统工程，它表现在商法及其他经济法的制定和不断完善和完备之中，以及日益强化的法制化之中。正是有赖这一产权构建，使各种各样的占有主体的权、责、利规定得更明确，划分得更清楚。这样，人们就能在日常的经济活动中独立自主地支配自己所有的或他人所有的经济资源，或用之于生产，或用之于交换，或用之于个人消费和家庭消费，或赠予他人和作为遗产交给子女，使这些千百万次的、千差万别的独立进行的经济活动"不逾矩"和有序地进行。归根结底，占有权的构建，保证了所有权与占有权（经营权）相分离在广度上与深度上高度发展的现代市场经济的有秩序地运行。

（三）产权制度是维系微观生产组织的利益纽带

如上所述，产权是生产当事人在进行生产、支配使用生产资料和享有产益中的权、益、责结构。在一个较为简单的微观生产组织中，产权表现为单一的所有者权利，是所有权、占有权、利得权（收益权）、处置权集于主体一身，即四权不分的"全权"。自耕农、个体手工业者、独资企业等，都是属于这种单一的所有者产权制度。这种产权制度以其充分的权利保障、利益激励和完全责任，维系着有活力的个人经营。在生产日益社会化，出现经营者、受托人与所有者相分离，和拥有多个生产当事人，例如所有者众多化和所有制多元化的情况下，就出现和形成了多种多样的所有权、占有权、利得权、处置权的相分离和组合的产权结构。后者在于实行所有者、经营者等当事人之间恰当的权、益、责的划分，使他们各司其职，各得其所。产权制度，借助权、益、责关系的调整和配置，特别是借助赋予生产当事人以产权和产益，由此起到黏合、巩固这种两权分离的经济组织的作用。例如正是通过某种既维护所有权，又保障经营权的产权制度，才形成和维系了租赁制、承包制、股份制等经济组织形式的运作。特别需要指出的是：以所有者众多化和所有制多元化为特征的现代股份制经济，借助股权机制和股东大会、董事会、总经理的管理、营运机制，把某些原先专属于所有者的财产权重新划分和组合，既保障了众多投资者的利益，又给经营者以必要的权、益和课加以责，这种产权制度是当代市场经济中经理阶层产生和经理"入主企业"的前提条件，是当代的公司企业独立运行的财产基础。

（四）产权制度是市场机制形成的前提

不论在任何社会经济形态，生产财货和消费财货都要进行经济转移和发生占有人的变换，这种财货的经济转移包含着产权的让渡，它是以占有人拥有法律规定的或约定俗成的产权为前提。财货的等价的商品交换是财货经济转移的重要历史形式，这一形式更是立足于当事双方拥有财货的产权的基础之上。众所周知，在简单商品经济中，交换当事人如果不是彼此承认对方的财货所有权，他们就不可能从事和完成这一财货的商品交换。市场经济是市场机制对资源配置起调节作用的、高度发达的交换经济。市场机制是在发达的市场交换和竞争价格机制中形成的，这种发达的市场交换，意味着各种物质产品、精神产品（包括科技产品）、劳动力、土地、货币资本、各种金融资产——股票、债券等有价证券——以及知识产权，都进入市场流通和进行市场交换。而这种发达的市场交换建立在多种多样当事人的产权制度之上。显然地，如果没有法律保障的财产权，交换当事人就不能缔结一项有法律保障的交换与经济契约，就不可能形成发达的多种多样的财货交换方式和财产转让方式——包括借贷、租赁、拍卖等。

产权是商品交换和商品性财产转让的前提条件。但是必须看到：（1）这种财产权不限于私有财产权。众所周知，参与市场交换的主体不仅有私有财产主体，也可以有社团法人、政府等产权主体；在社会主义市场经济中，各种公有制企业、机构也是以产权主体身份参与市场交换和进行各种财产转让活动的。（2）这种财产权不等于所有权。进行市场交换活动和财产转让的不仅是财产所有者，而且也包括财产的占有者，例如现代市场经济中，在市场交换和各种财产转让中越来越占有主要地位的公司法人，它们是财产的占有者和委托经营者，但是它们是以明确的法律条文所规定的法人财产主体的身份，参与商品和财物的交换和转让活动的。

产权不仅是财物交换的前提，而且产权的性质也规定着这种财物交换和转让的方式，例如主体拥有的是所有权，他就能出售或是赠予——无偿转让——他支配的财产，即转让所有权。主体拥有的是支配使用权，他只能进行财货的"出租""借贷""典当"等。另外，产权的量和度也规定着财物交换与转让的具体状况，例如主体拥有70年的土地使用权，他也就可以进行以70年为期的长期土地转租。

可见，构建一个恰当地划分和界定各种生产与经营当事人的权、益、责的完善的产权制度，乃是形成发达的商品交换和形成包括各种生产要素的完备市场体系的前提，是形成市场机制的法权基础。

（五）产权制度与微观经济效益

产权制度与微观经济效益是密切相关的。产权制度是占有权、益、责的划分与界定，它通过所有权、占有权、收益权、处置权在所有者、经营者及其他生产当事人之间的划分与界定，建立起一种与特定的经济组织形式相适应的生产决策机制和动力机制。就那种经营权与所有权相统一的产权制度来说，所有者既是生产的决策者与指挥者，又是利益的独享者。所有者以其拥有的对生产手段的全权而获得生产自主的保证，又以其享有全益而有了生产的充分的利益激励。个体经营、独资经营，这种经济组织形式所以迄至今日仍然有着活力，不能不归结于它的两权不分开的产权制度及其全权、全益的机制。就那种经营权与所有权相分离的产权制度来说，则是通过支配使用权、收益权、处置权在所有者、经营者之间的划分与界定，既保障所有者的权益，激发所有者对生产与经营的关心，又赋予和维护经营者及其他生产当事人的权益，以激励经营者的积极性。人们可以看见，现代股份公司的产权制度及其机制，一方面通过有效地保障所有者——包括普通股、优先股的持有者以及债权人——的权益，从而使公司得以聚合和使用大规模的社会资本。另一方面，公司法人产权制度保证企业经理有充分的经营权，和从经营效益中享有利益，同时，也对经营者课加以严格的责任。正是这种权、益、责结构，使公司企业得以实现多个所有者的资金联合，进行有规模效益的经营，同时又能充分调动经营者积极性，促使后者不断地完善经营管理，使用新技术，提高生产效率，追求高的经济效益。经营者——经理阶层——对非他"所有"的公司财产的经营积极性和合理的经营行为，正是建立在公司法人产权制度之上的。可见，构建一种恰当的产权制度是一个有效率的生产组织的必要条件。

（六）产权制度与资源的合理使用

构建恰当的产权制度，是生产资源得以合理使用和优化配置的重要条件。生产财货或消费财货，按其自然性质可以分为个人物品与公共物品（public goods）。个人物品是指那种按其自然性质，可以为个人排他地占有的产品。用于满足人们日常生活需要和生产需要的产品，绝大多数是这种个人物品。衣服甲买去穿，乙就不能穿，一台机器甲厂购去，乙厂就不能获得，这种产品具有专享性。这种专享性产品采取商品形式，以等价交换方式向消费者提供，它是归生产主体所有或占有的产品。在资本主义商品经济中，上述产品由私人企业来提供；在社会主义商品经济中，上述产品主要由公有企业来提供。公共物品是那种具有效益外溢性（spill-over effect）的产品，即它在产品自然性质上是一种具有使用共享性的产品，难以使其效益专向提供和实行排他地占有。这种物品的商品交换，不是要引起其他人不付费地占有即"搭便车"，就是要为防止不付费占有而承担高的开支。海港灯塔、城市公共照明、绿化带、街心花园，以及电视广播等就是这样的产品。现代化的社会应该提供越来越多的用于满足物质生产、居民消费和其他社会生活需要的上述公共产品。最有效地和节约地提供公共产品，需要选择和确立恰当的产权制度。公共产品的有效地提供就是社会需要最充分的满足，节约地提供就是尽可能地减少开支。贯彻这两个原则，要求建立公共产品的公有产权制度，即它是作为人们共同占有的。公共产品由集体、社团、政府等来组织生产与经营，实行免费的或低价提供，这也是一个私有制商品经济中共有制的由来。

在现代社会中需要为居民提供必要的福利保障，满足人们的医疗、教育及其他基本生活需要，如用水、用气、电讯。这种产品可以称为福利产品，其特征是低价或不付费地提供。福利产品，也是公共产品，即它是具有共享性的产品，这种共享性不是由产品的自然性质决定的，而是由其供应方式决定的。为了有效而充分地提供福利产品，往往需要共有产权制度，例如由政府办医院、教育、公园、公墓，等等，也可以采取政府资助的住房合作社形式，还可以采取公共产品与个人产品双重形式的组织与供应方式，例如医疗卫生、文教等实行共有产权制与私有产权制相结合的体制。如何建立一个能最充分和最节约地供应福利产品的产权体制，是当代西方国家正在探索的课题，这也是社会主义国家所需要妥善加以解决的课题。

精神产品——科技产品、文化体育艺术产品、教育产品等——是一种精神形态的效用或使用价值。这种产品的自然性质决定了它具有天然的共享性，是一种社会公共财富。在现代市场经济中，要建立精神产品生产的物质激励机制。同时，又要充分发挥精神产品的共享性，使包括专利权在内的科技产品为更多厂商使用，在经济大范围内能转化为生产力，使各种文化艺术产品有更广泛地展示的机会，以满足群众的需要和发挥寓教于乐的社会功能；使教育产品——优秀的教材、讲稿、讲课——能在更大范围内发挥教育功能等。为此，就要有一个适应于上述精神产品的性质的产权制度。例如：（1）赋予精神产品个人产权，实行知识产权制度，将科学技术创造发明、著作、艺术产品作为个人产权，并采行科技产品的"保密"，以及保障专利权等措施。（2）有限的个人产权制度。基于精神产品是人类共同财富的性质与社会功能，也基于精神产品效果外溢性——例如新产品、新设备、新技术的仿制容易，难以长期保护——因而，对专利权的保护时间要合理。一般地说，精神产品的个人产权是一种易逝产权（fugitive property），是有时间限制的占有权，而不是归产品创造者世世代代拥有的永续的财产权。

可见，根据各种产品的性质、社会功能的不同，而选择与确立一种恰当的产权制度，是最有效率、最节约地组织财货生产与供应的必要条件，而这种高效、节约的财货生产与供应的组织，既意味着社会需要获得有效而充分的满足，也意味着各种经济资源获得合理的使用和在社会范围内的优化配置。

大力推进以产权制度为核心的

企业改革①

我国经济体制改革的不断深化和经济形势的发展，已经把国有企业（以及乡镇企业和其他企业）的产权制度改革，摆到了人们的面前。认真探索和研究如何在国有企业构筑新的产权模式，建立起与市场经济相适应和有机结合的现代企业制度，已经是迫不及待的事情。实行产权制度创新，应该提到各级政府、经济管理部门的议事日程上来。

一、我国搞活国有企业的改革，从1978年四川下放自主权算起，已经进行了15年

其主要动作：（1）对企业扩大自主权；（2）第二步利改税；（3）1987年全面推行承包；（4）1991年秋以来转换经营机制，把企业推向市场。这些改革大方向上是正确的，企业也有不同程度搞活。

---

① 原载《股份经济与证券市场》1993年第10期。又见《产权制度——企业改革的核心》，载《南方经济》1994年第2期。

但是应该看到，无论是大力落实《企业法》还是落实《条例》转换机制，这些举措不仅未能真正使企业搞活，改变1991年以来国有企业三分之一明亏、三分之一隐亏、三分之一有盈利的状况，而且国有企业机制越来越不适应日益增强的市场机制，更不能适应紧缩的金融环境。随着去年宏观调控的加强，国有企业率先陷于困境，亏损面又开始增加，大大超过1991年的29%，就四川省而言，去年9月国有企业亏损面已达40%，重庆市达57%。国有企业如果总是搞不活，不仅影响它自身的顺利发展，而且在多种经济成分竞争格局下，势必发展滞后，甚至萎缩。根据预测，到2000年，国有企业部分在生产总值中的比例将由目前的45%下降到30%左右。

二、国有企业改了10多年，活力依然不够，转换机制成效不大，这种情况症结何在，应该引起人们的思考

我认为，国有企业改革收效很不理想，原因不仅在于提出的转换机制的企业改革的政策措施，如《企业法》和《条例》，其许多规定贯彻得不好，应该下放的14个自主权没有完全放下去，或没有完全落实，更重要的是面上的企业改革停留在浅层次上——除了实行股份制或国有民营等少数试点性改革而外——而未深入深层次，企业改革停留在一般生产活动、日常收入分配活动的决策权领域，而未涉及深层次的财产权，未能着眼于资产的所有权、经营权结构的调整和完善。而产权结构是现代企业的深层次组织结构，是决定企业运行、决定企业行为和企业机制的财产组织基础。我们要在理论上分清企业表层性的制度和内在的、深层次的制度。现代企业的制度层次是：（1）企业独立决策的自主经营制度，它包括生产、营销自主权和投资决策权，

等等；（2）现代劳动工资制度；（3）充分发挥经营者功能的领导管理制度；（4）企业资产支配权、受益权及相应责任的财产或产权制度。（1）~（3）可以说是表层性企业制度，（4）则是深层的企业制度，是企业制度的基础性部分，是企业组织结构的基础。要建立起现代企业制度，除了建立以自主决策自行发展为特征的经营制度，以能进能出、能上能下、能低能高为特征的劳动工资制度，以厂长的统一指挥为特征的领导管理制度外，还要建立起企业能独立支配营运企业资产的法人财产制度，而且只有真正建立起了法人财产制度，才能真正建立起适应发达市场经济需要的企业自主经营制度、劳动工资制度、领导管理制度，从而建立起真正的现代企业制度。

应该看到，企业制度或企业体制，或企业组织结构，是企业行为及营运方式的基础。机制、机理是指肌体的运动方式和规律。机制总是离不开物（对象）的肌体和结构的。自然界的各种不同物质的不同结构，决定它的物理、化学性能和运动特征；有生命的动植物其不同的生理结构，决定了它们各自的生命特征的生长繁殖死亡的规律；社会的各种不同的基本制度和经济体制，决定了不同经济运行方式；而就商品经济微观的经济组织来说，不同的企业组织，决定了不同的企业行为和不同的企业运行机制。可见，转换机制必须首先改革企业组织结构，要以改革企业制度来促进和实现机制转换。

三、我国正在推动国有企业去面对市场自主经营、自负盈亏、自行发展、自我约束，使企业具有市场主体的行为

市场主体必须是产权主体。作为市场主体的企业不仅要有自主权，而且要有自主钱，要有能保证企业实现自主经营、自我发展的财

产结构，企业必须拥有归它支配的经营财产。这是因为：企业要拥有在日常生产活动中充分的经营权，要能机动地处理收益分配，实行自我积累；要进行全面的资产经营，就必须调整企业组织，如企业分立、合并、兼并，等等。这就是说，要把资产的支配权赋予企业，使企业拥有一定依财产的收益分配权和一定的处置权；将上述资产的占有权或经营权以法人财产的形式赋予企业，同时，使企业对所有者——国家——承担营运法人财产的责任，这种国有企业中财产权、益、责的调整，就是法人财产制度的建立。

四、国有企业产权改革，主要是实行法人财产制度，财产法人化是适应市场经济性质的企业产权制度创新

（一）经营权的分离和强化

强化经营权是市场经济的要求，法人财产权是不削弱所有权而又强化经营权的经营方式和产权形式，它适应于使用社会资本的资本主义市场经济，也适应于社会主义公有制。法人财产权实质上是经营权，不过是用法律来硬化的充分的经营权，它是一种带有所有者权能形式的"准财产"。把法人财产权交给企业，并不影响国家的最终所有权，更不影响国家所有权经济上的实现，也不影响所有者——例如通过董事会的机制——对企业经营活动的控制。实行企业法人财产制度，一方面能维护国家所有权，另一方面又加强经营权。与此同时，实行法人财产体制将对企业机制带来如下变化：

第一，使企业有了由它独立支配的资本金，企业有了"自主钱"，从而真正能"自主经营，自我发展"，才可能彻底割断企业和国家之间的脐带，实现"自负盈亏"。

第二，资产的支配使用权归属于经营者，以保证独立经营，从而发挥经营者的积极性。通过更完善的公司组织与机制和社会主义经济民主，职工也广泛参与自主决策，由此强化职工主人翁意识。

第三，使经营者和职工都分享良好经营形式的剩余，享有一定产益，从而强化利益激励。

第四，法人财产的损益机制，促使企业进行自我行为约束。

总之，在法人财产所固有的上述权、益、责结构下，能真正形成和加强企业自动对市场作出反应的机制，真正使企业成为市场主体。法人财产制度，从根本上改变了那种取消了企业的自主经营职能，把企业变成政府机构的附庸的高度集中大一统的国有产权制度，加强了企业的权、益、责，这种产权结构是使公有制与市场经济有机结合的必要条件。

（二）企业产权主体多元化

传统的国有企业，实行单一国有制，不仅排斥社会主义产权主体，而且排斥集体产权主体，企业内也不存在属于国有的或其他法人产权主体。这种单一的、凝固不变的国有产权结构，不适应社会主义初级阶段的所有制的性质，不能实现产权的流动化和重组，也不利于形成一种对企业营运的来自所有权的有效的监督，和克制国有企业中存在的"官僚主义"的决策和所有者不关心企业良好营运的所谓所有权的"淡漠"。

法人财产制度建立的途径是公司化，即把传统一元化的国有企业改变为财产主体多元化的公司，多数是有限责任公司，一部分是法人持股的非上市公司，少部分是公开上市的股份有限公司。公司化是主体的多元化，它使多样的产权主体进入企业之中，从而既有利于资本金的积聚，又有利于企业机制的转换，这种多元化产权，乃是适应市场经济的企业组织的特征。

（三）产权的明晰化

传统国有产权，实行条块分割的政府多头管理，这种国有产权管理方式，使企业缺乏人格化的责任所有者，"谁都管，谁都不管"，产权主体模糊不清，有盈利时多方来插手，企业有困难时却无人来排忧解难，因而出现企业日常运作中"所有权的虚置"和主体"淡漠"。实行法人财产制度，要实行所有权与经营权划分与界定，特别是通过规范化的现代公司企业，特别是股份制企业的形式，国家、企业、职工在资产经营中的权、益、责有明确清楚的划分和规定。产权明晰化，所有者与经营者以及职工各司其职，各尽其责，这是以多元主体、经营者阶层和职工群体为组织构架的国有企业得以形成强大合力和顺利营运的条件。

总之，法人财产制度，以其在企业产权、责、利上的调整，进一步理顺了国家、企业、职工之间的关系，使企业真正成为对市场有充分适应性的主体，而公有制主体的权益并不因经营权的分离化而受到削弱。实行法人财产制度的改革，是改革国有制的必由之路，是使公有制与市场经济有效结合的必由之途。

我们应该善于从实践中总结经验，加深理论认识。15年来，尽管宏观环境风风雨雨，但是个体经济、私营经济、三资企业、乡镇企业却是很有活力，表现出了对市场经济的适应性和对宏观调控的承受力。其原因在于，它们不仅仅是经营主体，而且是产权主体；它们享有较充分的财产的权、益、责，在各自的产权框架内，解决了自负盈亏、自行发展和自我约束等问题。此外，不少地区实行小型国有企业民营化，通过租赁、承包等形式，明晰国有资产的产权，也取得了较满意的效果。改革中的这些好经验应该植入国有经济的主要领域，在国有企业资产的权、益、责的调整和产权制度改革上下功夫。解决国有企业的活力不足问题，使之与市场经济实行有机结合和相互兼容。

五、应该将理顺产权关系，构建法人财产制度，作为国有企业改革的中心环节和突破口

要通过产权制度的改革来建立现代企业制度；要通过企业制度的改革和转换，来彻底实现企业经营机制的转换，要以转制促转机。要把我国当前尚处在双重体制中的国有企业所固有的老是眼朝政府、对市场缺乏敏锐反应、经营行为呆滞僵化不灵的状况加以改变，使企业自主地面向市场，自主经营、自负盈亏、自行发展、自我约束，围绕市场团团转，实现企业行为方式和经营机制的彻底转换，为此，我们必须狠抓企业组织体制的改革和根本改造，大力进行产权制度的改革。我国国有企业的搞好搞活，舍此别无他途。

构建适应市场经济的
现代企业产权制度[①]

　　搞活国有企业是我国经济体制改革的中心环节，这项改革已经进行了10多年。80年代初对企业扩权让利，然后实行第二步利改税，1987年后普遍推行承包制，1988年出台《企业法》，1991年9月以来将企业推向市场和转换企业机制，试行股份制。经过上述一系列改革，企业无论是在自主权、自行发展的财力、经济利益和责任上均有所增强，一批企业表现出充沛的活力。但是，目前国有大中型企业中仍有近1/3亏损，1/3还处在隐亏状况，多数企业仍然缺乏活力，日子过得不"潇洒"，一部分企业处境艰难。我认为，国有企业老是搞不活，不是因为它是公有制，而在于改革停留在浅层次上，未能根本改革传统国有制企业体制和模式，特别是未能改革企业产权制度。产权制度是企业运行方式的基础。为了使国有企业能真正地自主经营、自负盈亏、自行发展、自我约束，适应市场运行，必须要进行深层次的改

---

① 　原载《改革时报》1993年7月23日。

革，关键在于构建现代企业的产权制度，这是搞活国有企业特别是国有大中型企业的必由之途。

一、传统国有企业产权的特点

我国传统国有企业产权制度的特征是：

（一）产权的单一性

企业产权的单一性，首先表现为单一的国有财产制，国家成为企业的唯一的所有主体。它是和现代市场经济企业所有主体多元性的要求相违背的。

（二）产权的集中性

由于实行国有国营，因而企业产权表现为国家集所有权、经营权于一身，是"大一统"的国有产权制度，其实质是剥夺了企业的经营权。而把企业财产权、益、责高度集中于所有者身上的产权制度，是和现代市场经济企业经营独立性的要求相违反的。

（三）产权的模糊性

为了贯彻高度集中的国有产权，建立了由"条条"和"块块"组成的庞大的行政管理系统，对企业的人财物、产供销进行集中管理。这种体制造成条条、块块之间的分割，各种行政机构都在行使所有者的权利和职能，这种"多头管理"造成责任所有者不明确，"谁都管，谁都不管"，这也可称为"所有权虚置"，而经营者又无权管，企业处在无人负责状态。这种产权责任主体模糊不清，是和现代市场经济企业所有者、经营者的权、责、益划分清清楚楚，二者各司其职，共同配合以保证企业有效营运的要求相违背的。

二、改革以来国有企业产权制度的现状

国有企业10多年来的改革，适应于商品化、市场化和企业经营独立化的要求，按照两权分离的原则，对企业实行扩权让利，使计划经济体制对国有企业的束缚有所松动，特别是1991年以来对国有大中型企业采取了进一步搞活的措施，大力落实《条例》，转换机制，应该说企业的权力、利益均得到增强，一些改革先行的企业——例如首钢——得到很好的发展，表现出强劲的活力。但是对多数国有企业来说改革还未到位，主要有两个问题：一是《条例》规定的14项自主权并未得到彻底落实，一些权力尚未下放——例如厂长任免副职权、招工权、工资分配权、外贸权等。特别是一些权虽已下放但不能用和不敢用——例如职工辞退权难以使用。二是企业产权问题未能解决，国家与企业间的产权关系未理顺。具体地说：

（一）企业的所有权责任主体问题仍未获解决

在众多行政管理机构中，究竟是由一个原有机构或是一个新设置的机构——例如国有资产管理委员会——来行使责任所有者的问题，仍然存在意见分歧。因而，产权责任所有主体模糊，企业谁都管、谁都不管的状况依然如旧。特别是市场化改革兴起使物质利益机制普遍化，对人们强化了利益驱动，再加以机构创收和干部"下海"，在这种条件下，行政机构不是主要行使所有者责、权——例如维护企业资产完整和保证其增值，而是向企业实行"摊派"和"切一刀"。企业

目前仍然对各种"摊派"叫苦不迭，无法抵制，究其体制根源，还在于传统的所有者责任主体模糊不清的产权体制尚未得到改造。

（二）企业经营权的法人化问题未获解决

国有企业不活，关键在于缺乏用来保证企业扩大再生产和自行发展的财力，后者的解决涉及企业用自有资金进行生产投资形成的资产归属与权益界定的问题。传统的大一统国有资产制度下，对企业实行全收全支，利润统统上缴财政，不存在自留利润，更不存在区别和独立于"国有资产"之外的企业法人财产。这种体制下，企业简单再生产和扩大再生产都是直接依靠国有资金——财政资金与银行贷款，企业不存在自行发展，也不需要自有资金和自筹资金。1983年实行拨改贷以后，企业进行扩大再生产甚至进行简单再生产依靠自有资金和自筹资金，而国有"全收"企业利润的体制基本不变，例如税收、承包上缴利润和国家对企业的其他形式的征取，拿走了利润的90%～95%。十分明显，10%的自留钱不仅难以满足企业扩大再生产的需要，而且也难以维持简单再生产。可见，实行企业自主经营、自行发展，客观上要求：（1）正确处理利润中上交国家部分与自留部分的关系，要使自留利润能适应企业自主经营、自行发展的需要。（2）为了正确处理自有资金形成的企业资产带来的新增利润中的上交国家部分与自留部分的关系，需要建立起促使企业扩大再生产和完善经营管理的激励机制，最充分地调动经营者和职工的积极性。但是，这些问题一则牵涉到企业支配统一国家资金的"产益"划分，二则牵涉到统一的国有资金和法人财产形式的国有资金的划分和界定。上述（1）和（2）又是相互联系的，即：（1）只有保证国有企业不是将除税收以外的利润统统上交，而是恰当地自留利润，才谈得上自主经营和自行发展；而目前国有企业承担较"三资"企业为高的所得税，特别是承包机制几乎拿掉企业税后利润的很大部分，这种国有资产经营产益分配方式严重桎梏着企业，企业自主经营的余地甚少。（2）只有进一步使自有资金形成的新增利润主要归企业支配，才能促使企业把自有资金不是用于消费，而是用于生产，才能促使企业有足够的自主钱用来进行技术改造，才能进一步从产益上促使企业自觉地完善经营管理，实现资产营运的高效益。目前虽然对自有资金实行分账管理，但是并未建立起企业法人财产制度，实际上企业自有资金形成的资产，仍然是作为统一的国有资产来进行分配。企业法人产权制度的缺乏，使国有企业拥有自主钱的余地很少，它使企业难以进行技术改造，即使勉强去筹资进行技改，但却因此陷入难于还贷的困境。此外，法人产权制度的缺乏也是目前国有企业缺乏充沛的积累和投资冲动，但却表现出消费亢进——将本来应该向积累倾斜的资金向消费倾斜——的深层原因。

可见，为了搞活国有企业，特别是搞活国有大中型企业，企业产权制度的改革是不能回避的。

三、国有企业新产权制度的特征

自从小平同志南方谈话以来，国有企业改革出现新的势头，在实行股份制和"转制""转机"中，企业改革进入了产权制度的领域，不少地方正在采取措施进行国有企业产权改革的探索。这一探索要求解决好两大难题：（1）理顺国有产权关系；（2）构建适应市场经济的现代企业产权制度。为此，需要在理论上明确国有企业新产权制度的特征。

（一）产权的多元性

社会主义市场经济中，投入和运行于生产经营领域的货币表现为追求不断的价值增值的资金。生产社会化和生产集中化的不断发展，要求各种财产主体实行资金联合，组成企业大资本金。在实行资金联合下的国有企业财产，就必然是既包括国有资金，又包括：（1）由政府支配的国家资金；（2）国有企业支配的企业资金或法人资金、集体资金、个人资金以及外资。因而，它是一个体现多种所有制的复合的企业财产结构，这也就是产权主体多元性。实践表明，把单一的国有产权主体转变为多元的财产主体，不仅有利于解决企业资本金不足问题，而且各种所有主体利益的引入有利于解决好国有企业中所有权"虚置"的问题，从而促使企业实现经济机制的转换。

（二）产权的双重性

我国传统国有制企业不活，虽然有国有化过度的问题，例如对非关键的生产与经营以及小企业统统实行国有化是不必要的，但传统的国有制的弊端，关键在于实行国有国营，即把所有权与经营权集中于国家一身，变成政府集中决策，取消了企业的作用与功能，因而，国有企业应该适应市场经济的需要，实行经营权与所有权相分离。因此，企业财产权制度就具体表现为国家所有权与企业经营权的二重构架，与此相适应，企业的产权主体也一分为二：一方面是所有主体——它是由国家代表的全民；另一方面是经营主体——它是企业。这种产权主体的双重化，是现代企业制度固有的特征，例如现代股份有限公司就是实行经营权和所有权相分离，它既存在有效地实现和维护所有权的机制，又存在能充分发挥经营者作用，实现企业独立经营的机制。这种使两权既相分离，又相联结和互相制衡的企业产权制度，是拥有充沛的活力的现代企业的财产基础。我国国有企业产权改革的中心任务，就是要通过两权分离，在企业建立起一个实现国家所有权与企业经营权的双重产权构架。

（三）经营权法人化

现代企业制度的特征不仅在于经营权与所有权充分的分离，而且在于经营权的强化，后者体现于企业法人财产体制和运作机制之中。建立法人财产体制的目的在于：（1）把本来没有人格，非自然人的企业视为是一个具有人格的法人，使它拥有自然人能享有的各项经济权利和承担民事责任。（2）把属于所有者，由它直接支配（经营）的财产赋予企业支配—— 通过董事会及总经理制—— 成为后者的经营财产。法人财产制度的实质，是经营权的强化，企业拥有充分的资产支配运用权、部分经营收益占有权、资产处置权。企业具备了不是口头上的，而是实际的，不是微少的，而是充分的产益、产权、产责，企业将成为资产的实际占有者，由此成为一个经营实体。一旦拥有这种占有、支配和利得关系，企业的生产与经营活动就能拥有充分的来自财产利益的启动，充分的来自财产利益的约束，企业的自负盈亏和承担经营风险也将拥有来自企业财产的保障，企业的自我发展也将具有自身的财产基础，国有企业将因上述财产关系而表现出不断提高效率，自我完善，积极开拓的充沛活力和真正地适应市场、自主经营、自行发展。企业的法人财产是国家拥有终极所有权前提下的相对财产，也并不意味着全民财产变为集体财产，也并不割裂与肢解社会主义全民所有制。

总之，把单一国家所有的企业产权变成多元的、国家所有为主的企业产权，把所有、经营两权不分的国有产权变成国有、企营，两权分离的企业产权，在法人财产制度下实现企业的法人化和实体化。上述三方面的转变，就是当前国有企业产权制度改革和建设的主要内容。

《决定》为企业体制
创新指明了道路①

  《中共中央关于建设社会主义市场经济体制若干问题的决定》
（以下简称《决定》）把建立现代企业制度作为国有企业改革的目
标。《决定》指出，企业法人财产制度是现代企业制度的基本特征，
阐述了企业法人财产制度的重要内容，《决定》强调进行企业制度的
创新是当前企业改革的着力点。《决定》的这些论述体现了改革的新
思路，它要求人们把企业改革进一步推向新的更深层次。《决定》有
关企业改革的新思想和新阐述，不仅起了重大思想解放的作用，而且
它的关于新企业制度的原则规定，也为人们推进改革指出了方向。

  现代企业制度是社会化大生产和现代市场经济的产物。大体说
来，它包括：（1）企业独立行使决策权的自主经营制度；（2）有
效实行经济激励和约束的现代劳动工资制度；（3）充分发挥经营者
功能的领导管理制度；（4）企业行使资产支配权的法人财产制度。

---

① 　原载《财经科学》1994年第1期。

（1）~（3）可以说是表层性企业制度，是企业制度的基础部分，是企业组织结构的基础。只有真正建立起法人财产制度，才能真正建立起适应于发达的市场经济的需要的企业自主经营制度、劳动工资制度、领导管理制度，才能建立真正的现代企业。

《决定》把构建企业法人财产制度的任务提出来，作为企业改革的重要目标，这样就抓住了现阶段国有企业改革的关键。我国国有企业的改革，旨在改变旧经济体制下企业作为上级行政机关的附庸的地位和性质，使企业成为具有自主经营、自负盈亏、自行发展、自我约束的行为的市场主体，但是企业要真正成为市场主体，真正形成适应市场的经营机制，不仅要实行"扩大自主权""增强企业利益"，更重要的是要进行体制创新，要大力推进构建包括表层到里层的、互相联系的多维企业制度，特别要建立起企业法人财产制度。法人财产制度在于使企业拥有承担民事责任的法人地位，要在法人财产形式下，把资产的实际支配权赋予企业，使企业拥有占有权，一定的收益分配权和一定的处置权，同时，使企业对所有者——国家——承担营运法人财产的责任。

从国有企业改革以来遇到的矛盾和问题中，人们越来越清楚地看到，企业要真正拥有自主权，还必须拥有"自主钱"。企业如果没有由它自行支配的经营财产，它就不可能做到日常的自主经营；企业如果不能自行支配利润中扣除上缴所有者以外的剩余部分，就不能做到"自我积累"和"自我发展"；企业如不能拥有对资产的必要而充分的处置权，就不可能进行全面的资产营运，包括调整股权结构，处置闲置资产，推行企业兼并，等等，就不能做到机动地进行"自我调整"；企业如果没有自行支配的经营财产，在市场经营中它也就不可能不依赖作为其所有者的国家，和由国家（包括银行）来为其承担经营风险；企业如果没有充分的资产支配权和由此享有的产益和产责，也就不可能形成有效的"自我约束"。

可见，无论是自主权的充分落实，还是经营机制的彻底转换，最终都落脚于是否构建起具有法人资格的、拥有法人产权的企业，即落脚于产权制度的构建上。这也表明，如果改革只停留在一般的"落实自主权"，国家—企业分配关系的一般的调整，如果改革只是停留在浅层次上，想要搞活企业有如缘木求鱼。我认为，不求诸根本，不抓住产权制度的改革，不着眼于企业法人财产的构建，人们是不可能实现企业经营机制的彻底转换的，正是因此，《决定》的理论创新必将推进我国企业改革的深化。

国有企业改革要重点突破[①]

一

改革15年来党和政府为搞活国有企业，采取了多种措施，经历了放权让利、利改税、承包制、转换企业机制等一系列阶段。由于自主权的逐步下放，企业活力有所增强，出现了一批走在改革前列，产品质量好、产值大、效益高的明星企业。但是，国有大中型企业迄今仍然1/3亏损，1/3盈利，另外还有1/3隐亏，它表明企业在总体上并未搞活，企业改革并未收到预期效果。特别是1992年以来，国有大中型企业一方面产值大增长，而另一方面亏损面还有所扩大。通观改革以来的15年，乡镇企业、三资企业机制灵、活力强、增长快，个体企业、私营企业也有较快发展，而国有企业却处境艰难，发展滞后，在工业总产值中的比重已由1979年的80％降为1992年的42％。1992年国有企业增长幅度较之非国有工业增长幅度低40％。一些机构估计，国有企业发展滞后，如果继续下去，2000年国有企业在工业总产值中的比重

---

① 原载《改革时报》1994年4月12日。

将下降到30％左右，国有经济将难以发挥它对国民经济的主导作用。基于上述情况，对于国有企业的改革，人们应该有高度的紧迫感，而不能因其困难"绕开走"，更不能听之任之。

二

"冰冻三尺非一日之寒。"国有企业之所以处境艰难，根本原因是传统体制下的国有企业制度不能适应日益市场化的经济运作。具体地说，国有企业存在着以下的严重弊端：（1）政企不分。上级行政机构对企业的干预难以彻底解决，14项自主权中一些得到落实，但还有若干项落实得很差或落实不了。（2）缺乏自主钱。企业利润90％以上上交，企业缺乏用于生产发展的自有资金。（3）负担重。企业中一般说来富余人员占职工总数30％，离退休人员占职工总数20％，例如鞍钢在岗职工17万人，富余10万人，退休7万人，国有企业共同的困难是包袱重、成本高、效益上不去。（4）办社会。吃喝拉撒，生老病死，全由企业包办，负担更重。（5）机制落后。一铁（饭碗），二大（大锅饭），从根本上挫伤了职工积极性；企业负盈不负亏，约束机制缺乏，造成各种短期行为和吃老本的浪费现象，使家底日益衰败。总之，传统企业体制和机制，难以适应市场运作，使企业在调整产品结构、上质量、上水平、降低成本等方面，行动迟缓，力不从心。在市场急剧变化下，表现得束手无策。即使是政府着力"推"，但却仍然难以推入市场。这就是当前许多企业陷于困境的原因。

三

尽管10多年来改革收效不理想，但是国有企业并不是注定搞不活的，关键在于要找准原因，对症下药。《中共中央关于建立社会主义市场经济体制若干问题的决定》深刻分析了国有企业的矛盾，提出了构建法人财产权，建立现代企业制度这一新的改革目标及其他一系列改革措施。《决定》的公布，标志着我国对国有企业进行深层次改革的开端。

建议：

（一）放开一片

我国有数百万家国有企业，在改革中应该实行分类指导。对于那些小企业、小商品和一些长期救治而难以救活的中型企业，应该采取"放开一片"的战略。在当前财政经济形势下，更迫切需要加快放开一片的步伐，以减轻财政负担，使政府腾出手足，集中力量，解决骨干企业问题，实行攻坚。

（二）嫁接、引入

对大量中型企业，要着眼于产权制度改革，通过嫁接，引入乡镇集体和外资、私营、个体等成分，建立混合所有制的有限责任公司，实行产权主体多元化，以发挥杂交优势，促进企业机制的转换。

（三）死一小块

对那些长期资不抵债，救治无望，而政府背不起，银行保不了的企业，实行兼并和破产。在当前情况下，多兼并，少破产。要积极创造条件，在保持稳定上推进破产，促进结构调整与企业重组。死一小块，才能保一大片，亏损企业都要救活，既不合理，又不可能。

（四）重点突破

对国有大中型企业，特别是那些关系国计民生、国防、科研的大中型企业，要大力推进公司化的改革，把一大批重点企业，按照规范化的要求，改造为股份有限公司，特别是使那些技术好、管理强、效益好的企业，优先成为上市公司。有关部门要集中力量通过试点有步骤地搞好现代企业制度的改革，积累经验，开拓企业公司化道路，切实防止搞翻牌公司，一哄而起和一哄而散。

国有产权改革：
国有企业的九种形式①

　　国有大中型企业的产权改革比小企业复杂得多。全国国有大中型企业有11000家，四川有1200家。这些企业数量不多，但规模大，在国民经济中起着举足轻重的作用。

　　国有大中型企业，要根据其行业特点、经济情况、产品性质等，分门别类进行产权改革。其产权改革形式细分有九种。

　　第一，实行一厂多制。把单一的国有企业变成国有、集体、外资等多种经济成分、多种管理机制共存的企业。

　　第二，划小核算单位。在企业内部实行总厂分厂之间经营承包制，使这些分厂对资产经营也有责权利；分厂可以自找活路，从事市场经营。

　　第三，企业实行剥离。后勤、服务、医疗、文教等非生产性、经营性实体从企业中剥离出来，成为独立的实体。

---

① 原载《成都商报》1994年4月29日。

第四，企业兼并。同一产品的企业之间，效益好的可以对亏损的进行兼并；不同产品的企业之间也可以兼并，形成互补。有些企业有技术，有些企业有土地，可以优势互补，扩大规模，加强技术，取得规模效益。

第五，企业重组。企业改组，改变行业，改变产品，如现在北京实行的"退二进三"，将城市闹市区的企业用地转向第三产业，把工厂搬到郊外去生产。

第六，引进嫁接。引进非国有企业与整体企业合资，或与部分分厂合资；引进外资、乡镇企业、私营和个人资金，搞混合所有制。这是产权改革的结果，即由一元所有制变成多元所有制。

第七，企业联合。国有企业之间实行联合，以优势产品为龙头，形成联合企业集团。以最有优势的大企业组成核心层，配套的企业组成紧密层，相关企业组成半紧密层，外围企业组成松散层，形成一个大联合体，这是迅速实现规模经济的必由之路。不少有优势的企业要上规模、上档次，需要大量的资金，而联合就不需要多少资金，可以充分发挥存量资产潜力，优化资源配置。

第八，建立有限责任公司。将竞争性行业的企业（如化工、机械、商业等）组成有限责任公司，法人互相持股或参股。有限责任公司使主体多元化，各个独立法人为出资人，解决公司的发展条件问题，同时对企业的营运进行监督。

第九，组建股份有限公司。大中型企业产权改革的重点是建立股份有限公司，这是建立现代企业制度最重要最典型的形式。股份制，重点是搞大型、有优势的企业，不能铺开搞，不能不分主次、不分企业状况一哄而上。股份公司一部分上市，一部分不上市。少数上市公司，要抓重点，要把优势产品、骨干企业推向市场，上市可以搞活这些企业，筹措资金，加快技改，将这些企业扶持起来，搞成明星企业，规范化操作，与国际惯例接轨。

当前，大中型企业的一个中心任务是建立现代企业制度，大多数要走有限责任公司的路子，互相参股，如钢厂可以购买电厂的股份。通过互相参股以形成企业联合。成都电子工业的重新振兴可以走这条路，发展一批以重点产品为龙头的企业集团，进行专业化协作。

国有企业之所以没有活力不是因为公有制，而在于公有制的实现形式，采用什么形式把责权利统一起来。

上述九种形式，将国有企业的经营者、所有者的责权利分清了。产权改革的目的就是充分调动所有者、经营者、生产者三者的积极性。

产权改革的核心就是责权利的调整，使所有者、经营者、生产者的相互关系得到更好的协调。

国有企业产权改革就是要实现：（1）所有者多元化；（2）产权明晰化；（3）产权流动化；（4）产权法人化，即企业国家所有，企业经营者独立经营，具有法人产权，改变过去国家大包大揽的局面，使企业成为市场主体。

这"四化"要由上述九种形式来实现，这样的企业才能搞活，通过转制，把传统国有企业变成企业法人产权制度，由转制达成转机，不通过转制是不可能实现转机的。

大力推进产权改革，
实现全面制度创新①

一

我国国有企业改革，在1984年根据社会主义有计划商品经济的命题，明确了企业是相对独立的经济实体，要增强企业活力，使企业自主经营、自负盈亏，成为具有一定权利义务的法人。由于对企业的理解只是"相对独立"的商品生产者，"具有一定权利和义务的法人"，因而企业改革走的是"扩权让利""搞活"之路，还未能把企业制度改革作为目标。党的十四大提出我国改革的目标是社会主义市场经济，也就明确了国有企业应是市场经济的微观主体，是自主经营、自负盈亏、自我发展、自我约束的法人实体和市场竞争主体。《决定》进一步明确提出国有企业的改革是建立适应市场经济要求的，产权明晰、责权明确、政企分开、管理科学的现代企业制度，指

① 原载《国有资产研究》1994年第4期。

出了国有企业的财产权制度的特征是所有权属于国家，企业拥有法人财产权。《决定》的重大意义在于，它真正地按照社会主义市场经济的要求，提出了一条通过产权制度改革来转换企业经营机制，进行国有企业改革的新思路。这是真正搞活我国国有企业的唯一途径。

二

我国国有企业存在诸多弊端，人们简单地将它归纳为：机制不活。更具体地说，国有企业尚未摆脱传统国有国营企业的行为机制，这就是：按计划生产，吃"大锅饭"、端"铁饭碗"，企业眼睛盯住政府。企业这种行为，表明企业还不是真正的企业。市场经济要求企业面向市场，自主经营、自负盈亏、自我发展、自我调整、自我约束，灵活地对市场信号作反应，这是市场主体行为的特征，也是企业能在市场不断变化的情况下得以生存和发展，表现出生息不已的活力之所在。我国国有企业的改革，就是要使企业具有上述自主行为，实现企业经营机制的彻底转换。

三

企业经营机制的转换，是立足于体制即企业制度的改革和创新之上。现代经济学阐述了一条重要原理，这就是，企业组织结构、制度，是企业经营机制和行为的基础。机制总是离不开物（对象）的性质和结构的。自然界各种不同物质的不同结构，决定了它的物理、化学性能和运转特征。有生命的动植物的不同生理结构，决定了它们各自的生命特征和运动规律。社会经济中，例如市场经济中各种不同性质的微观组织，决定了它们的不同行为方式和运行特点。可见，基于上述经济结构、企业制度决定企业行为的原理，在我国进行的国有企业转换经营机制改革的过程中，就必须从企业组织结构的改造和重塑着手，必须从现代企业制度的构建着手，特别是要从这个企业制度的核心——法人产权制度的构建着手。就是说，要进行制度创新，抓住产权制度改革作为企业改革的中心环节。

四

搞活国有企业的改革进行了15年，人们从中获得了一个基本认识：不抓产权制度的改革，只是着眼于扩权让利，其结果是自主权落实不了，企业也搞不活。我国国有企业改革经历了扩权让利、利改税、承包制、转换经营机制的四次变革，但实质上是两个阶段：第一阶段是实行扩权让利，它是对原有的高度集中管理的体制的某些松动；第二阶段是承包制，是不触动原有国有财产组织和体制框架下的经营方式的变化。两个时期的改革都是浅层次进行，未涉及企业深层结构的产权制度。实际上，要把企业搞活、搞好，必须建立企业适应市场运作的行为机制，而这种行为机制是离不开且植根于企业产权制度的。

第一，企业有法人财产权才能落实自主经营。传统体制下国有企业的利润统交财政，企业的资产由国家直接支配、调度。企业没有独立的自行支配的资产，又如何能自主经营？显然，企业要能动地面对市场，就必须建立法人财产权制度，使企业有权在日常生产中独立支配出资人投入而形成的各种财产，有权将剩余利润——经营收入中扣除上交出资人红利和上交政府税金后余下部分——用于企业扩大再生产，有权对其他企业参股，或进行海外投资办厂。要使企业有权通过法人治理结构，处置闲置财产，出售分厂或是兼并他人的工厂，或是对其他企业实行控股。总之，通过赋予企业资产的"自由支配权"或占有权，企业才有可能进行全方位的自主经营。

第二，企业有法人财产权才能自负盈亏。如果企业连独立的资本金也没有，在发生亏损时就只能依靠财政补贴，或者实行银行贷款本息"挂账"，这实际上仍然是由国家资金为企业负盈负亏。

第三，企业有法人财产权才能自我发展。企业自我发展，要求出资人保证投入和留足资本金，包括自有流动资金，这在公司法中称为"资本充实原则"；企业利润在交足出资人的资本红利（及税金）后的剩余，应主要留在企业用于本企业发展。

第四，企业有法人财产权才能实现自我约束。传统国有企业实行软预算约束，负盈不负亏，这是企业短期行为的制度根源，只有实行以法人财产自负盈亏、自担风险的制度，企业才能真正建立起自我约束的行为机制。

第五，企业有法人财产权才能促进自我调整。市场经济下企业的行为包括：（1）自主进行财产组织的调整，如增加资本金，增发股票；（2）改变股权结构；（3）进行企业组织结构的调整，例如实行企业联合、合并、兼并、分立。这是在经营者主动创意，且在所有者同意条件下，即董事会或股东大会批准条件下的自主行为。大公司管理层的果断的企业组织结构调整计划和增资增股计划，是企业兴旺的关键因素，而这种企业自主行为，是建立在企业拥有资产"独立支配权"的法人财产权制度之上。

以上分析表明，企业机制转换的根本问题在于产权制度的改革，企业要真正成为市场主体，必须首先成为产权主体。

五

建立法人财产权制度的改革，是一场传统所有权实现形式的调整，是国家—企业间权、益、责结构和关系的大调整，它的核心是形成和强化独立的经营权。传统全民所有制企业实行国有国营，国家是所有者，所有者直接行使经营权，经营者（厂长）处于依附于所有者的地位。经营者无权经营，既缺乏利益（包括职工利益及经理利益在内）激励，也无自有财力支持，因此也就理所当然地不对生产经营状况承担责任。国营企业缺乏活力，积极性不能得到调动，潜力不能得到发挥，其深层的原因就在于这一所有权和经营权不分的财产权体制。

针对这一情况，企业改革应走两权分离之路，使企业拥有资产的独立经营权，享有经营利益和承担责任，以调动经营者的积极性。这一改革的实质是经营权从所有权中分离出来和独立化。经营权的独立，不仅要赋予企业以各项生产营销、投资活动的自主权，更主要的是划出一笔国有资产作为资本金归企业法人占用，这就是企业法人地位的确认和法人财产权的构建。企业取得法人地位和构建法人财产权，使企业拥有法律保障的独立经营的权利，从制度上解决了所有者——国家——对直接生产与经营的干预即政企不分的问题，国有制企业由此就真正成为有名有实的独立经营主体，拥有真正的企业行为机制，与此同时，国家并不失去它的所有者权利。可见，法人财产权的构建，创造了一个有效地适应于市场机制的经营主体，但又维护原本的所有主体（国家所有权）的权利，这是对国有企业进行"制度改革"的方法，这是搞活搞好社会主义国有企业的有效方法。

六

对于企业法人财产权，目前还存在一些模糊认识。一些同志认为，法人财产权就是法人所有权，由于出资人的投资记入公司账户，在法律上"属于"公司的财产，公司法人就表现为所有者；由于出资人也是所有者，这样，公司里就有出资的全民与不出资的企业法人"两个不同的主体"，二者"拥有同一份企业资产所有权"。一些同志担心，这会"纵容经营者架空全民产权，偏重企业产权"，并造成全民资产进一步流失。我认为，对于企业法人财产权，应该用政治经济学的分析方法来加以阐明。公司是一种营利性的经济组织，在市场经济中，为了公司能适应市场，独立运作，法律赋予公司以享有民事权利和承担民事责任的能力，非自然人的经济组织——公司就由此"生命化"，它和自然人一样，拥有出资者投入和形成的财产权。这些财产权表现在公司的营运中，例如，在日常生产中公司有权对资本金进行支配，在交易中公司有权要求有业务往来的厂商履行合约，有权追收债款和在对方违约时索取赔偿，公司还有权在法人治理机制下实行收益分配和财产处置，等等。可见，公司法人是财产权（property rights）的拥有者，正是这些财产权使公司企业得以进行独立的资产营运活动，而无须事事请示出资人。但是，基于政治经济学的分析，公司只是拥有财产权，即资产的实际支配权，而不是拥有所有权，西方法学概念中所有（own）、所有权（ownership）和财产权（property rights）是有严格区别的。例如出租汽车司机可以说他占有汽车（occupy the car），但不能说他（所）有汽车（own the car）。有的同志认为，不应该使用"产权"一词，而应该使用"所有权"，这是不对的。因为"法人财产权"本来是property rights，而不是ownership，何况法人财产权本质上是企业拥有实际支配权，而由出资人拥有真正"所有权"。还必须指出，《民法通则》规定，法人"要有必要财产"，但对这"有"是所有还是占有是不明确的。《公司法》规定公司"享有股东形成的全部法人财产权"，"企业拥有包括国家在内的出资者投资形成的全部法人财产权"。在这里，享有、拥有当然不是意味着"所有"，因而不能就事论事，停留在法律词语的表象上。

总之，对法人财产权要使用政治经济学的分析方法，要看到：（1）公司的财产所有权是归属于股东，而取得法人身份的公司拥有的只能是经营权，即实际支配权，只不过后者采取了法人财产权形式，并取得公司"所有"的外观。（2）本原的财产权是所有权，即出资人的所有权，公司法人财产权是派生的产权，是由所有者依法赋予经营者的。（3）法人财产权的产生，是传统的所有者直接经营的企业制度转变为所有者不直接经营，而委托授权经理从事经营的企业制度。这是适应拥有多个出资人的现代企业——称为资合组织——的需要而出现的企业财产制度的新变化，其实质是经营权与所有权相分离。这里，经营权既与所有权相独立，但又从属于所有权。因而，要从所有权与经营权的分离和独立化，从二者的既相对立又相统一的关系来认识法人财产权概念。基于对法人财产权是独立化和法律硬化的经营权的理解，我们就可以清楚看到，国有企业建立法人财产权并不改变也不削弱国家所有权，如果说有两个主体，那么一个是经营主体——公司法人，另一个是所有主体——包括国家在内的出资人。公司法人实际上是由包括国家在内的出资人授权进行财产委托经营，这里并不存在"所有者"易主和所有权的变化，因而，也不存在两个不相容的主体。

七

我国80年代初对国有企业实行扩权让利，1987年全面推行承包制。由于较长时期的改革未能触及产权制度，未能从根本上，从资产权、益、责上理顺国家和企业的关系，因而尽管年复一年发出落实企业自主权的号召，采取了各种招数去"扩权""搞活"，但始终收效不大，企业始终活不起来。绕过产权改革和根本的制度创新，在表层领域实行调整和松动，人们期望这样能够不冒更大风险实现企业经营机制转换，但实际表明，这样的表层改革是缺乏效果的，只会使国有企业处境更加恶化和面对经济不断萎缩的更大风险。

《决定》关于转变企业经营机制，特别是通过构建法人财产制度实现机制转换的论述，提出了一个进行产权制度改革来搞好、搞活企业的新思路，这一思路的意义极其重要，影响深远。这一改革思路对我国广泛的经济领域均是适用的。国有企业多数都要进行公司法人产权的构建来实现企业独立经营。特别是国有大中型企业要走公司化改造之路，通过实行产权多元化和法人财产独立化，来创造一个拥有充分权、益、责，拥有合理经营行为的生气勃勃的市场主体，从而使公有制与市场经济有效地结合。

八

我国城镇的一些大集体企业产权长期混沌不清，企业成立以来主管机构的市属局发生过多次变化，许多企业既有职工资金投入，又有政府机构的财政资金投入，此外还有无偿使用的国有土地，有的还有银行低息贷款，企业资产正是由多种来源形成的。在当前，集体企业面临着公司化改造的任务，应该清理和明晰企业的产权关系，应该把企业改造成为多种主体共同出资的有限责任公司。通过企业财产归属的明确和主体的产权的界定，理顺出资人与经营者的关系，使企业有人——经营者——管理，有主——出资者——关心，从而走上健康运行的道路。

九

我国乡镇企业当前正以更加迅猛的势头在全国各地兴起。乡镇企业是集体所有制的经济组织，它拥有自行出资、自主经营、自我发展、自负盈亏、自我调整的体制和机制优势。但我国乡镇企业是在依靠政府的襁褓作用之下发展起来的，因而也存在对企业的行政干预、摊派等问题。为了使乡镇企业进一步发挥机制灵活的优势，真正能成为具有充分活力的市场主体，防止企业活动中上级政府行政权力的强化和复归于传统国有体制，乡镇企业也必须进行产权制度的改革完善和创新，首先要明晰和界定产权，例如要明晰哪些企业资产是集体（乡、村、组）出资人的产权，要明晰和硬化农民个人投入的产权，发挥农民的个人投资积极性，要研究如何形成集体财产的集体受益机制，以调动农民群众对企业的共同关心，这是乡镇企业产权构建中面对的一个新问题。

股份合作制是我国经济生活中的又一新生事物。农民的股份合作制把农民的投入资金、劳动、技术、畜力，以及土地使用权，在股权形式下折股到人，是一种在集体所有制中明晰个人产权的新的创造。由于解决了财产共有化中的主体财产权、益、责问题，它起到有效促进各种生产要素自主联合的作用。股份合作制是一种新型的共有经济。由于集体土地投入形成共同财产，以及对只投入劳动而不投入其他生产要素的农村成员赋予一定股权和享有一定的收益，从而确认其主体地位，因而它强化了财产共有中的公有因素，使这一财产形式能十分有效地发挥联合、黏合和组织社会主义联合劳动者的作用。因此，我们可以说，股份合作制的要素折股的产权构造，是可以与现代企业制度的法人产权构造相媲美的，它开拓了为农村集体经济组织与市场经济"兼容"的新路。

　　以上分析旨在说明，通过以财产权的改革为核心的企业制度创新，来促使微观组织行为市场化和合理化，即以"转制促转机"，无论是对国有经济，对乡镇集体经济，以及其他经济领域的微观组织均是十分迫切的，是我国微观主体行为机制实现彻底转换的必由之路，是全面搞活我国微观经济，实现多种经济成分、多种经济组织的行为全面地与市场兼容的有效途径。我国市场经济的发展，呼唤产权改革和全面的制度创新。产权改革是我国15年来引进市场机制改革的逻辑必然演进，是90年代这一生气勃勃的改革的不可阻挡的趋势。我们应该自觉地来迎接它和更好地引导它，使它在改革攻坚战中起到更积极的作用。

法人财产权辨义①

建立现代企业制度是我国国有企业改革的目标，《决定》明确提出要建立国家拥有所有权，企业拥有全部法人财产权的产权制度。什么是法人财产权？人们对此认识不一。一些同志认为，"法人财产权"这个词不确切，应该是"法人所有权"；不少同志认为，法人财产权的提出表明企业拥有的不仅仅是经营权，而且是所有权；个别同志也基于这一理解，担心企业拥有"法人财产权"的提法会导致"企业所有"，或是出现国家和企业两个同样拥有财产归属权的主体，前一主体虚，后一主体实，从而会产生全民财产的流失。可见，对于什么是法人财产权，为什么要实行法人财产制度，还应该从理论上加以阐明。

第一，财产是一种占有关系，是主体对物和客体实行排他的占有关系。这种排他的支配占有关系通常产生于稀缺资源的领域，例如空气、阳光供应有无限性，无须对它实行排他占有，建立归属关系，而衣服、食品、房屋则是稀缺性的，就要实行主体排他的占有，要使之有固定的归属。这种主体的排他占有权就是财产权。以排他占有为内

---

① 原载《经济社会体制比较》1994年第4期。

涵的财产权有两类：一类是主体拥有最高的排他占有权，它是那种稳定的、长期的——世世代代——归属于主体，其他人不能取代和分享的占有权，这就是所有权（ownership）；另一类是主体在一定条件下、一定时期内拥有的一定限度内的排他占有权，这就是实际支配权。主体拥有实际支配权，一般是和最高主体拥有所有权相联结的。这一类财产权形态，其实质是实际支配权和所有权相分离，简称两权相分离的财产权形态。

第二，所有权与经营权相分离的财产权形态，是所有者自身掌握实际支配的产权形态的发展和演化，是现代化大生产条件下企业财产权的一般特征。市场经济中的独资经营、合伙经营企业是所有者自身掌握实际支配权，从事大规模生产的公司则是实行所有权和实际支配权两权分离。两权相分离的原因，在于现代大生产需要庞大资本金，这样就需要建立由多数出资人组成的公司，即资合组织。由于企业有许许多多的出资人，不能每个人都从事财产的经营，只有实行授权经营，特别是出资人投入的资本金已经形成整体财产，对于人人有份的整体财产，个别出资人不能进行独立支配，因此，赋予经营者以财产支配权，由经营者从事企业财产的营运，乃是保证企业适应市场独立运作，成为有活力的市场主体的必要条件。

第三，经营权和所有权相分离并不是金蝉脱壳那样容易，必须要正确处理好所有者和经营者的关系，既要能切实维护独立运作的经营权，又要维护所有者的权益。就所有者来说，他们要放心地将财产投入企业，委托给经营者去营运，即自愿"放权"；而就经营者来说，他们必须是为所有者即为"老板"从事财产营运。上述所有者向经营者"授权"和经营者为所有者"用权"的关系，必须加以制度化和法制化，而形成一种企业财产制度和财产运作机制。公司法人财产制度和法人治理机制，就是实现经营权从所有权中相分离和独立运作的一种有效形式。

第四，公司法人财产制度的内容是：（1）企业拥有法人身份，公司这样的经济组织有如自然人一样，能有效地参与各种经济活动，享有各项民事权利，承担相应的民事义务，千百万个公司由此就成为经济舞台上的积极活动的主体。（2）企业拥有法人财产权，即法律规定企业能对出资人形成的企业财产行使占有、收益、处置等主体权利。企业行使财产占有权，例如企业有权在日常生产、营销活动中对固定资产、货币资金等进行安排使用，有权将企业积累用于建新厂或是对外投资；企业能独立行使收益权，如有权索取外部投资的收益，有权向损害企业财产的对方索取赔偿；企业能独立行使处置权，例如有权处置闲置固定资产与货币资产，等等。可见，实行企业法人财产制度，人们可以看到，企业经济运行中的财产的支配、使用、出售、转让、收入占有，等等，越发表现为由公司企业来行使，原来的由独资企业老板亲自从事的财产运作为公司法人之间的财产运作所代替，出现了一幅公司法人行使财产权的现代经济画面，这也使现代市场经济越来越表现为"公司经济"或"公司法人经济"。

第五，公司法人财产权确实是取得所有权的外观。例如在企业法人财产制度下，出资人投入的资本金存入公司账户，出资人投入的工业产权要办理财产权转让手续，成为归属于和由公司独立支配的财产。公司在日常进行的原材料购买和商品销售活动中，独立地进行签订合约，追索债款，对违约者索取赔款，并为此进行起诉，这些经济行为和法律行为表明了公司的财产"主人"身份，拥有财产权利具有如同房屋人（所有者）拥有房屋，汽车人（所有者）拥有汽车一样的外观，这正是一些同志认为应该使用"法人所有权"概念的原因。

法人财产权是否完全等同于"法人所有权"？这里使用的"财产权"概念是否就是人们通常使用的"所有权"？如果法人财产权就是"法人所有权"或者"公司所有权"，那么，就是财产归企业所有了，这样就既有出资人所有权，又有企业所有权，同一资产就有两个所有权，也就有两个"主体"，这显然是与所有权的排他性与不可兼容性原则相违背的。而事实上要实行两个所有权等于没有所有权。我认为，弄清这一问题并不是"纯学术"之争。

我们认为，法人财产制度下，公司"所有权"只不过是外观，实质上并非所有权，而只不过是一种实际支配权，简称经营权。

首先，出资人财产记入公司账户，或是出资人的工业产权"转让"给公司，就其经济本性来说并不属于所有权性质的变化，我们可举出下述例证。假定这是一家由甲出资的独资公司，由法人代表总经理乙行使法人财产权。由于公司经理是由甲选定的，公司的财产营运是按照出资者甲的意思而进行的，因此，赋予企业以法人地位和授权总经理乙行使法人财产权，丝毫也不改变甲拥有的所有权，只不过甲已经不是经营权和所有权一体化的所有者，而是把经营权让渡给乙的终极所有者。对于拥有多数出资人的现代公司企业来说，赋予企业法人以法人财产权，也同样不会改变出资人的所有者地位。

其次，要看到实行公司制，原来统统由所有者行使的生产、营销权，向外投资权，部分收益分配权，部分处置权，均在"法人财产权"形式下赋予企业，在法人治理机制下由经营者行使。但是，企业毕竟是由出资人建造的，出资人拥有最高所有者地位和排他占有权，股东"所有"（own）公司的财产，是公司真正的"老板"，这也是法律明文规定的。尽管出资人集体让渡了物质资产的实际支配权，但保留着企业价值形态资本的最高支配权；他让渡了部分收益权，例如扣除上缴出资人的红利后的剩余利润在积累、消费上的分配决策权很大程度上归经营者行使，但是出资人绝不让渡剩余索取权和剩余的基本分配权，按资本份额分享红利始终是出资人的绝对权利；出资人可以让渡部分资产处置权，例如占资本金一定比例的工厂资产的出售，实际归经营者行使，或主要归经营者支配，但出资人绝不会让渡他的法定的基本财产处置权。在股份制企业运作中，一部分小股东实际上放弃了物质财产和价值形式财产的实际支配权，但是那些实行控股的或不控股的有实力的出资人，却是借助法人治理结构对企业资产经营行使了有效的控制和监督权。

我们需要明确，企业是借助于法人治理机制来行使法人财产权的，而不是由单一的经营者决策，即经理说了算。公司组织包括所有权机构——股东大会，决策机构——董事会，执行机构——经理层。公司企业很大程度上由经营者行使法人财产权，法人财产权的委托给经营者是独立经营的必要条件。但经营者的经营管理活动要受所有权表意机构——股东大会和所有者代表参与决策和监控的机构——董事会、监事会的制约，特别是经营者由所有者雇用本身，更使经营活动从属于所有者的意志和利益。

可见，企业拥有的法人财产权只是财产的实际支配权而不是最高支配权；只是部分的财产支配权，而且是所有者监控下的财产支配权；特别是企业没有生产剩余的法定支配权，后者从来是所有权的最核心部分，它是归属于出资人的。这也就表明了企业法人财产权不是与所有权同一层次的概念，它实质是经营权，是取得"法人财产权"形式的现代经营权，这种法人财产我曾经将它称之为"准财产"。固然，《民事通则》中规定的法人"要有必要的财产"以及《公司法》第四条第二款中规定的公司"享有由股东形成的全部法人财产权"，其中使用的"有""享有"等词，其准确的含义不是"所有"，即西方法学中使用的own，而是相当于占有，即occupy一词。一个租车和正在驾驶汽车的人可以说他占有汽车，但却不能说汽车属于他所有（own the car）。因而，不能从公司"享有""有"法人财产的文字规定，就得出法人财产权即所有权的结论。更重要的是，对于法人财产权我们应该用政治经济学的分析方法，要从法权形式中剖析它的生产关系和经济实质，要对公司这种企业组织制度和财产制度进行历史的和辩证的分析。历史的分析就是：法人财产权是拥有多数所有者的"资合组织"的产权形式，它体现了经营权与所有权的相分离和独立化，是适应生产现代化和市场经济的一次产权调整。辩证的分析就是：把握事物内部的对立统一关系，把握事物的形式与内容的区别和联系。就法人财产制度来说，它是现代复杂的财产结构，包括出资人所有权和法人财产权两个方面，出资人所有权是原本的，而法人财产权是派生的，它从属于出资人所有权；就法人财产权来说，财产所有权只是形式与外观，实质是经营权，不过是独立化的经营权。

第六，在维护出资人权益前提下，坚决把法人财产权赋予企业，使公司企业在法人治理机制下对全部物质形态的、价值形态的和精神形态的资产进行独立支配，这是搞活国有企业的根本之途。我国国有企业改革了10多年，而老是搞不活，目前相当一部分企业处境很难，与三资、乡镇、个体、私营等企业的反差还在扩大，其原因除了宏观环境、外部条件的制约外，其根本原因在于政企不分的管理体制和所有权与经营权不分的企业财产制度。80年代初国有企业改革提出把经营权与所有权相分离和采取了赋予企业以自主权的许多措施，如扩权让利、利改税、经营承包、转换机制，但是效果很不理想，14项自主权落实不了，企业仍然搞不活，这里关键在于企业改革停留在浅表层次，未能触及传统的企业财产制度。由于企业使用的资产统统由国家"所有"和直接分配，企业的利润理所当然应该上交国家财政，企业自有资金法律含义上只是"留"给企业，当然也可以由国家以能源、交通基金、利润调节基金形式上收财政；企业对自有资金的使用、闲置资产的转让，甚至更换产品改变行业，政府行政管理机构也可以以国家所有权为理由进行干预。可见，传统的国家所有、国家直接支配的财产构架和法权制度，不仅使企业不可能形成自主的财产经营、保值增值和自行积累的机制，而且成为企业难以摆脱政府的行政干预、政企分不开的深层原因，而要真正实现企业经营机制的转换，只有从改变传统国有企业产权制度，实行国家拥有终极所有权，企业拥有法人财产权的双重财产构架着手。

实行法人财产权，意味着企业在日常经营活动——包括投资活动——中自主地对财产实行占有，企业拥有一定的收益权、处置权，出资人拥有的是剩余享有权，经营者选择权，经营方针大政、基本财产转让的决策权，出资人不能再对企业的日常生产和日常的资产营运进行干预，更不能对企业法人财产进行平调。对于管理经济的行政人员来说，应该清楚地认识到，法人财产权与现代企业制度的实行，是企业体制和政府管理体制的根本性变化，长期实行的国家直接管理企业活动的传统制度从此彻底被废弃，代之而起的是企业自行支配法人财产，从事独立经营的新制度。政府对宏观经济的调控，主要应采用经济手段，而且要主动维护企业的权益，维护法人财产权制度的权威。

第七，企业的领导人员和职工，也必须对法人财产权的性质有正确的理解。要从本质上认识企业拥有的法人财产权是采取独立形式的、现代的经营权，而不能在财产"属于企业所有"的概念上纠缠。

要明确认识：公司拥有的独立经营权不是与所有权相割裂而是互相联结，是必须服务于所有权的，它是在新的条件下——即有多个所有者的资合组织条件下——保证所有权实现的新产权形式和产权机制。要看到，在公司企业中，这是所有者与经营者之间的一种财产委托经营关系，而不同于财产转让关系，从事财产的直接支配的经营者并不是经营自己的财产，也不是经营"企业职工所有"的财产，而是被授权、被委托经营出资人的——包括国家的，即全民的——财产。这种法人的独立经营，是确保所有者基本财产权益，特别是以保证资本金的保值和增值、维护和实现出资者财产收益为前提。因此，正确认识所有权与经营权的关系，处理好国家与企业的关系，在实行财产委托经营中细心保障出资人的财产权益，防止损害、侵蚀出资人资产，也就成为构建法人财产权制度中必须妥善解决的一个问题。

对四川省建立现代企业
制度的考察[①]

一

在四川的经济发展中，国有经济特别是国有大中型企业起着至关重要的作用。1993年，四川省预算内国有大中型企业608户，仅占预算内国有工业企业2708户的22.45%，但却拥有雄厚的工业经济实力：工业总产值达365.11亿元，占预算内国有工业企业总产值的73.38%；销售收入499.66亿元，占74.46%；产品销售利税为49.06亿元，占80.70%；上缴利税35.00亿元，占86.02%。从资产实力来看，全省大中型企业平均拥有固定资产原值9176.77万元，其中大型企业23324万元、中型企业3324.27万元，这三项数据分别是小型企业的45.38倍、115.33倍、16.44倍。

---

① 原载《中国社会科学》1995年第3期。本文由刘诗白、赵国良、罗珉执笔，参加本课题讨论的有：章玉钧、肖光成、佘国华、韩儒理、孟庆山、郭元晞、陈永忠等。

四川的国有经济虽然在地区经济发展中起重要作用，但是与全国其他省区相比还有很大的差距，其经济效益尚不理想。如四川的国有工业每百元固定资产原值实现的利税为10.82元，居全国第15位，低于12.41元的全国平均水平；资金利税率为8.33%，居全国第15位，低于9.71%的全国平均水平；产值利税率为10.59%，居全国第16位，低于11.38%的全国平均水平；每百元销售收入实现的利润为3.00元，居全国第14位，低于3.21元的全国平均水平；流动资金周转次数为每年1.47次，居全国第19位，低于1.65次的全国平均水平。

四川国有经济的这种落后局面，与其所拥有的强大的生产能力和经济实力很不相称。

原因主要有以下几个方面：

第一，资金短缺。资金缺口大，这是国有大中型企业面临的普遍困难。由于目前处于新旧体制转轨时期，新的运行机制尚未形成，企业的盈利大部分上缴国家，企业缺乏正常的补充生产经营资金的机制，这是资金困难的主要原因。

第二，债务重。目前的财税体制改革，企业盈利的80%要上缴国家，企业的留利和自有资金极少，而企业的基建、技改、日常生产活动所需资金，以及85%以上的流动资金都要来自银行贷款。这种情况使企业背上了沉重的债务负担，四川国有工业企业资产负债率高达77.4%，远远高于50%的正常水平。

第三，社会包袱重。企业办社会，这是我国国有企业的通病。由于传统体制的影响，国有企业不只是生产经营单位，而且还是基层政权单位和社区单位，担负了许多社会职能。因而，导致企业内部机构臃肿、人浮于事，包揽了许多富余人员。由于企业承担了许多额外的社会职能，不仅增加了企业的负担，降低了企业的经济效益，同时也使企业的领导人不能集中精力考虑生产与经营事务，影响了企业的发展。

第四，机制僵化。由于多方面的原因，企业内部体制的改革不够深入，企业运转不灵的现象普遍存在。一是政府机构职能转换不到位，行政干预过多，企业的自主经营很难落实。二是国家与企业之间的经济关系尚未完全理顺，企业的经济利益有所削弱，造成企业内在动力不足。三是由于平均主义思潮的影响，收入分配拉不开差距，影响了职工的生产积极性。四是领导体制很不完善，党组织、厂长经理和职代会之间的关系如何正确处理，目前尚无妥善的办法，这也导致企业领导之间的扯皮和内耗，影响了对生产经营活动的指挥和协调。同时，对厂长经理的选拔、任命、考核、监督等尚无规范性的方式与规定，对经营者缺乏应有的约束机制，企业管理中人治的因素太多，管理方式与方法不够科学。

四川国有企业的困境，还突出地表现在三线国有企业上。四川是我国三线建设的重点区域，毫无疑问，三线企业具有许多优越性，如规模大、人员素质高、技术装备先进等，在历史上对四川的经济建设做出过巨大贡献。但现在来看，由于传统体制的影响，以及经济与市场环境的改变，国有企业所面临的所有困难，都在三线企业中再现，而且三线企业的困境比一般国有企业更为严重。当然，也有一些三线国有企业的领导人素质高，把握时机制定正确的决策，"军转民"工作抓得及时，很快适应了市场经济的发展，取得了较好的经济效益。但是从整体上看，三线国有企业其改革难度大，行动迟缓，更缺乏活力，制约因素更多。

为了从根本上解决国有经济当前所面临的种种困难，搞活企业，其关键，是要从体制上解决问题，把建立现代企业制度作为国有企业改革的方向。为此，四川省在深入调查研究、掌握实际材料的基础上，于1993年初，确定了22户国有大中型企业作为改革的试点企业。其主要内容是：改革企业体制和组织形式，在坚持公有制为主体的前提下，实行多元财产组织形式和多种经营方式；理顺产权关系，强化企业法人财产主体地位，增强企业财力和资金吸纳能力；落实和维护企业经营自主权；认真减轻试点企业负担；强化企业的激励机制和约束机制；加快企业的技术改造；加强党的领导，保证改革试点工作的顺利进行。

经过一年多的实践，试点工作取得了显著成效。一是产权制度有所创新。在核实国有资产的基础上，吸收法人、职工和外资入股与合作，调整了产权结构，形成了财产多元化的新型产权制度。二是组织制度有所改进。各企业已逐步实现由工厂制向公司制、集团制的转变。三是治理机构已经形成。各企业普遍设立了股东大会、董事会、监事会，实行了董事会授权下的总经理负责制，建立了新的公司治理机构。四是经营者的积极性有所调动。通过改革和实行经济责任制，强化了经营者的内在动力和压力，责任心有所增强，行为有所规范和约束，管理水平得到了进一步提高。五是企业活力有所增强。通过完善和改进经营机制，提高了企业的市场应变能力和竞争能力，发展速度不断加快。特别应该指出的是，参加试点的企业经济效益都有不同程度的提高，生产经营保持了稳定增长的势头。到目前为止，22户企业以改革促生产，主要经济技术指标都好于面上的企业。据统计，1994年1月以来，22户企业累计完成工业总产值24.33亿元，销售收入27.53亿元，分别比上年同期增长6.13%和9.13%，比预算内全省国有工业企业的增长幅度分别高1.57和0.03个百分点。由于大环境的影响，企业的实现利润有所下降，但试点企业利润减少的幅度小于全省国有企业。22户试点企业累计实现利税2.64亿元，实现利润9456万元，与1993年相比分别下降3.01%和13.66%，但同期全省国有工业企业实现利税和利润总额分别下降39.5%和30.2%。试点企业还加大了技改投入，1994年以来已开工技改项目实际财务支出1.12亿元，比上年同期增加240%，这就为企业持续稳定发展打下了基础。此外，试点企业注重产品质量，争创名牌产品，也取得较好成绩。

二

四川省对22户国有大中型企业改革试点工作的实施，主要是从以下几个方面展开的。

（一）改革国有企业的产权制度

10多年来，我国的企业改革一直是经济体制改革的中心环节。从推进方式来看，走的是渐进式的道路，基本上是按照两权分离的思路，从扩大企业自主权入手，注重在外部调整国家与企业之间的经济关系。通过上述改革，企业的活力有所增强。但是，随着经济改革的深入和经济发展的加速，国有企业活力不足的深层次原因进一步显露出来，主要是企业产权关系不明晰、组织制度不合理和管理制度不科学。因此，企业改革的进一步深化，必须解决深层次矛盾，由放权让利为主要内容的政策调整转为企业制度的创新，由在外部调整国家与企业的关系转为从内部转换经营机制与改革产权制度。四川的改革试点工作，主要是从公司制改造入手来理顺产权关系。

——经省体改委批准，22户试点企业逐步改组为股份有限公司。试点企业普遍通过清产核产、资产评估和产权界定等，清理债权债务，核实了企业的国有资产占用量，界定了国有股权与权益，用同股、同利、同权的原则来规范企业行为，使国家的出资者所有权得到维护和不受侵害。

——为了落实企业法人财产权，促进现代企业制度的实施与建立，由省国有资产管理局向22户试点企业颁发"国有资产授权占用证书"，使企业在国家授权的范围内，依法使用、占用、经营国有资产。（1）企业有了独立使用的法人财产，就能保持自己独立的法人地位和独立的经济效益，企业的自负盈亏才有了相应的经济基础。（2）通过合理界定国家的出资者所有权与企业的法人财产权的关系，确立企业法人财产制度，可以更有效地防止行政干预，限定政府机构的管理范围，维护企业自主经营的地位与权利。

——在坚持公有制的基础上，逐步实现产权的多元化，促进产权结构的合理化。一方面通过吸收法人入股和职工持股，兼顾了国家、集体和个人三者利益，调动了企业和职工的积极性。另一方面引进外资合作，如川西磷化工集团、亚太企业总公司、成都制药二厂等在本企业划出一部分资产，与外商进行合资经营，在不改变公有制性质的前提下，进一步调整了企业的产权结构，同时也增强了企业的经济实力。

（二）重新构造新的企业组织制度

建立科学的组织制度，合理设置企业内部的组织机构，使企业的指挥决策系统更为精干灵敏，运行高效率化。

——试点企业在进行公司制的改造中，都按照公司制的要求，建立了规范的企业组织制度，如股东会、董事会、监事会等，使企业的权力机构、监督机构、决策机构和执行机构之间相互独立、权责明确，在企业内部形成激励、约束、制衡的机制。这种组织机构和制度使出资者、经营者、生产者的积极性得以调动，行为受到约束，利益得到保证，可以达到出资者放心，经营者精心，生产者用心。

——在公司制改造的基础上，向集团化方向发展。企业按照集团公司的管理体制，进一步调整和规范分厂、分公司、子公司、控股公司等成员企业的关系。如东方电工机械厂依靠自身强大的实力，先后自办、兼并、组建了22家生产厂，原有的管理体制已不能适应企业的快速发展，经省经委批准和国家工商行政管理局核准，于1993年12月成立了东工集团。集团公司成立后，公司按照分权管理的原则，围绕建立以公司总部为投资决策、宏观调控中心和以各生产厂、子公司、分公司为成本利润中心这个总目标，来调整内部组织机构设置。（1）东工集团公司作为具有法人资格的企业法人实体，对所属22个生产经营单位实行全权管理，对下属单位的国有资产，由政府授权集团公司进行管理。（2）在以资产为纽带，集团公司实行控股的基础上，对下属单位实行自主经营、独立核算、二级考核、自负盈亏。（3）东方电工机械股份有限公司作为集团公司所属最大的子公司，由集团公司对其进行控股，股份公司内部按规范化要求设置机构。

——试点企业在公司制的改组中，都较好地处理了"老三会"与"新三会"的关系。（1）多数企业都实行了党政领导交叉任职或党政领导一肩挑，党组织的负责人通过法定程序进入董事会和监事会。（2）工会负责人和职工按法定程序进入股东会、董事会和监事会，工会还作为企业设立的职工持股会代表，负责持股会的管理。（3）试点企业都较好地坚持了职工代表大会，企业的重大决策和改革措施等都反复征求职工意见，得到了职工的理解和支持。

——加快剥离非经营性资产的步伐。剥离的对象主要包括食堂、招待所、医院、幼儿园、学校等。由于历史的原因，剥离工作具有很大的难度，必须采取积极稳妥的措施。如四川什化集团专门成立了什化服务公司，负责管理剥离出来的非经营性资产。服务公司隶属于集团公司并接受其领导，是具有法人代表权、自主经营、独立核算、逐步达到自负盈亏的经济实体。集团公司向服务公司提供优惠政策，以实现平稳过渡。一是服务公司所需的基建维修、设备设施等费用以及经营中的亏缺部分，由什化股份有限公司国有股分红补贴；二是集团公司在发展规划、经营管理等方面，对服务公司给予支持；三是服务公司所需的技改投资，按银行同期利率向集团公司借贷；四是集团公司代为服务公司缴纳法定的全部税额，减轻其经济负担；五是对所剥离单位保留原有职工工资总额，但工资、奖金费用全部分设账目，实行计账核算。

——实行"一业为主，多种经营"的新型经营形式。随着市场经济的发展，企业要在激烈的市场竞争中取胜，必须在坚持主业的前提下，开展经营的多元化，以增强自身的竞争力和稳定性，减少市场风险与损失。如东方电工机械厂，坚持走"一业为主，多种经营"的路子，由原来的单一生产电工专用设备的企业，发展成为生产电线电缆、钢丝绳、石油钻采设备、建筑机械、改装专用汽车、粮食机械、饲料机械、农用铸锻件、钉丝、金属结构件、印染、模具、中小电机等30余个大类340余种产品，有职工6300多人，固定资产原值近2亿元的综合性大型企业集团，形成了"规模大型化、经营多样化、管理现代化"的经营新格局。

（三）强化企业的激励机制

试点企业都根据自身的实际情况，采取多种形式，强化企业内部的激励机制，充分调动经营者和劳动者的积极性。

——在劳动用工制度上。试点企业普遍实行了全员劳动合同制或劳动合同化管理。22户试点企业中，实行合同制的职工达47872人，占职工总数的76.5%。各企业还实行职工优化组合、竞争考核上岗，并建立了职工上岗、试岗、待岗的"三岗"工作制，实行劳动动态管理。到目前为止，22户试点企业下岗待岗职工1629人，辞退或解除劳动合同的职工458人，分别占试点企业职工总数的2.6%和0.73%，强化了职工自身的压力和动力，调动了职工的积极性。

——在人事制度上。试点企业对职工实行考工考核管理方式，考核的内容主要有三个方面：一是思想素质考核，包括政治学习、思想表现、劳动态度、劳动纪律、工作作风、安全文明生产等；二是业务技术考核，包括基础理论知识和专业理论知识；三是实际技能考核，主要是在现场岗位上对职工进行实际操作水平和工作能力的考核。考核的成绩直接关系到职工的上岗、下岗和收入水平等切身利益，因而增强了职工的竞争意识和主动提高自身素质的愿望。各企业还深化干部管理制度改革，打破干部、工人身份界限，普遍实行了干部聘用制，使干部能上能下，完善了干部队伍。

——在分配制度上。各企业坚持了收入与业绩挂钩的原则，采取多种分配形式，按职工的劳动好坏、技能高低、贡献大小来进行分配，拉开收入差距。有的厂在改革分配制度时，还实行了厂内拔尖人才制度，每年在厂内评选一批拔尖人才，并发给特殊津贴。各企业为了鼓励科技人员多发明、多创造，加速新产品开发和产品质量的提高，按生产利润的一定比例提成来重奖科技人员。对企业的供销人员，实行按产品销售盈利率和物资保证供应率计奖的办法。对企业的经营者实行年薪制，各试点企业厂长经理的年薪，其数额在对企业经济效益的提高程度、资产的保值增值和技改完成情况等进行综合考核的基础上确定。

经营者的收入水平，可以为职工收入的3～10倍。经营者的年薪收入进入成本，并在职工工资总额之外单列。对经营成果特别显著的经营者，政府有关部门还可在年薪收入之外，在企业增盈所得效益中，确定经营者的效益收入或奖励。由于决策失误、管理不善造成了经营性亏损，则要对经营者的年薪收入进行一定比例的扣减。

（四）加强企业的内部管理

理顺了国家与企业的关系之后，管理是否完善就成为影响企业活力的一个重要因素。因此，各试点企业在公司制改造的同时，都进行了经营管理体制的改革，加强企业的内部管理。

——设置高效精干的管理机构，在传统体制下，企业中普遍存在着臃肿的管理机构，不仅管理成本过高，而且效率低下，不利于企业的发展。试点企业在改革过程中，都按照新体制的要求，重新设计了企业内部的机构设置，压缩科室管理人员。据统计，22户试点企业共精简机构174个，减少了30%；压缩管理人员1270人，占原管理人员总数的23.46%。

——制定各项管理规章制度。试点企业按照"转机制、抓管理、练内功、增效益"的要求，通过改革促进管理水平的提高。企业在改制之后，企业的营运与管理方式发生了重大变化，公司的章程和国家的法律、法规成为企业运行与管理的基本依据，企业据此建立健全了各项管理制度。如成都轴承厂制定了《职工行为规范准则》《文明处室办公准则》等规章，促进了管理工作的规范化和持久性；东方石化通用设备厂制定了《公司章程》《财务管理制度》《人事管理制度》等一系列内部管理制度，形成了比较完整的管理制度体系。

——抓好各种专项管理。制定管理规章制度，为企业搞好管理工作提供了依据、奠定了基础。但要真正搞好管理，还要把规章制度落到实处，抓好各种具体的专项管理工作。如乐山造纸厂以现场管理为中心，强化工序质量控制，使产品合格率达100%；什化集团公司突出了以人为本的管理制度，大力开展全员考工考核和技术练兵活动，提高了职工的科技素质。

——坚持两手抓。在搞好改革与发展的同时加强企业精神文明建设，增强企业的凝聚力和向心力。各试点企业一是通过思想政治教育，增强职工参与改革、支持改革自觉性；二是大力开展各种企业文化教育活动和劳动技术竞赛活动，增强职工的主人翁意识、敬业意识、爱厂意识和艰苦奋斗的意识；三是加强员工队伍建设，努力建立一支作风硬、技术精、素质高的职工队伍，以及善经营、会管理的企业家和管理者队伍。

（五）注重企业的发展与技术改造

选择22户企业进行改革的试点，其目的并不在于试点本身，而是为了增强企业的活力，促进企业的发展，提高企业的经济效益。为此，各试点企业都把改革与发展紧密结合起来，大力推进技术改造与技术进步，以增强企业发展的后劲。

——围绕市场需求抓技改。各企业在抓技术改造的过程中，都强调了要以市场为四川省建立现代企业制度的考察导向，以市场需求为目标开展技术改造，增强企业的市场适应性和竞争力。如四川嘉华企业集团公司是以生产特种水泥为主的综合性建材企业，其油井水泥产量占全国20%，石棉水泥瓦的生产量居全省第一。由于国内生产的抗硫水泥不能适应受硫酸盐严重侵蚀的西北地区施工的需要，该公司通过技术改造生产出了高级抗硫水泥，该产品在西北地区特别是国家重点工程甘肃引水入秦工程中，表现出良好的环境适应性和很强的抗硫酸腐蚀能力。该公司还积极开拓国际市场，所生产的油井水泥已全部达到国际先进水平——API标准，产品被美、英、日等国在我国沿海开发油田和承包的重点工程中免检使用，并直接出口东南亚和香港地区。

——围绕提高经济效益抓技改。试点企业都把技术改造落实到提高经济效益上，在加强管理、搞好生产组织、节能降耗工作的同时，掌握市场动态和产品信息，抓紧上一批"短平快"项目，做到技术上先进、质量上适用、经济上合理，为企业创造更多的利润。如自贡鸿鹤化工总厂坚持以科技为先导，1993年组织力量开展了技术开发项目17项，其中新产品4项、新技术10项、微机推广应用3项。全年投入技术开发费用748.20万元，有6项获省、市及中国纯碱协会科技进步奖，增加经济效益313.44万元。1994年2月17日《经济日报》发表评论员文章，对该厂依靠技术改造、上技改项目、提高经济效益的做法，给予充分肯定和好评。

——围绕企业发展抓技改。试点企业在扩大生产能力、加快发展速度的过程中，通过技术改造和内涵扩大再生产的方式，使企业走上依靠科技进步提高经济效益的轨道。如亚太企业总公司生产的亚太啤酒是省名牌产品，市场需求量大，但现有的生产能力年产只有3万吨，远远不能满足市场的需要。为此，该公司增加技改投入，重点实施啤酒生产的技改工程，1994年就实现年产5万吨，力争1995年达到7万吨，1996年达到10万吨。

——围绕增强企业经济实力抓好技改。试点企业在加快技改过程中，出现了资金缺口大和资金补充困难的局面。为了促进企业的技改工作，省委、省政府决定，对试点企业从1988年起形成的新增资本金中划出不超过50%的部分留在企业支配使用，所有权属于国家。按上述办法划出的新增资本金所形成的利润从1993年7月起，在缴纳15%的所得税后，全部留在企业，主要用于技术改造和补充流动资金及弥补企业亏损。这一决定在一定程度上缓解了企业的资金困难，增强了企业的经济实力，调动了企业扩大生产规模的积极性，加快了企业技术改造的步伐，促进了企业的发展。

三

中央已经决定，1995年经济体制改革的重点是企业改革，搞活国有企业是改革的攻坚战。在这一大背景之下，四川省国有大中型企业的改革试点应当在现有基础上，扩大改革成效，完善改革方式，进一步推进改革试点的深入发展。

（一）理顺产权关系，完善国有资产管理体制

理顺国有企业的产权关系，当前的着重点应当是实行公司制，合理界定国有企业中资产关系与所有者权限，确立出资者与经营者相分离的原则。其目的是强化企业的独立法人财产权，把最终所有权与法人财产权分开。出资者按投入企业的资本额享有所有者的权益，参与重大决策和选择经营者的权利，实行有限责任制度，使出资者不再干预企业的具体经营事务，企业则对出资者承担资产增值保值的责任。确立出资者与经营者相分离的原则，就是要使国家不再对国有企业承担无限责任，改变过去那种企业隶属于政府的状况，使企业经营者拥有充分的生产经营权利，把企业推向市场，消除企业对国家的依赖。

实行国有资产的人格化。理顺国有企业产权关系的一项重要内容，就是政府作为所有者的权利必须明确和具体，由一定机构中的一

定人员来行使，即国有资产的所有权人格化。按照政企分开的原则，这种权利不是直接由政府来行使，而是由政府经一定的形式和条件授权给特定的机构来行使。从改革的过程来看，可授权予独立于政府部门的国有投资公司、资产经营公司以及规模较大、资本实力雄厚的企业集团等。在现有体制下，实行国有资产人格化涉及面广，难度较大，因而可先实行一些过渡性办法，即对22户试点企业实行国有资产授权经营的办法，由国有资产管理部门向试点企业颁发"国有资产授权占用证书"来强化企业中所有者代表的职权，落实企业的财产处置权，以此来促进政企分开，减少行政干预，增强企业的主动性和独立性。

完善国有资产管理体制。实行国有资产人格化，由国有投资公司或资产经营公司来行使所有者代表的职权，这就确立了国有企业的投资主体，明确了企业中国有资产的所有者代表，为保证国有资产的保值增值创造了前提条件。在这一基础上，还应进一步完善国有资产的管理体制。可以选择一个条件较好的城市，成立由财政、银行、国有资产管理局、计经委、主管局等部门参加的国有资产管理委员会，由市长担任管委会主任，来管理国有投资公司或资产经营公司。这有助于合理界定政府与企业之间的权责关系，避免政府对企业的多头管理；促使政府的一般行政管理职能与所有者职能的分离，减少政府机构对企业的过多干预；促进政府职能的转换，把政府从烦琐的经济事务中解放出来，而注重抓好基础设施建设、长期发展战略规划、宏观经济调控等工作。

（二）改革企业领导体制

企业要成为能动的市场竞争主体，除了政企分开、理顺国家与企业的关系外，在企业内部还要改革领导体制，建立统一的指挥系统，保证企业生产经营活动的顺利进行。自1980年推行厂长负责制以来，企业领导体制的改革已经进行了10多年，现在看来企业内部的关系尚未完全理顺，这表现在两个方面：一方面是党政工三者关系的协调。根据党章规定，党委是国有企业的政治核心，对党和国家的方针与政策的贯彻起监督保证作用。根据《企业法》规定，厂长是企业经营活动的中心，起指挥协调作用。此外，还有职工代表大会，它又是企业活动的重心，保证职工参与企业重大问题的决策和民主管理。在实践中，企业内部关系的协调也就是中心、核心、重心的协调，即"三心"如何并为"一心"的问题。另一方面是"老三会"与"新三会"协调。国有企业改组为公司制后，原有的党委会、工会与职代会等机构依然存在，加上新设的股东会、董事会与监事会等机构，使企业内部的机构设置更加臃肿，这也是一个必须要解决的问题。

由于企业内部机构增多，导致权力多头和指挥困难。党组织为了保证党和国家方针政策的贯彻，必然要参与企业的决策；而由社会制度和民主管理的性质所决定，企业的重大决策也必须经过职代会的同意和审查；股东会、董事会则是由《公司法》规定的最高权力机构，负责制定公司的各种决策。多重机构都能参与企业的决策过程，说明企业内部存在着多重权力机构，而在权力多元化的条件下，很难保证指挥系统的统一性。这种情况，是与企业作为商品生产者、作为能动的市场主体的本性是相悖的。在市场经济不断发展的过程中，企业要顺利地履行商品生产者和市场主体的职能，就必须完善经营机制，确立统一的权力机构和指挥系统。

如何理顺企业内部关系，改革企业领导体制？在企业改革的实践中，主要有以下两种模式：第一种是兼职化模式。即由一个人兼任董事长、总经理、党委书记职务。这种模式有助于解决统一指挥和提高工作效率的问题，但也有不利之处，例如总经理如果不是党员，就不能兼任党委书记，另外在规范的公司制中，董事长一般不能兼任总经理。由于存在着上述问题，这一模式不便于普遍推广。第二种是融合化模式。在机构融合上，大多数职能相近的党政部门实行合署办公；在职责融合上，党委成员和职代会成员经过正常程序，可进入董事会和监事会。现在看来，第二种模式有助于精简机构，减少制约因素，便于形成高效、精干、统一的指挥与管理系统，具有普遍推广的实用价值。

（三）改革分配方式，完善经营者年薪制

在22户国有大中型企业内部的分配制度改革中，根据职工实际完成的工作量和企业的经济效益，来确定具体的分配方式，拉开了收入差距，调动了职工的积极性，其中重点是对经营者实行年薪制。经营者是企业重大决策的实施者和执行者，负责安排企业日常的生产经营活动，担负着很大的责任和风险，因而对完成任务好、业绩高的经营者，应当实行重奖。厂长或经理的年薪，其数额是根据企业经济效益提高的程度、资产的保值增值和技改完成情况来考虑。厂长（经理）的年收入可为职工平均收入的3~10倍。对经营者实行重奖，这是调动经营者积极性，强化企业内部激励机制、增强企业活力的一项重要措施。但是从22户国有大中型企业的试点情况来看，多数企业都未实行年薪制，其原因就是在目前平均主义和"大锅饭"观念还没彻底克服的条件下，经营者大都存在着不愿拿、不敢拿的心理。为了完善和落实年薪制，应当在制度上把职工分配与经营者分配分开来。其具体办法是：（1）经营者的年薪不应由企业确定和发放，而应当由主管部门

或国有资产管理委员会确定和发放；（2）年薪制既可以对经营者个人实行，也可以对经营者集团实行；（3）经营者年薪收入可以不计入成本，而在企业盈利中提取。

（四）减轻企业负担

目前国有企业的负担主要是债务负担、职工安置负担和社会负担。

关于债务负担。国有企业资产负债率较高，表明企业自有资金较少和经济实力不强。目前企业80%的盈利，以各种税费的形式上缴各级政府，企业留利很少。这就造成了企业对银行的全面依赖，企业不论是固定资产投资、技改投资还是流动资金，都要依靠银行的贷款，离开了银行的支持企业就无法生存。在这种情况下，企业很难成为独立的市场主体。为了减少企业对银行贷款的依赖，增强企业的资本实力，必须建立企业正常的补充生产经营资金的机制。（1）以前国家规定可在销售收入中提取1%用于补充流动资金，现在应当提高这一比例。（2）提高折旧基金的提取比例。（3）出售国有资产或国有股权的收入，应留在企业用于补充生产资金。

关于职工安置负担。这包括企业富余人员和离退休人员的负担。对于企业的富余人员，可以由企业与国家共同出资，采取再就业培训、转换工种、开发第三产业等多种方式来安置。对于离退休人员，通过建立健全社会保险制度，逐步实现统筹和社会统一管理，来减轻企业的负担。

关于社会负担。减轻企业负担的一项重要内容，就是剥离非经营性资产。对不同的非经营性资产，可采取不同的剥离方式。一是将非经营性资产剥离出去后成立独立的法人单位，进行独立核算、自主经营、自负盈亏。这主要是指某些可以改造成有盈利能力的那部分非经营性资产，如商店、招待所、劳动服务公司等。二是企业代管，有些非经营性资产如医院、学校等，剥离出去后短期内很难做到独立核算、自负盈亏，可暂时由企业代管，国有资产的收入可以拿出一部分用于对它们的补贴。三是生活福利设施剥离出去后，可以由政府予以接管，纳入市区统一的社会服务体系，对社会开放和营业。

论企业重组[①]

为了更有效地进行国有企业的制度创新，我认为，应该实行企业改制与企业重组相结合。以建立现代企业制度为目标，实现改制转机，是国有企业改革的中心和基础，必须扎实地加以推进。但是，企业改革应该有新的思路，这就是要把在一个个企业范围内，孤立、分散地进行改革，转变为在一个企业群范围内，在一个城市或地区范围来规划和进行企业改革，这就是要把推进企业改制和推进企业重组和资产流动重组结合起来。本文就如何推动企业重组——组织结构调整——和资产流动重组问题提出一些意见，以供讨论。

一、企业重组及其功能

（一）企业重组概念内涵

企业重组（reorganization），指的是企业之间通过产权流动、整合带来的企业组织形式的调整，更具体地说，它是通过企业联合、合

---

① 原载《经济学家》1995年第3期。

并、兼并、收购、破产、承包、租赁等进行的企业组织的再造，它包括企业组织、财产组织，以及资金结构（债权债务结构）的变化和优化。例如，组成更有实力的公司，把单个企业组成企业集团，或是把"大而全"的企业实行"分立"、划小，变成几个法人实体，改组为更精干、生产更专业化的公司，等等。经过组织形式的调整和重组后，企业组织更完善，资本金更充实，负债比例更合理，财务更健全，生产成本更低，企业由此增强了对市场的适应性和竞争能力，从而屹立于不败之地并发展壮大。

企业重组是一种经济机制和手段，它的结果和物质内容是资金的再组合和配置优化。市场经济中的企业是实现生产要素组合以形成生产力的载体，企业的功能在于把各种物质的、精神的、技术的、资金的多种多样的生产要素进行最佳组合，实现最有效率的生产与经营，获取最大经济效益。现代市场经济中各种要素，例如物质技术条件是不断变化的，特别是市场需求处在不断变化之中，从而使原来的生产方法和要素组合方式变得过时，成为不良的和低效率的；激烈的竞争推动企业不断地和及时地进行要素再组合，变不良的、低效的要素组合为优良、高效的要素再组合，而企业重组就是要素再组合的一种手段和有效途径。可见，更本质地看，企业重组是手段、要素再组合则是结果，而资源的优化配置则是最终目的。企业重组使生产要素从原有企业中获得释放和来一次再组合，例如企业的兼并、联合、分立，其内容和后果是生产设备、生产线的调整与再组合，由此实现生产手段的集中和大规模生产，或是实现生产的专业化和企业精干化，等等。总之，依靠企业的整合，使国民经济大范围内的各种生产要素流动化，更合理地再组合和再配置，从而，在微观上使一个个的企业活力增强，得以进行最有效的生产与营运，在宏观上，使国民经济结构优化，效率提高，素质增强。

（二）企业重组的形式

企业重组的形式有下述几类：

1. 联合重组

联合重组，是企业重组的重要形式，指若干企业组成各种形式的经济联合体，原有企业法人继续存在，却以各种形式在生产、技术、经营上进行联合与合作，并分享利益。联合首先是生产同一产品、同一行业的企业的联合，也包括相关行业的企业的联合。联合在形式上是多种多样的，有以资产为纽带的紧密的联合体，也包括那些松散的联合和有期限的生产合作形式。联合使企业可以共用供货渠道，共用重要设备，共用先进技术和发挥管理优势，共同使用商誉和产品名称等。联合可大大降低成本，特别是有利于形成生产集中和规模效益。实行控股的大企业集团，是汽车、家电等现代大生产迅猛发展的组织基础。

联合化与分立是相互促进的。在市场经济中，企业既适应市场竞争的需要而实行生产集中和联合化，又适应市场竞争而发展生产单一化和分散化，由一个企业改组成几个具有独立法人身份的企业，即分立。可见，企业联合是与企业拆散、分立、小型化并存，不是越大越好。总之，联合、分立等企业组织的变化，通过企业组织结构优化带来资产的再组合优化。

2. 兼并、合并、收购重组

兼并与收购是市场经济中资产重组的重要形式。兼并（merger），又称为"吸收合并"，是企业重组的一兴一灭形式，兼并意味着兼并方公司保留，被兼并方公司解散，法人地位消灭。合并是原有公司均解散成立新公司，称为consolidation，也称为"新设合并"。收购

（acguisition），是一方以出资、入股方式成为另一方股东。企业进行兼并与收购往往同时进行，称为"M＆A"。而"并购"，即合并、兼并、收购，这种企业组织结构的变动和调整，在西方发达的资本主义国家，不仅仅是经济运行中的经济现象，而且是越来越向广度和深度发展，并在一定时期汇为高潮，成为实现资产、产权流动重组的主要经济杠杆。合并、兼并、收购具有以下的作用：

第一，它能减少生产同一产品的行业内部过度竞争。

第二，它能迅速实现生产集中和经营规模化，如果单靠企业自身资本积累来扩大生产，则出现现代的大生产和形成大企业就需要更长的时间。

第三，它较之重新进行固定资产投资，可以减少资本支出。

第四，它可以利用优势企业的管理方法和技术。

第五，它可以共用优势企业销售渠道，扩大市场占有份额。

第六，它有利于调整产品结构，加强优势产品，淘汰无前途的产品，加快支柱产业的形成，促进行业、产业结构的调整。

第七，有利于企业组织结构的调整。市场经济中兼并、合并、收购以及企业联合化，是借助于公司制的股权流动机制而实现的；兼并、收购以及联合化，进一步促进公司化、集团化的发展，从而促进企业组织结构的调整与优化。

第八，有利于资本结构的优化。企业兼并与合并，不仅仅是企业组织形式的调整，而且通过债务重组和增加资本金，实现资本结构的优化。

第九，有利于生产、经济的国际化。跨国公司的兴起和跨国并购越来越成为80年代世界经济的特征，一些大企业借合并、兼并、收购而在海外设新厂，进行跨国生产与经营，如日本丰田公司在美国设厂生产汽车和收购好莱坞电影公司；与此同时，大企业又出售某些国内企业股权。并购促使资本在国际范围转移和国际范围内资源的优化配置，它是资本由发达国家转移到发展中国家和不发达国家的一种形式。在政府调控下，允许和实行有目的、有选择的国际兼并，已经成为新兴工业国家经济高速增长的重要因素。

总之，兼并、合并、收购重组，在发达资本主义国家，是在竞争的强制和大公司的压力下进行的，体现了"大鱼吃小鱼"，促使自由竞争的资本主义转化为垄断资本主义。但是另一方面，它毕竟是市场经济的自我调整机制的体现，是实现产品、行业、产业和企业组织结构的调整的有效方法。市场经济自发性运行中必然会产生的种种结构的失衡，正是依靠这一自我调整机制的作用而得到缓解。特别是兼并、收购重组是企业存量资产调整和优化组合的重要形式，它不仅盘活存量资产，而且借优化组合而创造出新的生产力。在西方发达国家，企业兼并与收购的规模不断扩大，美国收购与兼并企业交易额1984年为1222亿美元，而1992年达2860亿美元。

3. 破产重组

破产重组，最广义的含义包括企业倒闭和清算（1iquidation），后者是公司依法被宣布完全解体，资产全部变卖，进行偿债。由于变卖的资产——机器、设备、车间——要成为购买者的生产要素，因而破产是一种企业淘汰方式的资产重组，破产不只是企业倒闭、清算，而且包括依法重组和自动协议重组。重组（reorganization）是企业依法进行财务整顿后存活；调整（restructuring）是在法庭之外，由债权人与债务人进行和解存活。可见，重组与调整均是资不抵债而需要破产的企业，经过债务整顿，如采取债权转股权等方法，实现资本结构重组，以及经过领导班子的调整，生产经营计划的改变——往往还伴随着兼并、收购——而获得**重生**。这种破产重组与调整，是一种不是诉诸企业解体与消灭，而是加以"救活"的企业整合与资产的再组合。它的作用是：（1）有利于债权人，避免在破产清算中因资不抵债而受损；（2）有利于职工，防止企业解散引起的大量失业及其带来的社会震荡；（3）有利于企业，避免企业因破产而信誉受损，有利于企业在申请破产过程中继续运行，从而减少企业解体造成的经济震荡。

破产的**清算**是破产的主要形式，尽管由于企业解体给债权人造成损害，给遣散的职工带来痛苦，但是它毕竟是促进了资产（包括劳动力）的流动、再配置和再组合，它起着结构调整和扶优汰劣的作用。在西方发达的资本主义国家，每年企业破产倒闭动辄数十万家。

总之，企业联合重组、兼并、合并、收购重组、破产重组等形式，实现了市场经济中产品、行业、产业结构的调整，起了生产要素的再组合，特别是存量资产盘活和优化配置的作用；同时，它又起着调整和优化企业组织结构的功能，以及调整与优化企业资本结构的功能。

二、企业重组在社会主义市场经济发展中的作用

企业重组和资产流动组合既然为市场经济所固有的一种经济自我调整机制，显然地，它也是社会主义市场经济所固有的。在社会主义市场经济运行中也必然会经常出现产品、行业、产业结构的失衡，企业组织结构的不适应，以及资本结构的不良，引起资产存量的低效使用和沉滞化，因而，形成一个企业自主重组的机制，和启动企业间资产流动再组合就是社会主义市场经济构建的一项必要内容。

在我国当前启动企业重组和资产流动组合的重要意义，可以归纳如下：

（一）发掘经济中沉滞的生产能力

传统的计划经济体制的一个重大缺陷，在于缺乏经济的自我调整功能。由于企业处在行政附属物地位，企业的任务只是按照上级行政管理机构的指令性计划来组织生产，这种体制从根本上取消了企业的自我调整，从而也排斥了整体经济的自我调整，经济运行的矛盾、结构失衡只是通过政府自上而下的计划调整来加以消除。由于传统的政府调整具有本身的缺陷，一是不可能做到及时，而只是在各种失衡积累和矛盾激化的情况下才能实施，因而这是一种后发调整，是若干年来一次"大下马"。二是它不是依靠经济手段，而是借助行政命令，它存在着调整摩擦和阻滞。后发调整，意味着调整滞后和经济运行中产生的各种结构失衡的长期存在；调整摩擦，意味着"调不动"，企业整合难启动，除了强制实施以关停并转而外，经济广泛领域中大量的结构失衡仍然保持不动。可见，传统计划体制下的企业行为以及政府计划调整方式，决定了经济**刚性**和结构的**僵化**性，各种结构矛盾延续下来而难以调整和改变。表现在资产使用上，就是固定资产一旦形成，表现为存量资产，它就在企业长期定位，在原地生老病死，而难以在企业之间再组合，因此资产存量组合不合理，低效使用，大量闲置，流转沉滞等现象就不断延续，而且愈演愈烈。据估计，国有企业3.6万亿元固定资产中闲置部分就接近1／3，这种状况表明经济浪费大，效率低。可见，为了构建市场体制，实现企业自主经营、自行发展、自我调整，需要建立起资产重组的机制，这既是构建社会主义市场体制的需要，又是盘活大量的存量资产，充分挖掘我国经济中长期积淀的生产能力的需要。

（二）使企业优势互补，促进发展

国有企业的搞活，需要把进行制度创新与解决历史包袱、现实困难相结合，当前迫切需要解决债务重、冗员多、办社会等历史负担，使企业得以轻装上阵，和非国有企业进行平等竞争。为此，需要政府给以必要的支持。在当前国家财力有限的情况下，实行资产流动重组，依靠企业自我调整，自我投入，自我组合，挖掘企业内部资产潜力，使生产要素互补互促，就是一项增强企业实力，解困存活，促进发展的费少效宏的可取之策。

（三）盘活资产存量，提高经济效益

国有经济迫切需要加快发展。为此，要增大国有企业自我积累和国家投入，但当前我国国有企业活力差，效益低，这种追加投入毕竟有限，因而用大气力盘活和搞好资产存量，通过企业重组，把低效运行和处于沉滞状态的产品，加以有效的利用，就成为国有企业改革的一项重要政策目标。

（四）依靠重组，扭亏增盈

当前一部分国有企业面临困难，40％的企业亏损，国有小企业亏损面更大，切实扭亏增盈，已经是极为迫切的问题。为此，需要开发适销对路、质量优、成本低的新产品。新产品开发，涉及技术、资金，以及销售渠道，这些都不宜由一个个企业独立去做，而应该实行企业优势互补。就革新技术来说，企业盲目引进生产线，已经是许多企业债务沉重和陷入困境的重要原因。据辽宁省的一项调查表明，企业50％的债务，是90年代以来为引进技术而背上的。不技改，企业难以活起来，要技改，难免又背上新债，新债加旧债，这是多数国有企

业面临的两难。可见，为调整产品结构，增大技术含量，上档次，通过企业重组，构建和开通企业间资产再组合的机制，就是十分必要的。这样将有利于企业扭亏增盈，并且使企业既能推进技术革新，而又减少投入和防止新债务的增长。

（五）以资产再组合，加强重点，形成骨干

国有企业的改革必须突出重点，要着力于搞活一大批大（型）、高（技术）、精的大企业。改革15年来已经有一批国有企业，特别是一批国有大型企业在改制转机中，增大了活力，表现出强劲的发展势头。不少企业跨入产值十几亿、数十亿元的行列，一系列企业正在向年产值100亿元级攀登。但是，最主要的制约因素是**资本**。我国国有企业中的500强，如果能解开资本**制约**，完全有可能在不长的时期内，发展壮大成为国有经济的骨干和基石，它们的产值总和很快可以占到国有经济的50%～60%。依靠这一批骨干，进一步深化改革加快发展，我们将能做到重振我国国有经济，而解除资本制约的有效方法就是企业重组。

（六）优化组合，增强国有经济整体素质

我国国有企业改革进入了把改革与改组、改造相结合的新阶段，目标是搞活搞好作为整体的国有经济。要按照社会主义基本制度的要求和适应市场经济的需要，以及经济国际化的需要，复关以后的新形势，在各个产业部门实行国有企业的调整和改组。由于近年来，投资分散，企业数量大、规模小、技术差、管理弱、缺乏规模效益，特别是许多生产重要产品（如汽车、电子等）的企业，产品成本奇高，价格大大超过国际市场，这些企业面临着复关后竞争进一步加剧的严峻形势。可见，大力提高生产的规模效益是国有经济改组的重要目标。

由于90年代我国经济已经迈入加快发展重化工业、大机器制造业、新兴产业的经济起飞期，加快产业结构调整，加快支柱产业的形成，加快新兴产业的发展，是我国国有经济改组的另一重要目标。可见，在当前，搞好搞活作为整体的国有经济，需要加强改组，这就要求我们把企业的自我重组与资产再组合，作为新时期改革的重要内容。

（七）促进企业改制、转机

为了能启动和顺利实现企业的重组，有必要进行公司化的改组，建立现代企业制度。公司是财产主体多元化的组织，对企业进行公司制改组，既有利于进行联合化和集团化，也有利于进行企业兼并、合并。另外，企业发展经济联合，与乡镇企业、三资企业实行联姻，也使国有企业引进了新机制，有利于国有企业深化改革，加快改制转机。

以上分析表明，我国企业改革的深化以及当前的经济形势，要求人们把促进企业重组提到改革议事日程的重要地位，积极推进企业重组和要素再组合，将为搞活国有企业提供现实契机，并促使改革的深入和国有经济的振兴。

三、国有企业重组的方式

改革以来，为了搞活国有企业，完善企业组织结构，增强活力，提高效益，政府鼓励联合。1986年制定了《破产法》，提倡国有领域的破产、兼并重组。特别重要的是，随着改革的深化，由于赋予企业以权、责、利，在内在利益驱动和竞争的压力下，企业自我重组开始启动，出现了下列重组的多种多样形式。

第一，破产、兼并、收购重组。尽管这种方式还刚刚起步，但它却是进行国有企业组织调整和使国有资产再组合、配置优化的重要形式。

第二，多家整体联合重组。由几家生产同一产品的企业，或相关产品与部件的企业，将评估确认的经营性资产拿出来实行联合，组成有限责任公司或股份有限公司。这种多家整体全资的公司化改组，有利于实行稳定的规模经营，在发展汽车、摩托车等大生产中，有着重要作用。

第三，一家为主、多层次联合重组。以一家生产主要产品的企业为龙头，联合几家生产相关产品的企业，组成紧密联合的核心层，再对生产、经营的周边环节上的众多企业，通过承包、租赁、分配产品、分配利润等形式建立松散联合的外围层，形成以名优产品为龙头，以资产关系为纽带，跨地区、跨行业、科工贸金一体化的综合性大型集团，这是实现资产重组的有效形式。

第四，局部资产联合重组。原企业不变，将效益好、有竞争力的部分资产拿出来，例如拿出一个车间组成直属总厂的公司，或者由总厂控股的子公司，与其他国有企业，包括乡镇、三资企业相联合，这种重组方式不仅盘活了企业存量资产，而且通过企业间资产优化组合，形成新的生产力。

第五，合资、合作重组。企业用自己的优势资源与其他企业进行合作生产与经营，例如用自己的技术、资金、商誉、商标与其他企业实行合作生产，或承包、租赁其他企业，或进行合资生产，包括与外资进行的合资与合作。

第六，分立重组。把原有的企业变成几个独立营运的法人实体，或是把原有的企业变成总公司下属若干子公司和小公司的企业集团，进行一业为主，多种经营。

我国传统体制企业是"全能厂"，不仅是"大而全"，而且"办社会"。在市场经济中，企业需要"精干化"，要剥离出服务性和公益性的部分，这就是"分立""化小"。这个"小"是指其从事的非生产性经营和社会服务职能的减少，不是意味着产量、产值减少，而恰恰相反，它使企业生产上更"专"，更突出主业，使成本降低。可见，企业重组并不是意味着单一的联合、并厂，而是要与必要与合理的分立相结合，这种企业分立重组，是资产再组合和优化配置的一种必要形式。

四、实践的启示

企业重组，效果显著。实行改革以来的15年，在我国几乎各个省、市都可以找出许许多多借助企业重组和资产再组合而搞活了企业，提高了效益，促进了发展，搞活了当地经济的事例。典型和榜样总是会给人们带来深刻的启示，因而我们还是要举出下述几个例证。

（一）"娃哈哈"与"三枪"牌内衣的并购重组效应

"娃哈哈"是杭州的一家区属校办企业，1987年以借贷14万元起家，1991年兼并有2000多人的国营大中型企业杭州罐头厂，此后又合并四川涪陵糖果厂、罐头厂、酒厂、矿泉水厂。几年来的"小鱼吃大鱼"使这个厂发展成包括食品、制罐、医药、娱乐、餐饮等行业的产值超10亿元的大集团公司，年利税总额由1987年的17万元，发展到1994年的1.8亿元。

"三枪牌"内衣厂的兼并效应也是值得人们深思的。在上海针织品全行业亏损时，生产"三枪牌"内衣的这家企业却依靠并购取得很好效益。这家企业几年来买下许多家亏损的袜厂、针织厂，产值由1993年的2亿元，发展到1994年的10亿元，1995年预计产值可达60亿元。

（二）武汉市企业破产重组效应

武汉市1994年大胆进行企业破产重组，对38家扭亏无路的特困企业实行破产拍卖。这38家企业迄至1994年初，已累计亏损5.15亿元，每户平均亏损1355万元；38家企业拥有净资产6.11亿元，而负债高达8.89亿元，37800名职工中，有2300名离退休职工。武汉市主要采取破购相结合的方式并取得成功，促进了优胜劣汰，减少了亏损，银行减少损失，政府去掉负担，企业得到解脱，职工有了归宿，最主要的使低效和闲置资产经过重组，实现配置优化和产生效益。一句话，在武汉市，破产显示出明显的扭亏增盈效应。

（三）上海"二毛"的联合重组扭亏增盈效应

我国毛纺业多年来不景气，大量毛纺厂陷入亏损。上海"二毛"厂采取"内联手，外辐射"策略，在全国各地建立17家分支企业，与外商建立5家合资企业，进行优势互补，发挥技术能力、资金潜力，扩大了原料来源，使企业生产形成批量效应，降低了成本，不仅使"二毛"由效益下滑成为全行业状元，而且带活了一大片。成都毛纺厂厂区有十个"二毛"大，设备国内一流，年年亏损，问题出在技术、管理、资金上。上海"二毛"通过兼并，对"成毛"投入2000万元资金，只一年"成毛"从年亏500万元变为盈利750万元。

（四）北京一轻局的中观重组效应

北京市一轻局1994年进行了一次资产重组的重大改革，它建立一轻总公司，对其下属公司，通过产权交易，推进兼并、联合和结构调整。一些企业，经过"弃二兴三"的结构调整和兼并、联合，而革新了产品，提高了质量，获得了竞争能力。总公司属下的国有资产在激烈的竞争形势下得以保值增值，获得好的效益。

（五）杭州市与德阳市企业联合重组的整体经济搞活效应

杭州市近年来狠抓改革与改组相结合，以骨干企业为依靠，组建企业集团，建立起规范化企业集团92家，其中以国有企业为核心的集团38家，注册资金43.6亿元，拥有紧密层企业692家。全市大范围内的企业重组，促使资源配置优化，整体经济效益提高，1994年国内生产总值550亿元，比上年增长30%，经济效益综合指标仅次于广州市。

德阳市近年来大力推进国有企业的联合、兼并，通过重组国有企业，盘活闲置资产，优化资源配置。这个市的市属国有企业1984年以来7年无亏损，国有资产由6亿元增加到14亿元，实现利税从8500万元增加到1.6亿元。

我国企业改革的实践经验表明，企业重组和资产流动再组合，是加快搞活和重振国有企业的重要方法。对此，一些省市领导体会很深。上海市长徐匡迪在1995年3月全国人大会议发言说："我们公有制为什么不能实行兼并和资产重组呢？""我们将一手抓市场，一手抓产品结构的不断更新，同时用资产运作的方式来优化配置资源。上海100家试点企业，从下半年，1/3开始行动，我们希望本世纪末上海有10个以上的大企业集团，每年的销售额在二三百亿元，走进世界大公司行列。"河南省委书记李长春说："推进国有企业之间的兼并重组，形成一批以优势企业为龙头的企业集团，当前是最好的时机。"

以上我们举出的少数例证表明，企业重组和资产再组合有利于企业摆脱困难，调整结构，增强实力，加快发展，同时它又有利于转换机制，增强活力，这是一条搞好搞活国有企业和国有经济的重要道路。

五、构建新经济体制，推动企业重组

加快新旧模式转换，建立企业重组机制。

本文提出和分析的企业重组，不是把它作为一个应急的临时措施或政策，也不仅仅是意味着当前政府要大力抓一下组织联合，实行破产、兼并，而是为了构建社会主义市场体制所固有的经济自我调整机制和企业自主重组功能。本文的分析指明，传统体制下缺乏企业自主重组和资产流动重组机制。政府的计划重组，实际上也只是实行于国民经济"调整"时期，不可能经常进行，而且采取"大下马"的方式，带有很大的负效应。改革开放以来，通过对实行扩权、让利和实行多种经营形式，允许承包、租赁，大大激发了企业的积极性，加以政府提倡和自上而下地推进联合，因而，企业自主重组和资产流动再组合已经启动。在那些有效组织起"一条龙"实现高增长、高效益的城市，更是表现出企业组织结构调整和资产再组合的生产力。但是，总的说来，国有领域的企业自主重组和资产流动重组，迄今仍处于被禁锢状态而难以开展。为了形成一种十分灵活，能经常进行，而又负效应小的企业重组整合和资源流动重组机制，需要建立社会主义市场体制，将市场调节引入资产、产权流动之中，同时又要强化产业政策的指导和政府的调控。

企业重组机制有其制度的基础，包括以下几个方面：

（一）构建产权主体，实现产权自主转让

企业重组与资产流动重组，在本质上是市场启动的企业组织形式和生产、资产组织方式的调整，因而重组的成效大小，在于这一调整是否做到了使企业的产品适销对路，使生产规模适应市场状况，使企业营销与内部管理以及企业组织形式，更加适应市场形势需要与增强竞争能力的要求。这样的重组，必须是企业自主的行为。传统体制下实行的关停并转，办公司、托拉斯，是一种依靠行政手段的、自上而下的重组，是一种政府行为，这种传统的改组方式，显然地不适用于实行市场经济的新条件。近年来，在我国各地开展的企业联合、兼并中，传统的政府决策方式也并未完全摆脱，往往是由政府有关部门"说了算"，实行"媒妁之言"，搞"拉郎配"，其结果是决策脱离企业实情，不仅不能使重组达到适应市场、优化组织结构和资产组合，而且还会事与愿违，使企业改组后，出现新的矛盾和困难，例如一些实行兼并的企业又提出要"打离婚"。

为了使企业重组成为企业自主的、为企业广大职工所支持的合理重组，必须进行企业制度创新，建立现代企业制度，使企业成为关心自我重组和能进行自我重组的市场主体和产权主体。如果说，在传统体制下，企业是政府机构的附属物，缺乏自我完善的内在动力，没有实行产权转让和再组合的权利，也不对生产经营承担责任，企业对资产使用状况表现出漠不关心，出现了听任国有资产大量闲置、不断削弱，听任企业趋于"空壳化"的极不正常的现象，那么，在企业成为独立营运的市场主体和拥有法人财产权的产权主体后，企业在利益驱动下，在竞争和优胜劣汰的市场法则迫使下，在企业的自主权和法人财产权保证下，产权的转让和整合就会真正成为企业自主行为。可见，提倡推进企业重组，不是说就可以放松企业的改制转机，恰恰相

反，它要求人们更加扎实地推进现代企业制度的构建，实现市场经济的微观主体的塑造。不过，在抓现代企业制度的构建中，应该突出重点，首先搞好500家～1000家国有大企业的改革，以利于推进企业重组和资产流动重组。

（二）健全法人治理机制，实现要素合理流动

企业资产重组，涉及两类企业交易。

第一，不影响主体产权的资产交易。企业闲置资产的交易，只是企业资产闲置部分的转让，而且只是国有资产的变形，由物质资产转变为货币资本，不涉及国有产权的增减变化，不减少国有资产价值，可见，政府理应将这一类资产交易决策权授予企业。

第二，发生主体产权变动的产权转让。企业的兼并、收购、参股、联合等企业重组，涉及企业财产结构的变化，如企业兼并，企业财产由原来的持有者（主体）转移到新的持有者（主体）手中，或者是由一个国有机构转到另一个国有机构或公有法人手中，或者是国有机构转到非公有的企业法人或个人手中。产权转让会带来企业财产主体结构或股权结构的变化，涉及原有出资人对企业股权的控制程度。例如，股权大量转让会使国家不再能对企业保持控股权。产权转让是所有者的权利，即使在两权分离的公司企业，重大产权转让等重要决策，都应由所有者来做，使这些行为体现所有者的意志。在市场经济中，公司企业的并、购、联合，是通过法人治理机构来进行的，这种公司财产运作机制使企业重大决策，包括产权重组决策，既体现所有者的意志，又体现企业的自主经营，有利于充分发挥经营者的积极性和主动性。当前，出现了要么兼并、联合等资产重组由上级行政机构说了算，要么是由经营者独断，两张皮互相脱节的现象。把二者结合起来，形成健康的企业自主重组，既避免上级行政管理机构的瞎指挥和武断，又避免经营权越位侵蚀所有者权益和国有资产的流失，关键在于构建和健全公司法人制度。当前，要大力形成企业法人财产权体制和健全经营权与所有权两权既相分离又相统一的法人治理机制。

（三）促进资产、产权流动化

传统体制下，企业处在条块分割之中，企业中的资产，画地为牢，不能交易流动。传统体制下企业国有资产权既是不可分割的，又是不流动的。国有产权结构成为一种坚硬的"外壳"，它使资产，即使是在企业内缺乏用途的闲置资产，长期死滞也不能外流重组；使需要和可以互补的企业，在彼此隔离中"可望而不可即"，不能联姻、结合重组。实行改革以来，情况已有所变动，资产和产权开始流动，企业自主重组开始启动，但从整体上看，当前仍然是产权难以流动，企业难重组，资产难再组合。为了启动企业重组和资产再组合，必须实行资产、产权流动化。

第一，要使企业产权，包括占有的固定资产商品化。市场经济中企业的自我资产，是企业自主支配的法人财产，其中低效使用和闲置不用的机器设备、土地，企业可以依法出售、出租，甚至可以将一个分厂、一条生产线出售和外延，装备于买方的企业中。可见，资产商品化和交易化，是形成和活化资产厂际重组的经济前提。

第二，要实行企业产权——物质资产财产权，商标、商誉、专利等知识产权——证券化和流动化。产权的转化和企业产权结构的变动，是从企业释放和引入资产，进行再组合的契机。市场经济中投资于企业的所有者财产权表现为股权、股票的市场交易，使企业股权得以流动，股权结构得以重组，由此促进和实现企业联合、兼并、合并与收购，实现资产重组。产权不能转让，股权不能流动，股权结构凝固化，兼并、合并、收购就缺乏经济杠杆，就不可能有自主的企业重组，也就不可能有厂际、行业际、产业际的资产再组合。总之，切实推进资产、产权流动化，是启动企业自主重组的经济前提。

（四）形成产权市场交易的机制

企业间资产的流动化和产权的转让，需要有相应的机构和经济机制。股权形式的企业产权流动，需要有产权股权化和便利于股权转让的发达的股票市场，要有规范证券市场行为，健全其运作的完备的金融法规和金融监控体系。非股权形式的产权流动重组：（1）需要有产权交易机构，这就是功能齐全的产权交易所，它是撮合买卖双方，实现跨地区、跨行业、跨所有制的产权交易——包括企业整体或分体转让、拍卖，包括商誉的转让——所不可缺少的。（2）需要有中介组织的构建，如企业资产评估机构、会计师事务所、律师事务所等中介组织，以及专门从事企业重组，包括清理债权债务和吸纳新资本的投资公司等。（3）需要有资产和产权的市场价格形成机制的构建。这就要实行交易自主、放开价格，形成竞争机制。依靠产权市场价格形成机制，可以使交易公平合理、润滑和促进交易，同时又能减少交易费用。（4）要确立产权交易规则和监督其执行。交易规则包括：保全国有资产的正确作价规则；产权公开交易，公平竞争规则；防止国有资产流失的规则，如要保证出售国有资产的收入用于固定资产新建，不允许作为财政上交和发放奖金等。

总之，形成资产交易化和产权流动化的经济机制是至关重要的，它是推进企业组织调整和资产自主流动重组的基础。这项基础打好了，我国将真正出现国民经济大范围内的健康而有序的企业自主调整与资产流动重组，在存量盘活、重组中促进资产优化配置。

（五）健全社会保障体系，促进人才流动

企业重组，涉及劳动力的厂际和地区际的流动和再就业。特别是国有企业冗员众多，人浮于事，在重组中必然会遇到劳动力的流动化和再就业的问题，因而，应大力发展劳动力市场，加强劳动技能培训和就业再教育，特别重要的是要加快保险体制的改革，建立起社会保障体系，以形成一个有利于劳动力流动的安全阀门。社会保障体系的建立和健全，已经是当前能否切实推进破产及其他形式的企业重组的一个重要关键。

（六）发挥政府的宏观调控功能，推动企业健康重组和资产合理流动、高效重组

重组要获得势头和切实地向纵深推进，必须依靠市场机制，充分发挥市场经济的自我调整的功能，但是市场自我调整带有自发性，它既可以实现健康、合理重组，使企业重组符合社会主义经济发展的需要，实现资产合理流动和优化配置，也会采取破坏性形式，例如在出现大规模破产和大量失业的情况下，会带来经济和社会的震荡。在市场作用下，盲目进行的企业重组，也会不断带来产品、行业和产业结构的失衡。可见，自发进行的企业重组也包括低效或负效重组的内容。为了使企业重组和资产重组，真正起到资源优化配置的作用，必须强化国家对重组的指导和调控。特别是在新旧模式转换时期，一方面，由于许多条件尚不具备，企业自主重组的经济机制尚未形成，企业重组从而资产流动重组难以启动，低效使用的资产还调不动。另一

方面，由于价格体系尚未理顺，价格信息失真和误导，使盲目的低效率甚至负效应的企业重组和资产重组表现得十分明显，造成长线愈长，短线越短。可见，为了顺利推进企业重组和资产再组合，还必须有效发挥政府的宏观调控功能。政府的职责与作用主要是：（1）制定国有企业重组的原则和各种具体规则，以保证企业组织调整合理进行并监督其执行；（2）制定产业政策和发展支柱产业、重点行业的规则，用经济手段引导企业组织结构调整和资产流动重组；（3）对市场作用下自发进行的企业重组进行调控和指导，以保持社会的稳定。

在当前，为了加快国有经济的调整，应该大力推进企业自我重组和资产流动重组，对于竞争性领域的国有企业实行放开，主要依靠市场作用来实行重组，特别是对于大量的小企业，要放手进行转、租、包、卖、并。对于骨干企业，要以拳头产品为龙头进行重组，组建"大舰队"。既要充分调动企业自我重组的作用，又要有效地发挥政府的指导、协调与组织的功能，在进行联合、兼并组建起拥有巨大实力的企业集团的过程中，政府要充分发挥"撮合"的作用，不只是"当好红娘"，还必须防止"拉郎配"。政府要采取有效的经济手段，主要是政策的调整和必要的信贷支持，来推动兼并和破产，以实现集团化，但当前重点可以放在兼并和联合上，对破产则要有计划地进行，以有利于社会的稳定。

与刘诗白教授谈国有企业的产权制度改革[①]

廖彬：国有企业改革已有十多年历史了，如今面临许多困难，您如何看待企业界的现状？

刘诗白：当前国有企业，特别是大中型企业，由于机制不活，面临许多困境，亏损较为严重，亏损面有1/3，还有1/3潜亏，获得效益的只有1/3，多数企业尚未活起来。而另一方面，非国有的城市集体企业、乡镇企业、个体企业、三资企业都获得迅速发展。1994年国有工业产值增加6.5%，包括国家控股企业增长8%，而乡办企业增长42%，其他经济成分（主要是三资企业）增长42.2%。在1994年增加值中，国有企业仅占15.2%，非国有企业占84.8%。

目前国有企业已经呈逐步萎缩的趋势。1978年国有企业占工业产值80%左右，1993年退到52.2%，1994年再退到43.7%。因此，我们必须正视客观现实，认真对待，谋求对策。

廖彬：如何才能扭转这种萎缩的趋势，真正把国有大中型企业搞活呢？

刘诗白：对于搞活国有大中型企业，我有以下几点思考：

---

① 原载《改革》1995年第3期。

第一，应明确搞活的目标和方向。国有大中型企业改革的目标是建立现代企业制度。那么，什么是现代企业制度呢？就是要使企业成为以营利极大化为目标，实行自主经营、自负盈亏、自我发展、自我约束的市场主体，和拥有自行支配的经营财产的产权主体，也就是说是一个真正的企业。应明确这一点，而不要在什么是现代企业制度，什么不是现代企业制度的概念上去纠缠。社会主义市场经济需要微观主体，这个经营主体是政府不干预的，自主营运的，对市场做出灵敏反应的，自我增长、自我增值的主体。

第二，搞活国有企业要突出重点。国有企业搞活的重点是大中型企业要集中力量打攻坚战。今年的攻坚战，不能全面推进，要有舍有取，要腾出手脚来，集中精力财力，搞好骨干企业和支柱产业，这部分搞上去了，国有企业就活了。

对那些效益不好的小型国有企业，应实行转、租、卖等多种形式，中等国有企业要搞好嫁接、联姻，与乡镇企业、集体企业、个体企业、三资企业联合，从而实行多种所有制的联合，形成杂交的优势，这就是运用各种经济成分的力量把企业搞活。

第三，搞活国有企业，要抓住一个重心。企业困难，原因是多方面的，比如资金紧，技术陈旧，产品过时，企业的组织不合理，管理很差，冗员负担等。我们就要分门别类，根据实际，它有啥问题，都要解决。对有些企业的债务负担、利息负担，就要通过一些方法，或"拨改贷"，或"贷改投""贷改股"。

搞活一个企业，一定要针对其具体问题。我曾到乐山考察过被四川省政府列为"全省22户建立现代企业制度试点企业"的乐山造纸厂。该厂目前面临的最大困境就是贷款几千万美元从国外购回的二手设备闲置，利息负担甚重。只有解决了这个厂的利息负担问题，企业才能活起来。

第四，关于企业重组的问题。目前，许多企业的国有资产闲置，没有充分利用盘活存量。要使企业盘活存量，让国有资产保值增值，应走企业重组之路。企业重组是指企业联合、合并、兼并，通过各种形式把企业的组织结构优化，把历史包袱甩掉，让潜力发挥出来，形成优势互补、余缺调剂、存量盘活。

企业要搞活，如果全靠国家拿钱来解决它的利息负担、债务负担、冗员问题，是较为困难的，因此，我主张企业实行重组。关于重组，首先应发挥企业自我重组，其次才是国家给一些扶持。

国有的骨干企业，包括基础工程、国防设施、能源、航空、邮电等，这些产业应走国家投资扶持的路，并可在一定范围内由国家指导进行筹资；此外，涉及人民日常生活的公益型企业，如水、电、交通，则应实行国家控股。其余那些经营性的产业，竞争性的产业，不是关系国计民生的产业，应放手让企业重组。企业之间或参股、兼并、合并、收购股权，或者破产，通过产权流动化、交易化实现企业重组，从而形成优势互补。

廖彬：目前，许多企业都推行了股份制，实行了"工者有其股"，这样做是否会导致私有化？

刘诗白：目前实行股份制的企业，个人股仅占20%左右，而法人股和国家股则占80%左右，因此不会导致私有化。对这个问题，我们应正确认识，不能把产权的多元化当作私有化。谁投资，谁受益，工者有其股这是符合社会主义的分配原则的。那些把整个产权都交给职工的小型企业，是股份合作制，不是私有化。股份合作制是全体职工都参加劳动，股权都有，多劳多得，实行按劳分配。

目前，农村推行的股份合作制，是一种新生事物，正处于试验阶段，它可以说是在坚持以社会主义公有制主体情况下，实行的多种所有制形式的一种新的探索。

廖彬： 当前国有资产流失严重，您怎样看这个问题？

刘诗白： 据国有资产管理局介绍，截至1993年末，我国国有资产总额（不含境外国有资产）34950亿元，其中经营性国有资产占资产总量的74.5%；非经营性的国有资产8924亿元，占资产总量的25.5%。

现在，我国国有资产流失较为严重，据估计每天流失量为1个亿，主要渠道有几个方面：一是在办中外合资企业和对企业股份制改造时，对国有资产不评估或者低估；二是股份制企业，对国家股不配股，不分红；三是一些企事业单位部分国有资产没有入账，形成大量账外企业资产；四是在不规范的产权交易中，把国有资产廉价出售，等等，不一而足。对这个问题，我们的有关部门应引起高度重视，要规范化管理，建立一整套切实可行的，保证国有资产保值、增值的措施。

解决国有企业过度负债
刻不容缓①

　　国有企业过度负债是刻不容缓的问题，它已成为搞活国有经济和推进国有企业改革的拦路虎。国有大中型企业的负债率为70%～75%，但这仅是一方面的数字，事实上还有净资产损失等，应为80%左右，县级企业甚至高达85%。小企业的资产已成为负数。近年来国有企业负债率不断上升，国有企业债务过度发展，一是经济市场化，企业面临的激烈竞争；二是改革不配套，在改革中又出现新的困难。自负盈亏，自己找钱，国家资本金不足，流动资金又不足，宏观调控使企业成本上升，盈利率下降，1993～1995年表现特别明显，资金负债过大，资产盈利率下降，低效率运行，无效运行，国有企业负债率从趋势来看还要提高。

　　解决债务应标本共治。卸下企业历史形成的包袱，采取多样措施。关键是政府要下决心，要拿出切实可行的方法逐步解决。目前有

---

①　原载《四川金融》1996年第5期。

如下方法：（1）拨改贷，转为国家资本金，全国600多亿元，四川几十亿元，应区分地区条件和企业情况，财政下决心是可以解决的。（2）债改股，把债务关系改为参股关系。（3）对资不抵债的企业银行应冲销呆账，技改利息应豁免，应延长还款期。银行是否可以贷改股，应在理论上进行研究。借鉴国外经验，实现债务重振机构。改革债务结构，使一个企业松包袱，另一个企业破产，区别情况，分解债务，通过企业股权结构重组，实现债务解决，可否实现成立债务投资公司，实行债务重组，还可针对其行业来实行。从更宏观的角度看，还可由财政发行企业债券，由银行购买，这样可以冲销债务而不影响通货膨胀。（4）债务重组。国外的办法很多，是否可成立债务重组公司，重点城市可试点，如成都可设想更大胆的做法，由财政对重点企业发行债务重组债券。（5）深化改革的道路（企业改组、改革）转体制，卸包袱。解决债务必须与企业改组结合起来，改组成多元化的公司，要把企业资产流动、出售股权来清偿债务，要提倡股权置换（债务链企业互相参股），优化产权结构，允许职工购股。充分利用外资，建立现代产权制度，把产权多样化结合起来。解决债务问题要避免单纯地减免债务，避免单纯地卸包袱，要提倡转机、转制。这是改革中出现的问题，要把财政、金融改革同解决债务问题结合起来。

转轨期的经济运行和

国有企业改革[①]

一、紧缩、降温与新一轮周期的启动

中国经济1992年以来一度经历了高速度、高增长的"双高"发展。1993年7月，为抑制通胀，中央实行适度从紧的货币政策和财政政策。经过三年的调控，目前物价涨势已被抑制住，由1994年高峰期的21.7%回落至1996年7月的5.8%，1996年底物价涨幅可能降到10%的界区内。

"紧缩"并未带来生产滑坡和市场萧条，中国1996年GDP增长估计仍在10%以内，财政收入、居民储蓄、外汇结余均不断增加，适度从紧的政策取得的成效是明显的。

1993年中开始的新一轮经济紧缩和调控显示出下述特征：

第一，紧缩的制热效果慢。由于缺乏有效的经济手段，最初对过度投资压不下来，但是加强紧缩力度后，又产生"资金缺""市场

---

① 原载《改革月刊》1996年第11期。

疲"的负效应。

第二，国有企业经历了极大的困难。由于在紧缩中首当其冲，国有企业很快呈现出资金短缺，诱发了较之过去更为严重的新一轮债务链，在循环障碍愈演愈烈形势下，逐步产生销售疲软，商品积压增大，成本上升，亏损面与亏损额逐年上升。1993年国有企业亏损面大约是30%，1994年上升为40%左右，1995年增至50%左右，1996年上半年仍继续上升。停工停产现象在这一轮紧缩中是最突出的。而另一方面，非国有经济尽管也经历困难的调整，但仍然高速增长，致使国有经济和非国有经济之间的反差分外突出。

第三，紧缩时间长，迄今已经过了36个月，当前还未完全着陆。为了进一步使物价涨幅低于经济增长，今后还要继续执行适度从紧的政策。

可见，这项逐步到位的长紧缩，它在保持国民经济整体高速增长下，达到了逐步把物价涨幅稳住的目标，避免了急刹车带来的经济大起大落和不稳定。但是紧缩的时间跨度大，宏观环境的不宽松，对机制尚未转换的国有企业来说无疑是"雪上加霜"，引起国有经济局部萎缩，事实上也使企业改革难以推进。基于上述情况，1996年5月以来，政府采取了一系列调整调控力度、启动市场和促进国有大中型企业发展的措施。在今明两年内，物价将进一步回落，同时，经济将继续保持9%左右的高增长，国有经济也将逐步走出困难的低谷。总之，1993年开始的中国经济紧缩已进入收尾期，新一轮经济周期已经开始，形势正在朝着更有利的方向发展。

二、改革以来中国经济运行的周期性

周期性的通胀，在中国自1978年实行改革以来的经济运行中表现得十分鲜明。改革给经济注入活力，提高了地方、企业的积极性，17年来中国经济以年平均9％的增长率向前发展，1992年以来中国经济更以13％左右的幅度高速增长。但高增长之后，随之出现通胀，这种周期性通胀迄今已经历了4轮。80年代中期以前通胀一般保持在10％以下，而1988年物价水平上升18.5％，在最近一轮经济周期中通胀高达21.7％（1994年）。

中国经济表现出的非常规性波动原因何在？

经济运行中呈现出的周期性的高通胀，其原因主要在于增长速度、增长模式、经济体制等方面。（1）增长速度超过国力，引起货币超量发行和信贷失控，这种情况，存在于80年代中期以来的每次严重通胀中。（2）粗放型的增长，由于其高投入、低产出、低效益，使产出价值量与信贷资金投入量之比越来越低，例如1994年信贷总量与GDP之比为8.2：1，1995年为8.6：1。它表明单位价值增量需要耗用更多的信贷资金，这也表现出粗放型增长模式固有的通胀效应，这种通胀效应在近年来的发展中越来越明显。（3）更重要的是经济体制。高速度不一定都带来高通胀，在那种相对节约投入的集约型增长模式下，特别是拥有完善的市场机制和有效的宏观调控的经济体制下，可以出现高增长、低通胀。人们可以看到：亚洲四小龙曾经有长达20年的7％～8％的增长率，而通胀率在5％左右；马来西亚1994年、1995年增长率大约为9％，而通胀率保持在3％、4％的低水平。可见一些发展中国家和我国出现的高通胀，其深层原因是转轨期体制的不健全及其造成的自我调节和政府调控功能薄弱。经济体制和机制的缺陷具体表现在如下三个方面：

第一，转轨期改革不到位的微观主体。改革给企业引入利益驱动机制，但企业并未摆脱国家负亏损的产权模式和割断国家与企业间的脐带，自主经营+传统国有产权制度，意味着企业引入利益驱动而又缺乏内在制约机制，企业行为的盲目性和非理性就难以避免，其集中表现就是投资饥饿和消费亢进。投资饥饿表现为不顾效益，乱上项目，造成投资扩张；消费亢进表现在工资基金增长大大超过劳动生产率的增长，造成侵蚀积累的过度消费。而这二者都会表现在企业对银行信贷资金的渴求，并且必然带来信贷扩张。

第二，转轨期不完善的市场机制。尽管绝大多数商品价格已经放开，但价格体系尚未理顺，市场的樊篱尚未彻底消除，企业国家间的脐带尚未剪断，公平竞争和破产机制尚未形成，从而使企业缺乏市场机制的外在约束。

第三，宏观调控体系尚未形成。金融体制改革未到位，专业银行的商业银行化刚刚起步，还缺乏约束信贷扩张和经济过热的市场利率的变动机制；中央银行的稳定货币和调控信贷的功能还十分软弱，难以应付专业银行的"倒逼"和抑制信贷扩张。此外，国家财力薄弱，财政调控手段缺乏，也成为政府宏观调控软弱无力的重要因素。

可见，微观搞活而缺乏自我约束产生的企业内生膨胀，市场外约束和政府调控乏力，是转轨期经济运行中的基本矛盾。这一矛盾造成了一种经济易热症。其特征是：过度的基建控制不住，银行承受着经常性的信贷压力，一旦出现增长速度过快或粮食减产、副食品供应不足等情况，经济就会升温，并迅速演化为双位数的通胀。这是一种为转轨期调节与调控机制缺陷所加快的通胀，是中国改革以来经济运行中一再出现的不良循环，即转轨期经济周期的根源。

三、搞好体制转轨，实现良性循环

改革以来经济波动的实践表明，采取措施，力争实现经济良性运行，是体制转轨期的一项重大任务。特别是中国当前新一轮经济周期正在到来，国有经济及整个国民经济面临着新的启动，目前各地出现了进一步加快发展的热情和势头。"九五"规划和2010年远景目标的实施，意味着更大规模的基本建设和更加庞大的投资活动。改革释放出的巨大经济活力和拥有13亿人民的中国大步向前迈进的现代化进程，正在迎来一个社会总需求不断增长的新时期。基于中国还处在新旧模式转轨期，调节与调控机制乏力和不完善，因而应当长期保持头脑冷静，警惕经济膨胀，继续搞好和完善宏观调控。根据情况的变化，当前需要掌握好"松动"力度，支撑国企调整和促进合理复苏，同时又防止通胀重起，但不能用信贷"开闸"来替代力度的调整，重要的是坚持国民经济稳定、持续健康发展的方针，防止经济大起大落，从而实现经济的良性循环。为此，有必要注意以下四点：

第一，实行稳定高增长的方针。继续强化和改善宏观调控，正确处理好速度与比例、建设规模与国力等重要关系，把增长率保持在9%左右，而其关键是调控好基本建设规模。

第二，搞好增长方式的转变。采取有效措施，大力改变增长方式，要把新一轮的经济增长，置于科技进步、结构调整和产业升级的基础之上，走一条投入省、产值大、效益高的发展道路，即集约型的高增长方式，这是未来15年内保持经济高速度和低通胀的关键。

第三，以高增长、低通胀为目标，要争取在1997年把物价涨幅降到经济增长率之下。应该看到，物价波动是市场经济所固有的，向市场经济转轨的发展中国家通胀势所难免。我们所要加以克服和防止的是那种过度的双位数的通胀，但在我国当前一段时期内不可能实现"无通胀的发展"，现实的抉择是争取把通胀幅度降到发展速度以下并保持在社会可承受范围之内，从而使抑制物价与加快发展相协调。

第四，加快改革力度，加快体制转轨。中国改革以来经济运行周期性的特点和运行不良，其根本原因仍然是体制和机制的缺陷，因而抑制通胀，防止经济大起大落，争取经济稳定增长和良性循环，其根本之途就是深化改革。

中国的改革是循序渐进的。在保持稳定中有步骤地推进改革，是中国改革的成功经验。人们清楚地看见，西方一些人倡导的苏东"休克疗法"带来了生产破坏和社会动荡的灾难性后果。也要看到，改革越是深入，遇到的阻力越大。这种阻力来自：（1）传统体制下的利益格局，转轨期越长，新旧体制并存下又会产生新的更加多样与复杂的利益格局，它往往使改革难以推进；（2）传统的陈旧观念也是抑制改革的重要因素。转轨时期越长，旧思想、旧观念也会长久僵持，甚至还会借机回潮。

除了阻力而外，改革还受到经济周期不同阶段宏观环境的制约，人们可以想见，面对严重运行困难的国有企业，势难集中力量来推进改革。可见，要把改革的循序渐进与重点突破，与某一方面、领域中的快速变革相结合。中国在1993年以来加强宏观调控的情况下，做到了改革的全面推进，财税、外汇、银行等领域的一些重大改革陆续出台，在宏观环境不宽松条件下，保持了改革的势头。当前的重要任务就是要进一步加大改革力度，加快体制转轨。

四、抓住国有企业改革这一重点

中国改革是以国有企业为中心，国有企业改革已进行10多年，总的来说，传统体制大大削弱，企业的活力有所增强，一部分企业转换了机制，卸掉或减轻了包袱，从而使企业焕发了青春活力，取得了生产大发展、盈利大增长的良好业绩。但是，改革成效不如人意，面上的改革势头不足，而且越来越进展艰难。总的来说，改革多年，企业并未真正搞好搞活，普遍地缺乏自我完善的活力与应变能力，一旦遇到不宽松的宏观环境，企业就穷于应付，处在被动地位。近年来国有企业困难日增，亏损面和亏损额的逐年上升，停工停产面日益扩大，固然有其外在环境的原因，但也十分明显地暴露了企业改革滞后造成的内在活力不足的根本缺陷。

加大企业改革力度，已是当前一项迫不及待的重要任务，为此，需要注意以下三点：

第一，以健全法人治理结构为核心，实现规范化的公司制运作。中国国企改革的道路、方针是明确的，这就是：以现代企业制度为目标，实行改革、改组、改造，加强管理和减轻企业各种历史与现实负担。企业改革的重点和难点，是建立以公有制为基础的现代企业制度。现代企业制度的基本形式是公司制，包括有限责任公司和股份有限公司。建立公司制需要实行多元产权主体，构建以法人财产权为核心的产权制度，健全法人治理结构，形成内部制衡机制和强化企业的经营权，以上改革旨在实行企业独立营运而又不超越国家所有权的框架。当前的问题和矛盾是：一方面公司法人治理结构难以健全，内部制衡机制难以形成，特别是经营者缺乏约束，从而导致内部人控制现象猖獗，损害出资人权益和国有资产流失现象屡见不鲜；另一方面是对微观活动的行政干预仍然存在，政府对企业的管理方式未能更新，多方面的摊派使企业苦不堪言，企业的自主权仍未能充分落实。

可见，进行国有企业改革，构建法人财产权的过程中存在一对矛盾，即内部人控制与政府干预，它是国有企业改革中人们不得不面对的"二律背反"，是企业改革中必须跨越而不易跨越的"沼泽池"。

国有企业公司化改革的困难，其原因不在于所有制。现代公司制既可以私有制为基础，也可以国有制和社会主义公有制为基础。搞好公司制关键在于切实贯彻"产权明晰、权责明确、政企分开、管理科学"的十六字方针，严格按照《公司法》的要求，进行规范化的改革，重点搞好法人治理结构，使企业营运中"所有者到位"，解决好内部人控制问题。为此，要进行国有资产经营和管理体制的根本改革。

第二，切实采取措施，减轻企业的历史包袱和现实负担。我国国有企业是一个十分庞大的体系，由于历史的原因，企业长期形成的负债率已接近80％。限于国家财力，国有企业资本金的充实问题不可能一下子解决，企业为进行技改和维持营运，不得不继续向银行贷款，因而国有企业的债务还在不断扩张之中。企业债务主要来自银行和财政，显然，又不能借"破银行的产"来减除企业的债务负担。为搞活国有企业，国家注入一定的财政资金冲销银行的死账是必要的，但是这只能根据国家财力状况而逐步进行。可见，企业债务问题的解决，主要之途只能是依靠改革，通过多种形式的企业资产流动重组与债务重组，逐步地加以解决。除了债务负担外，占企业人数1／3的冗员，因为劳动力就业机制——包括劳动力市场、职工培训等和社会保障体系——尚未建立健全而难以减少。此外，企业还要承担解决转业军人和职工子女就业的任务。企业非生产性单位的实行"剥离"和负担的减轻，只能逐步地进行。

此外，政府职能转换滞后，以及政府对经济的管理体制改革的不配套，往往造成原有的收费未减轻，新的费用又陆续出现。如此等等，说明切实采取措施加快卸掉企业的历史包袱和企业面对的多样现实负担，是搞活国有企业的必要前提。在企业面对重大困难的条件下，解决好企业负担问题分外迫切。

第三，加快政府职能转换，落实政企分开。政府职能的转换，是政企分开的前提。政府职能的转换，不仅因为原有行政管理体系十分庞大，改组困难，而且由于牵涉的利益格局与层面的十分复杂，推进不易。特别是国有企业改革过程中难以避免的矛盾和"二律背反"，是政企难分的重要原因。人们可以清楚地看见，改革早期对企业进行放权让利过程中，就表现出所有者对企业约束的松弛和分配向职工倾斜的现象，而在此后，特别是在1992年以来加快推进的公司制改革中，由于法人治理结构的不健全和企业内在制衡机制难以形成，国家对国有资产的有效管理难以实现，资本市场机制的外在约束的滞后，对经理人的市场约束的缺乏，导致公司制改革过程中出现了更加明显的所有者难以实现其监控权和经营者侵蚀所有者利益的现象。在近年来的产权改革中表现得十分明显并引起各方面惊呼的国有资产流失现象，就是例证之一。这种经营者行为歧化，又不可避免地导致所有者——国家，加强对企业的控制，包括采用工资分配的审批，冻结产权转让等束缚和桎梏企业自主性的行政措施。在企业有权就要用的情况下，这又会造成"上有政策""下有对策"的不良行为连锁效应，导致更精巧的内部人控制，后者又引起对企业的行政控制的强化。

可见，为了贯彻政企分开的方针，必须坚定不移进行政府职能的转换，要把建立所有者职能和一般政府经济管理职能相分离，资产所有权职能和经营权职能相分离的国有资产经营管理体制作为重点，加快改革步伐，同时将国有资产经营管理体制的改革和微观的规范化的公司制改革结合起来。

有关国有企业深化改革的
若干问题[①]

　　我国国有企业改革进行了多年，但成绩不尽如人意。1993年以来的加强宏观调控取得了抑制物价上涨的成效，但是对国有企业也带来宏观环境的制约，目前不少企业处在困难境地，国企的改革推进艰难。尽管这些均是发展中的问题，但是进一步加深对国企改革的认识，明确目标，找出重点和难点，坚持"三个有利于"的标准，敢试敢闯，引导改革的深化和形成新改革势头，已经是一项十分迫切的任务。

　　本文就国企改革的几个问题，谈一些不成熟的意见。

一、充分认识国有企业改革的紧迫性

　　改革必须循序推进，不能急于求成，但是有气无力、慢吞吞地搞不行。近年来国有企业增长速度放慢，与非国有的集体、三资、个

---

① 原载《经济研究》1996年第12期。

体、私营企业的快速增长形成巨大反差，国有经济在工业总产值中的比重逐年下降，由1978年的80%降至1995年的44%，特别是1994年、1995年至1996年上半年，企业亏损额、亏损面连年增大，企业遇到的困难超过人们的预想。1996年1至6月，工业领域国有企业出现亏损160亿元，这是过去所未曾有过的。这固然有实行紧缩、宏观环境不良这一属于企业外部条件方面的原因，有设备陈旧、技术落后这一物质条件的原因，有由于历史包袱与现实负担重的原因，以及有企业管理薄弱的原因，等等，但最根本的原因是体制制约即改革的滞后，缺乏活力的企业难以适应现实条件的变化和市场竞争更加激烈的新形势。要搞好搞活国有企业，首先要把病找准，才能做到对症下药。基于上述分析，必须狠抓国企改革，切实推进改制转机。特别是目前国有企业面对着市场竞争更加激烈的风险，转轨的拖延持久也将使人们为改革付出追加成本。因而，加大改革力度，加快体制与机制转换更是迫不及待。

二、加深对改制转机的认识

国有企业要进行改制转机。改制就是改变国有企业传统的体制，建立现代企业制度，构建以公有制为基础的社会主义市场经济的微观主体，实现自主经营、自负盈亏、自行发展、自我约束，从而根本改变传统国有企业对政府的依赖性和按照计划运作的行为的被动性和僵化不灵。国有企业应该具有全面适应市场的灵活行为，它包括适应市场条件变化的生产与营销的及时调整，管理的加强，资本的充实，资本结构的完善，产权结构和企业组织结构的自我调整，等等。以上各方面，意味着企业独立自主地和全面地参与市场——商品、资本——活动，真正实现围绕市场"团团转"。

企业行为决定于企业制度，显然地，国有企业要采取上述全面而灵活的适应市场的行为，必须对企业制度和组织结构进行全面的和深刻的改造，实现制度创新。我国80年代初对企业实行扩权让利，紧接着的利改税，1987年的全面推进承包制，着重的是国家—企业分配和利益关系的调整，而不是企业制度结构的变革和完善，它带来了企业的短期行为，如承包制下企业拼设备，少提不提折旧，亏损挂账等损害和削弱国有资产的现象十分明显。我国改革的实践已经充分表明，不对传统企业模式进行根本改造和制度创新，就不可能形成企业的自主经营、自负盈亏、自行发展、自我约束，就不可能真正做到机制的转换。

国有企业改制的目标就是建立现代企业制度，即把原来的作为政府管理机构的附庸的企业转变为独立的法人实体和市场主体。现代企业制度，其主要形式是公司制，包括有限责任公司和股份有限公司。把传统的国有企业改造成为公司制企业，涉及企业财产组织、企业组织、经营方式以及国家对国有资产的经营和管理形式的改组和变革，这是一场十分深刻的制度创新和机制转换，不是简单的修修补补。按照《公司法》的要求搞好这一改革，就有可能使企业拥有市场主体的行为，从而实现机制的转换。基于企业的现状，加强企业管理十分重要，但是搞好了改制转机，增强了体制活力，再切实加强管理，企业才有可能获得持续的效益。

三、改革中出现的企业行为扭曲的原因

以建立现代企业制度为目标的国有企业改革是企业体制和组织形式的变革，它不是所有制性质的变化。建立公司制企业，要求：（1）

确立企业法人地位；（2）构建企业的法人财产权体制；（3）确立出资人以出资额为限的有限责任体制。在这里所要构建的企业法人财产权属于支配权或经营权范畴，构建法人财产权的实质在于实行经营权和所有权的分离，一方面赋予企业以独立的经营权，但是它不改变出资人的终极所有权；而且借助健全的法人治理结构，它能有效地维护和实现出资人的所有权。可见，建立法人财产权并不是要在所有制性质上改弦更张。市场经济的历史发展表明，公司制及其运作方式萌芽于前资本主义所有制，植根于资本主义私有制，也可以立足于资本主义国有制，显然，它也可以植根于社会主义国有制和其他社会主义公有制。因此，国有企业实行公司制改组并不意味着所有制性质的变化，而只是改变了公有制的实现形式。在国有企业实行公司制改组，特别是在建立股份有限公司的改革过程中，一些地方出现了设置企业股，或是法人股私人化，特别是股份制企业在引入外资中，由于资产评估不实，商誉、品牌等知识产权的未作价，造成国有资产的流失。此外，还有国有股不能流动，以及国家无财力实行配股等造成的企业财产中国有资产比重的下降。另外，对非生产性单位的实行剥离中，也出现了各种各样的侵蚀国有资产的现象。以上情况表明，实行经营权分离和产权主体多元化的改革中，确实存在着国有资产流失和国家所有权被削弱的风险。

企业改制中出现的侵蚀国家所有权，形式多种多样，情况十分复杂。其原因有：（1）思想上，对改革要坚持以公有制为主体、国有制为主导的原则认识不深刻；（2）体制上，公司化改造的不规范，公司制改革的不到位，以及国有产权的营运管理、监督和国有产权流动的一整套体制的未形成。这是一种转轨期制度缺陷造成的企业行为扭曲，后者将随着改革的不断深化和体制的不断完善而逐步得到克服。

可见，国企改革必须坚持有中国特色社会主义理论为指导，坚持江泽民总书记为核心的党中央有关企业改革的一整套方针，使企业改革沿着正确的方向向前推进。国企改革中出现的国有资产流失和国家所有权被削弱现象，更主要是公司化的改革不到位的产物，而不是公司化本身所固有的。因而，治本之途，是实行规范化的公司制，建立起保证公司企业健康运作的一整套制度。例如，企业法人体制，国有资产经营管理体制，产权交易和流动体制，企业经理人聘用与市场选择体制，等等。也就是说，不能因害怕国有资产流失而放慢改革，而是要加快构建现代企业制度的步伐和加快进行配套的改革。

四、大力构建和有效利用产权主体多元化的公司制

现代公司制具有多种多样的形式。公司制是以产权主体多元化为特征，但也包括独资公司。社会主义公有制具有集中资金办大事的优越性。在我国当前条件下，为了加快现代化进程，有必要有效地运用国家财政资金于重大基础设施、基础产业、新兴科技、国防等的建设，特别是对于那种具有自然垄断性的企业和关系到国计民生和经济发展的关键性的企业，可以实行国有独资模式甚至国有国营模式。

但是，国有独资公司并非越多越好。这是因为：（1）在一个条条或块块内建立起一家、两家把众多的企业纳入其中的庞大的国有独资公司，由于实行的是高度集中的政府管理，使政企难以分开；（2）一个行业内的寡头国有独资公司体制势必形成垄断，它扼杀竞争和技术进步；（3）高度集中的独资公司本身意味着对基层企业的"收权"，不利于基层企业积极性的发挥；（4）更重要的是，拥有13亿人口的中国现代化，其规模十分庞大，迄至20世纪末的基本建设的投入就需要

上万亿美元。从国家财力来看是远远不能满足的，必须广泛动员各种社会资金和吸引国际资本，因此，实行产权主体多元化的公司制企业就是十分必要的。

公司（corporation），其应有之义就是多个主体资金的联合，即主体多元化的企业组织。我国公司法规定公司发起人起码5人，因而国有企业组建公司意味着投资主体多元化。投资主体多元化并不是和国有制不相容的。投资主体多元化，其具体内容是多种多样的。（1）在那些由若干个授权经营的国有资产经营公司以及集团公司共同出资组建的基层公司，它有着多个出资人和股东，是一种多元化的企业法人财产权结构。显然地，它是国有企业，不过它是拥有多元投资主体的新型国有企业。在国有资产经营公司体制兴建起来和资本经营开展起来以后，主体多元化的国有企业的大量出现将是不可避免的。（2）在多元投资主体结构中引入有集体、个体、私营、外资等非国有主体，但仍由国家控股的场合，这种公司的国家所有权基础并未变化，只不过它已经是不纯粹的国有企业。（3）对多元投资主体结构中集体成为主要投资者的场合，公司原先的国家所有制性质发生了变化，它已经是以集体所有制为主体，但仍然属于公有制的范畴。（4）多元主体结构中如果主要是由职工充任出资人，而且他们在产权上不存在悬殊，这种企业属于股份合作制性质，它属于公有制范畴。（5）多元主体结构中，是以私人、外资为主体，这种公司就不再是国家所有制的，但它还有国有经济的成分，是一种混合所有制结构。

可见，以产权主体多元化为特征的公司制，其内涵是十分广阔的，它可以在公有制范围内，形成多种多样的主体组合和产权结构，使质与量上不同的资金得以结合起来，形成多种多样的企业，以适应不同产业、行业和不同性质的生产发展的需要。特别是在那些竞争性的生产与经营领域，应该充分利用多元产权主体模式，对于一些关键性的行业和骨干企业可以实行国家控股，对于一般性的行业和企业可以实行国家参股，而对于与国计民生无关的行业，特别是对于庞大的中小企业则可以放开，听任市场去调整企业的产权结构。可见，公司制的特点和优点在于产权结构界域的广阔，人们可以根据各企业的性质和具体特点，选择一种最恰当的产权结构与企业组织。这样，一方面产生多种多样、丰富多彩的公有制的实现形式，形成了各种各样的市场主体，有利于市场竞争的开展和市场经济的发展；另一方面，它使有限的国有资本合理地配置于各个产业、行业的不同的企业之中，有利于扶优，加强搞好搞活国有企业，加强国有经济的阵地，有效地发挥国有企业的主导作用。

五、进行国有经济结构的调整和国有企业的战略性重组

国有企业改革要有新思路，要跳出就企业谈企业改革的旧的思维方式，采取从国有经济整体着眼，以国有经济结构的优化为目标来考虑和规划企业改革。

人们曾经希望把每一家国有企业都搞活，这不仅在实践中做不到，而且这种愿望也不科学，这是由于实行向社会主义市场经济体制转轨，需要对国有经济结构进行调整。（1）传统计划体制下，基于公有制独占统治论和国有经济最"高级"、最"成熟"的理论，实行了国有经济全面覆盖、无所不包。我国社会主义改造过程中，除了农业领域及城市集体经济而外，其他一切经济领域均实行国有化，以后，集体经济"升级"，国有制进一步扩大，形成了国有经济遍及一切领域、一切行业的"大一统"格局。（2）我国处在社会主义初级阶段，

实行社会主义市场体制，要实行以公有制为主体，多种所有制共同发展。（3）在市场体制条件下，国有制不仅需要寻找多种实现形式，而且基于生产效率和国有资本最大效益原则，还要根据行业、企业的特点——垄断性、公益性、竞争性——而重新"定位"，在一些领域国有经济应保持垄断地位，一些领域要实行适度收缩，一些领域要由市场力量去重新配置。国有经济在不同产业、行业、企业中的调整，能有效发挥国有制集中财力"办大事"的优越性，加快大工业的发展，也可以避免不分领域，搞国有经济大一统造成的低效率和低效益。（4）国有企业的搞好搞活，需要转制、改组、改造，同时要卸下历史的包袱和减轻现实的负担，这一体制转轨必须要有一笔改革成本费用的付出，后者包括国家财政用于冲销银行死账和减除历史形成的债务等的税费减免和资金注入。在我国转轨时期国家财力不足，为了减少政府的改革成本费用的负担而又能切实给企业提供财力支持，也要求人们实行国有经济适当"精干"的战略。

实行国有经济结构的调整，改革国有企业在各个不同领域中的布局，这是一项积极的方针，它可以促使国有企业的产业、行业以及地区结构的优化，实现资本充实和效益提高，同时也避免国有经济战线过长造成的低效率和资金浪费，这是立足于实际搞好国有企业，发挥国有经济的主导作用的有效之途。

国有经济的产业、行业结构的调整要通过当前国有企业的改革来进行。人们应该根据国家的产业政策，国有企业的性质和现状，按照分类指导的原则，对不同企业实行不同的改革对策。当前，要大力抓好关键性的少数，集中力量抓好一批骨干性国有大企业的"三改一加强"，切实搞好"抓大"；对于小企业要采取联合、承包、租赁、股份合作、出售给职工等多种方式，放开搞活。要实行"扶优"，通过联合、兼并、破产等形式，促使那些低效、无效运行的资产，向优势"龙头"企业集中，从而盘活资产存量。也就是说，要采取有保有舍的政策，有兴有灭的方式，对企业实行战略性的调整，从总体上来搞活国有企业，并且达到国有经济结构调整和优化的目标。

六、大力推进国有资产的流动重组

大力推进国有资产的流动重组，对于搞好搞活国有企业来说是分外重要的。

（一）市场经济中企业资产是资本，需要在流动中实现增值

企业资产的流动重组，即过去投入于企业中的存量资产——包括物质资产、资金、知识产权等——在不同企业之间的流动和重新组合。这种资产流动重组是采取并购、联合、分立、破产、产权交易等形式。资产流动重组是生产要素的"移位"和再组合，它实现要素的优化配置，使低效、无效使用的资产转变为高效使用的资产。可见，流动是前提，重组和优化配置是关键，而资产使用效益的提高则是目的。

在传统计划体制下，资产是产品，由国家有计划地在不同的企业内进行配置和长期使用，除了国民经济进行调整时期要对一部分企业进行关停并转，从而对资产进行再调整外，一般情况下资产是不流动的。这种刚性的资产使用，造成大量存量资产的闲置，带来资源的极大浪费，这是造成国有经济投入越来越大，而产出越来越少，效益越来越低的一项根本原因。因而，实行企业资产流动化，促进资产不断流动重组，就成为我国改革中的一项重要任务。

（二）盘活存量，才能有效使用增量

资产流动重组，通过盘活存量，减少其低效、无效使用，并使新增资本得到有效利用，这是既扩大生产，又节约投入之途。

国有企业一方面缺乏资金进行技术和设备更新，充实其资产，而另一方面，却又有大量资产因不能流动保持在"呆滞"状态。据估计，这种低效、无效使用的资产约占国有企业资产总量的1/3，而且绝大部分物质资产实为负债。这一项低效而又不流动的"呆滞"资产，对企业来说是一项负资产，由于利息负担不断增大，起着不断冲销和降低企业新投入的效益的作用，甚至带来企业亏损和资不抵债的致命后果。人们看到，不少企业负债进行技改，增加了生产能力，却因新债加旧债，形成企业难以承受的"阎王债"。可见，与其说是进行"技改找死"，无宁说是不流动、无效使用的负资产使企业难以利用负债增资来扩大生产，使企业的路子越走越窄，这是当前国有企业难以搞活的一项根本原因。

（三）推进资产流动重组，实现减债增资

企业过度负债与资本金不足已成为当前国有企业难以搞好搞活的重要原因。在国家财力不足，难以拿出钱来支持企业的债务清偿和补助流动资金的条件下，人们只有诉诸以下的方法：（1）兼并联合；（2）股权（及土地使用权）转让；（3）破产停息；（4）裂变分立；（5）出售重组；（6）退二进三；（7）债务重组；（8）租赁托管，等等。通过企业资产的灵活分解，多种多样的重组，实现要素的重新组合和有效的使用、营运，人们就能化解和重组债务，这是我国现实条件下解决好企业的过度债务负担和资本金不足问题的有效途径。而要走这一条减债增资之路，也就必须大力推进资产的流动重组。

（四）推进资产流动重组，才能实现国有经济的调整

实行国有经济结构的调整，需要在各个领域、产业、行业中进行国有企业的合理"定位"和优化行业"布局"，调整和优化企业资产结构。上述调整要通过在各种不同所有制、经营形式的企业间的联合、兼并、破产等来进行，首先就要有国有企业资产的流动化。而国有企业"小"而"散"的生产格局的改变，大批量的现代化大生产的形成，大公司、大集团的组建和组织结构的优化，也都有赖于实现国有资产的流动重组。

总之，资产的不流动，处于被禁锢状态，取消了资产的新陈代谢的组合优化，造成存量资产低效、无效使用，并抵消了增量资产的效益性。可见，推进国有资产的流动重组，成为顺利进行国有经济结构调整和国有企业战略性改组的关键。

社会主义市场经济与

主体产权制度的构建^①

一、建立拥有主体产权的社会主义市场经济

（一）产权制度的改革——改革深化的迫切需要

1997年党的十五大进一步推进了我国经济体制的全面改革和转轨。建立社会主义市场经济体制就是要使市场在国家宏观调控下对资源配置起基础作用。为此就需要：（1）建立起以公有制为主体，多种经济成分共同发展的所有制结构；（2）大力进行国有企业的改革，重塑社会主义市场经济的微观主体；（3）全面发育市场，形成和强化市场机制；（4）建立按劳分配和按生产要素分配的制度；（5）建立以间接调控为主的宏观调控体系，完善政府的经济职能；（6）形成多层次的社会保障体系，等等。

中国的体制转轨，既涉及微观体制又涉及宏观体制，是一场包括

---

① 　原载《经济学家》1999年第1期。

企业、计划、财政、投资、劳动、工资、金融、外贸等方面的全方位的体制改革，是一项全面的制度创新。产权关系是市场经济活动的一般关系，实行市场经济要求把政府进行产品调拨与直接分配关系改变为以主体产权为基础的市场交换关系。产权制度改革是体制各个方面的改革都要涉及的共同内容。如：建立公有制为主体，多种经济成分共同发展的所有制结构，要求进一步发展国有、集体、中外合资、合作、股份制、个体、私营等企业，形成多元化的市场主体。因而：

第一，要形成和维护多种多样企业的财产权。实行多种经济成分共同发展，需要积极发展各种非国有经济。首先要进一步发展集体经济。就集体企业改革来说，无论是城市集体企业、大集体企业以及股份合作制企业，当前都面临着进一步明晰和形成适应市场经济的产权结构的任务。个体私营经济是我国现阶段国民经济的重要组成部分，个体私营经济的进一步和健康发展，既需要依法维护私有财产权，又需要积极引导，促使其改造成为公司制的法人财产。至于正在兴起的科技型的民营企业，也需要按照个人业主制、合伙制、股份制等市场经济中一般企业组织形式，来构建其产权结构。国有企业改革是全面的体制改革的中心环节。就国有企业改革来说，为了建立产权明晰、责权明确、政企分开、管理科学的现代企业制度，进行以构建法人财产权为目的的、深层次的产权制度的改革是极其紧迫和不可回避的。

第二，全面发育市场，形成包括一般商品、生产资料、劳动力（包括经理人员）、科技产品、各种精神产品等在内的完备的市场体系和形成发达的市场交换。显然地，必须以上述多种多样的生产要素的交易者成为产权主体为前提。

第三，实行按劳分配和按要素分配的多样分配制度，要以完善的主体产权制度为基础。真正落实按劳分配，贯彻多劳多得，必须以劳动者个人拥有完全的劳动力产权为前提。而实行按照职工和居民的技术、资金及其他生产要素的投入进行分配，则是首先要明晰和维护各项生产要素的主体产权。

第四，政府对微观经济活动的直接管理和向间接的宏观调控的转换，也要立足于市场主体，特别是企业的产权制度的改革上。人们可以清楚地看到，不确立企业的独立的产权主体和法人实体的地位，企业不可能真正地自主经营、自负盈亏、自我发展和自我约束，企业也不可能对市场信号和各种经济参数作出灵敏的反应，而实行宏观调控的经济工具的调节功能就难以得到有效的发挥。

第五，多层次的社会保障体系的建立和完善，也与产权改革密切相关。社会保障体系需要把保障金的社会统筹和个人账户相结合，个人账户的发展，也与个人多种多样要素投入形成的财产权和收入权密切相关。

可见，我国当前全面推进的改革，使深层次的改革——产权制度的改革，成为十分迫切的和不可回避的。

（二）主体财产权是社会主义市场经济的范畴

主体是一个经济范畴。一般地说，我们可以把主体规定为独立地从事各种各样的经济活动的社会、经济人；更具体地说，主体财产权就是独立从事生产、交换和消费的自然人和各种组织所享有的对生产资料或消费资料的具有排他性的支配权，它包括财产所有权和实际支配权。这种主体财产权具有下述功能：维护主体的根本经济利益；保障经济活动中主体的自主权；为主体提供利益的激励；确立起与财产权相对称的财产责任，从而对主体行为进行约束；归根到底，是任何一种社会形态，任何一种所有制条件下有效地进行生产与其他经济活动的最基本的条件。主体财产权更是市场体制下的微观单位的合理的经济行为和活动效率的制度基础。

主体财产权是市场经济体制下的普遍范畴。市场经济是发达的商品经济，发达的商品交换使各种各样的要素占有者都成为市场交易的主体。市场交易者理所当然地应该是产权主体。如果说主体的有限性和主体财产权的缺损或模糊是历史上的实物经济体制的特征，那么，市场经济就是以拥有多种多样的主体和拥有明晰的和法定的财产权为特征，基于此，我们可以把市场经济称之为以主体财产权为基础的经济。

在社会主义条件下，也需要有一种恰当而合理的主体财产权。社会主义条件下，劳动者当家做主，劳动者是最基本的经济与社会主体。而主体财产权，一般地说就是每一个劳动者在成熟的社会所有制形式下享有的平等财产权。按照传统社会主义政治经济学的阐述，一旦建立起全社会公有制，即全民所有制和集体所有制，每一个劳动者就处在平等的主体的地位，对公有财产拥有平等的权利，因而，主体产权问题就得到根本的解决。就企业来说，按照传统的社会主义经济理论，社会主义全民所有制或集体所有制企业，产权也已经得到明确的规定，是属于国家财产或集体财产，因此产权已经无须再加以"明晰"，因而也就不存在什么企业产权问题。就职工和居民来说，由于私有制的消灭和公有制的确立，劳动者都成为公有财产的主人，因而就个人来说的主体财产权问题也已经得到彻底落实。可见，按照传统的社会主义理论，一旦完成了生产资料所有制的社会主义改造，建立起全民所有制和集体所有制的公有制度，财产权问题就不再存在。人们可以看到传统社会主义政治经济学中除了公有财产（国有财产、全民财产）范畴而外，没有其他财产权的概念，也没有"明晰产权"的问题，更没有有关企业产权和个人产权的阐述。显然地，按照传统的社会主义经济理论，社会主义制度下不再有财产权的矛盾和问题需要解决。

（三）传统体制下主体财产权的缺陷及其矛盾

在传统的社会主义所有制模式下，财产权的矛盾与问题仍然客观存在。传统的社会主义所有制模式，是立足于传统的社会主义理论（我们指的是在斯大林时期，以苏联的计划体制的实践为基础的社会主义经济理论）之上的，这是一种缺乏企业产权和劳动者个人产权的公有制理论，可以称之为单一国有主体产权理论。这种理论的特点是：（1）把社会主义财产权归结为生产资料所有权，而忽视了劳动者个人的多样财产权。（2）把社会主义公有制，归结为为主的国家所有制和为辅的集体所有制，而不承认其他的所有制形式。（3）把国家所有制作为实行高度集权，用行政命令来直接管理企业活动，否认企业的主体地位的国有制。（4）把集体所有制作为"低级的"，要改造和过渡为全民所有制的形式。在高度集中的和无所不包的计划管理下，集体经济的生产自主权，独立的经济利益，实际上已不存在，成为"二全民"，集体企业的主体地位名存而实亡。（5）回避和否定劳动者和居民的个人财产权，否认劳动者对生产资料拥有财产权（顶多承认农村集体经济中农民的有限的土地即自留地使用权）。在严格的计划管理体制下，劳动者实行计划安置就业，不能自由择业，劳动者本人不具有支配劳动力的财产权利；劳动者除了享有工资收入权而外，不存在投资权和独立从事其他经济活动的权利和享有经营收入的权利。此外，劳动者除了拥有日常生活消费品外，不具有住房个人所有权，以及法定的遗产权，且不说在实行配给制（票证）和实行公共食堂的人民公社体制下，人们原先的稀少的个人财产权也几乎不再存在。

传统社会主义所有制模式的根本弊端是：（1）财产所有制结构的单一性。公有制（主要是全民所有制）独占统治，而排斥非公有制经济的存在，个体与私营经济被视为社会主义的"异己"之物。（2）国家成为唯一的财产权主体，企业和个人缺乏主体财产权。传统的全民所有制企业把一切财产权——所有权、支配权、利得权、处置权——集中于国家手中，甚至是集体企业的财产权也由政府行使，企业成为政府主管部门的附庸，不具有主体地位。（3）个人财产权稀薄。（4）财产权不明晰。即使是国家这一财产主体，在条块分割的管理体制下，所有权的代理者（对企业进行管理的政府机构）的权、益、责也是不清晰的。因而，财产权的单一性，主体的集中于国家和企业，个人主体财产权的缺损，产权的不明晰，就成为传统公有制产权制度的鲜明特征。

当然，如果历史地辩证地看问题，那么上述的社会主义公有制模式与产权结构，是一定的历史条件下的产物。这就是：初生的社会主义国家，在严重的国际形势下，需要借助上述财产权形式，集中人、财、物于国家，以行政手段配置资源来催生重工业。可见，传统的社会主义产权模式植根于高度集中的计划体制。但是人们也应该看到，这种公有制模式与产权结构存在固有的弊端：（1）财产所有制结构的单一性，以其重全民、轻集体，排斥非国有经济，使所有制在"一大二公"原则下不断拔高，造成所有制结构脱离了初级阶段社会主义的性质和中国国情，使生产关系"超前"，对生产力的发展起着破坏作用。（2）主体财产权的缺损，国家财产权过度扩张，企业缺乏主体财产权，这是传统国家所有制的重要的内在矛盾。一方面，就国家来说，它集中了全部国有企业以及集体企业的生产资料所有权、支配权、收益权、处置权于一身，从而要求组织庞大的政府机构来进行微观经济活动以及宏观经济活动的管理。对分散于各地的千万个企业实行高度集中的行政管理，显然不可能有经济效率；特别是庞大的、条块分割的行政管理体系，必然会存在着职责界限不清，互相扯皮，对企业中需要解决问题互相推诿责任以及办事中的文牍主义和官僚主义，使作为财产主体的政府难以有效地行使所有者和经营者的职能，出现了企业运作中所有者"缺位"的现象；而另一方面，企业由于处于行政附庸的地位，既缺乏自主经营权，又缺乏"产益"的激励机制，也不为经营状况承担责任，特别是"大锅饭"和"铁饭碗"造成管理者和职工普遍缺乏积极性，使照章办事，亦步亦趋，懒懒散散成为企业中人的行为常规。其综合表现则是效率的低下和技术进步、管理进步停滞不前，用经济学术语来说，主体财产权的缺损使企业付出很高的交易费用和组织费用。

就个人主体产权的缺损来说，个人消费财产权的稀薄和受到严格限制，不仅影响个人及其家庭成员所能自由支配的消费资源，从而不利于人们的生活和享受水平的提高，而且它实际上造成与社会主义格格不入的对个人的消费生活的干预与限制，从而妨碍了社会主义生产的目的——全体社会成员不断增长的生活需要的最大满足——的充分实现。对个人占有生产资料的限制，则是排斥了劳动者发挥自身特长与潜力，进行个人家庭生产和享有多样收入的可能性。

综上所述，传统社会主义经济运行中，特别是微观经济活动中的种种问题，特别是十分突出的效率上不去的问题，并不是如西方许多人所说的是社会主义公有制造成的，而是由于人们未能解决好两个问题：（1）公有制为主和多种经济成分共同发展；（2）公有制框架中的主体财产权问题，特别是在于未能探索到和建立起具有多样主体财产权的公有制结构，也就是未能寻找到一种最佳的公有制的实现形式。个人财产权的稀薄限制了公有制框架内劳动力与生产资料相结合的范围和空间，既不利于充分就业，又不利于生产力的发展，此外，造成劳动者在就业上对国家的依赖，也造成劳动者自身追求素质提高的积极上进精神的缺乏。

二、多样性的市场主体产权结构——社会主义市场经济固有的要求

（一）市场经济与市场性的主体产权体制的构建

我国经济体制改革的目标，是建立社会主义市场经济，它建立于社会主义公有制为主体的框架之上，以及经济市场化充分发展，市场机制的调节作用得到充分发挥，从而使经济运行顺畅的市场经济。对社会主义国家来说，建立这样的市场经济，需要进行全面的经济体制改革和制度创新，其核心是产权制度的改革和创新。

产权制度改革的目标是建立起市场性的主体产权制度，这在于：市场经济是建立在千百万个以市场为导向，以营利最大化为目标的市场主体的独立自主的经营活动基础之上。市场主体是市场经济的微观组织，广义地说，它包括：企业、个人、其他交易单位（政府及其他社会组织）。上述主体是微观的经济活动和整个国民经济运行的起点和基础。企业是最基本的市场主体，它必须拥有自身财产权：所有权或经营权。后者是主体独立地进行生产、交换和其他经营活动的前提条件。如果不具有财产权，它就不可能进行独立自主的经营，也就不能成为市场竞争主体。市场经济中的个人，也要进行消费性的市场交换或生产性的市场交易——包括各种投资行为，因而，必须拥有个人财产权。市场经济中的各种组织，包括各种社会团体、事业单位、政

府机构、军事机构，也要参与各种交换活动，因而，也需要有与其性质和职能相适应的财产权结构。建立起适应市场经济的包容一切经营组织和非经营组织的明晰的和多样性的主体财产权制度，是转型期产权构建的主要内容。

（二）多样性的财产所有权结构——市场性主体产权制度的特征

这里，我们首先分析最重要的市场微观组织——企业和个人的主体财产权。发达的市场经济以主体产权结构多种多样为特征。上述主体产权的多样性，归结为主体财产权性质的多样性和主体财产权组织形式的多样性。主体财产权性质指的是财产所有制的差别，如像企业、个人的财产有私有制与公有制、混合所有制等差别。必须指出，任何社会形态尽管有一种占支配的所有制形式，但是所有制并不是一元的，而是"普照之光"与多样色彩相结合。市场经济可以包容多种所有制，特别是发达的市场经济更是以所有制结构的多样性为特征。多种多样的所有制并存，意味着实行向不同性质的财产权主体开放，从而造成数量大、范围广的主体从事于交换和开展竞争的、竞相提高效率的生气勃勃的经济局面。

当代市场体制和机制臻于完善的发达资本主义国家，尽管是以资本家私有制为基础，但是也存在多层次的政府所有制或公有制。而且，出现了劳动者的合作制，特别是各种性质的个体所有制——从个体企业到科技人员与知识阶层的知识产品个人所有制——也日益得到发展。这种所有制结构的多样化，尽管是建立在资本家所有制的制度框架之上，但是它使越来越多的公众成为产权和市场交换主体。他们或者是组建从事各种商品生产与营销的企业，或者是从事知识产品生产和市场转让，或者是从事一般劳动力的出卖和消费品的购买，等等。所有制结构的多样化，起着动员和吸引多种经济资源的拥有者进入市场交换和竞争之中的作用，由此出现了市场微观主体的普遍化。这种微观主体的普遍化，成为经济市场化和市场体系完备化的前提，促使市场机制在国民经济中的全面覆盖和市场调节的最充分的发挥得以实现，从而大大增强了市场经济的活力，形成了发达的和生气勃勃的市场经济。

所有制结构的多样化，也是建立社会主义市场经济的固有要求。在社会主义条件下，需要动员和吸引各种经济资源的拥有者参与市场活动，形成微观主体的普遍化。后者以主体的多样化为前提，不仅需要有社会公有制——多层次的国家所有制，而且需要有各种集体所有制及混合公有制。此外，多样性质的合作社、社区所有制、股份合作制、职工投资为主的保险基金等，都是社会主义的公有制的具体形式。基于我国处在社会主义初级阶段的国情和解放与发展生产力的要求，还需要允许包括个体、私营等非公有制的存在，并鼓励其发展。显然地，所有制结构的多样化，是市场微观主体普遍化的基础，是使千百万人卷入市场经济活动的先决条件。所有制的单一和对多样化设置各种各样的限制，只能桎梏市场交易，阻碍竞争和市场体系的发展，使市场机制难以形成和充分发挥作用。更重要的是它打击了在资金、物质资源、精神禀赋的拥有上不相同的人和组织参与市场经济的积极性。可见，所有制的单一性是和市场经济的发展格格不入的。而为了构建社会主义市场经济体制，就必须进行所有制结构的改革，按照以公有制为主体，多种经济成分共同发展的原则，大力地推进所有制结构的多样化。

（三）微观主体的多样性及其财产权结构的差异性

市场经济是建立在多种多样的市场性微观主体之上的，最基本的微观组织是企业。具体表现为：小业主制、合伙制、公司制（包括有限责任公司和股份有限公司及独资公司），以及合作社企业，等等。从事市场交易活动的个人，也属于微观主体的范畴。企业特征是以追求营利极大化为目标，具有自主经营、自负盈亏、自我发展、自我约束的性质与功能，能够有效地吸引和凝聚各种生产要素，形成生产力，提高效率，节约组织费用与交易费用。多种多样的企业组织的存在，使拥有资本、技术与知识、管理能力、一般劳动力的公众，得以从事适应其具体情况的联合的商品生产和市场交换，从而使市场经济充满活力。特别是多种具体形式的现代公司企业，成为有效地吸引、黏合和聚集资本及其他基本生产要素的载体，是进行现代化大生产和大规模营销活动的支柱，是现代市场经济的最重要的微观主体。

市场主体的吸引和凝聚各种生产要素的功能和主体的适应市场的行为，在于它的财产权结构的特征——拥有明晰的主体产权。如果说，一般的购买者和售卖者这样的个人主体，它的主体产权是较为简单的，即必须是拥有财产（货币收入或商品）的独立支配权，那么对于像小业主制、合伙制这样的企业组织形式来说，它的主体财产权结构就具有多样规定性，是具有较为复杂的产权结构。现代股份制企业，特别是股份有限公司企业，则拥有最复杂和最精致的法人财产权结构。正是依靠这种主体财产权结构，才使股份公司制得以有效地聚集社会资本，黏合各种生产要素包括知识要素，发挥经营者的功能，实现自主经营、自负盈亏、自我发展、自我约束，并能适应市场状况和竞争需要对企业的资本结构、产品结构、组织结构进行自我调整。个人也是重要的市场主体。除了一般劳动者而外，科技人员、作家、作曲家，拥有各种技艺的表演艺术家、球星、影星、歌星，等等，他们也从事于各种各样的交易活动，从事消费品和各种服务的购买者的个人，也是市场主体的组成部分。此外，按照市场原则，采用经济手段——如招标、竞购——进行市场采购活动的政府机构，也可视为是一种市场主体。上述多样市场主体的市场行为，立足于各具特色的主体产权结构之上。例如，提供科技和各类精神产品的知识分子所从事的特殊的交易就是立足于十分精巧的现代的知识产权——如专利权之上的，这种特殊的主体财产权，有效地激励高知识产品的生产，使各种知识精英脱颖而出，并促使知识产权的流动和使知识产品转化为普遍的生产力。

基于以上对主体产权结构、市场主体的合理行为的分析，基于企业组织及其行为决定于主体产权制度的理论，在社会主义条件下，构建市场经济就必须大力发展适应市场经济要求的多样化的现代微观主体。特别是要建立起产权明晰的现代公司制度，还要建立起适合精神产品生产者以及个人的主体财产权。可见，市场主体的多种多样的、各具特色的财产权的构建，就成为构建社会主义产权制度的重大要求。

三、各种社会、经济组织的产权制度的完善

社会主义市场经济产权制度的构建，除了上面所指出的以营利为目标的市场主体的财产权结构的构建而外，还包括不以营利为目标的经济组织，以及多种多样的、履行各种不同职能的社会组织的财产权结构的构建。

（一）不以营利最大化为目标的经济组织与社会组织

第一，合作社的产权结构。市场经济以营利性的微观主体为基础，但也存在不是以追求营利最大化，而是以对成员提供各种服务为目标的企业，如合作社。合作社是以成员投资（包括技术、劳动或其他要素）和成员拥有平等权利的经济组织。在市场经济条件下，合作社概念具有广延的内涵，它包括劳动合作和资金合作，以及其他投入要素的合作。马克思主义经典作家十分重视合作社，并把它作为社会主义的起点和重要内涵。在生产力水平低的发展中国家建立起来的初级阶段的社会主义，合作社更有着重要作用。在实行分散的、细小的家庭农户经营的我国农村，农业的产业化和现代化，需要发展多种多样的为农户提供产前、产中、产后服务的新型合作社。这种合作社是以成员实行资金、技术及其他要素入股，形成合作社财产；合作社实行一人一票的表决权，成员拥有个人要素投入形成的整体财产的支配权，其表现是可以退股。合作社明晰的产权结构和治理结构保证了入社成员享有平等的财产权益，使合作社的生产经营能对成员提供有效的服务，由此保证了合作社组织对成员的凝聚力。合作社不仅适合农村经济，也适合城市经济。为满足城市的众多的个体、私营企业的信贷需要，有必要兴办城市信用合作社。为满足我国众多的职工和居民的住房建设的需要，有必要兴办住房合作社。可见，各种各样的合作社的发展，是市场经济固有的需要，更是社会主义条件下发展市场经济的需要。在我国的具体条件下，合作社更有着重要的意义，拥有进一步发展的广阔前景。传统的合作社模式由于合作社产权的扭曲和产权模糊，不适合市场经济。因而，合理安排和明晰各种合作社组织的财产权就是十分必要的。

第二，公益机构的产权结构。医疗保健服务，是维持劳动力再生产、提高人民身心素质和增进群众的生活享受所必要的。在市场经济条件下，私人举办了诊所、疗养院、健身房。在那里，医卫保健服务是作为一般商品来提供的。这些医卫机构具有企业的性质，是市场主体，并且拥有主体财产权。在实行社会福利制度的西方发达的市场经济国家，一部分医疗、保健服务，是作为居民有权共享的公益（福利）产品来提供的。其所以如此，在于缓解资本主义市场经济制度固有的阶级矛盾，以及为了使人们在不稳定的和充满风险的市场经济中拥有安全感。显然地，在社会主义条件下实行市场经济，更加需要发展好公益、福利产品的生产，要提高它的服务效果和效率。要坚持医疗、卫生等服务的公益性和福利性，贯彻救死扶伤和社会主义人道主义精神，为人民群众的身心健康服务。为此，医卫、保健服务一般地应采取依靠财政资金或集体资金的事业单位形式来组织提供。为了调动各级政府单位组织医疗、保健事业的积极性，要实行多层次政府所有制的非经营性的事业单位的财产权结构。在社会主义市场经济条件下，医疗卫生、保健服务不仅仅要作为公益性、福利性的公共产品来提供，而且也要作为一般竞争性的商品，由企业来组织生产和提供。可以在医疗、保健领域开放所有制，允许医生个人开业经营，或者对一部分医卫服务，由公有医卫机构实行企业化经营。这种以非市场性的公益性服务为主体，以市场性的服务生产为补充的体制，不仅有利于最充分满足收入不等，需要不同的人们对医卫服务的需要，而且也是调动医卫人员的积极性，最充分地发展医卫服务产品生产所必要。对这种提供一般商品性质的医卫服务的生产单位，应该赋予竞争主体地位使其拥有市场性主体产权。

第三，公益基金会的产权结构。在发达的市场经济中，存在着各种以提供失业、贫困救济，资助养老、育婴，兴办义务教育，资助科技事业等为目的的公益团体。上述各种各样的从事社会公益、福利事业的团体的产生，不仅仅是适应私有制社会调节和缓和阶级矛盾的需要，而且是适应解决市场经济中的不稳定性和风险带来的劳动者就业、就医、入学等问题的需要；此外，它也是适应现代市场经济发展中竞争性企业承担社会责任的需要。在资本主义市场经济中，由大企业和企业家个人提供捐赠组建的各种基金会，尽管从事捐赠的当事人有着各种各样的私人动机，但是它在现实上总是体现了企业和资产者承担社会责任的行为。公益基金会是不以营利最大化为目标的单位，拥有由私人与企业捐赠形成的，由机构（社团）所有和支配的财产。公益基金会为了保证基金的增值，需要参与市场活动，例如直接或间接参与投资活动，为进行上述活动，需要赋予基金会以法人身份和使之拥有法人财产权，可见，公益基金会有其特殊的主体财产权结构。社会主义的本质特征是共同富裕，社会主义要为群众带来最大的福利，因而，各种公益福利事业的兴起就是必然的。特别是实行市场经济的社会主义，不可避免地会带来经济不稳定性，经常存在企业破产、职工下岗、失业等社会问题，加之是处在初级阶段的社会主义，人们还会长期面对着生产力水平低和由此带来的"贫穷"；另外，我国是拥有近13亿人口的大国，因而贫困、入学、就业、就医等问题的解决难度更大。以上情况，决定了一方面要有效地发挥社会主义的优越性，搞好由政府举办的公益事业；另一方面还需要鼓励和发展各种民办的公益组织，以资助社会福利事业和教育科学事业的发展。为此，就要从构建和规范民办的公益组织的产权着手。

（二）兼有社会目标和经济目标的经济组织

第一，公用事业领域的产权安排。公用事业如城市交通、供水、供电、供气等行业，应该实行市场性的经营制度，以提高效率。由于这些行业的生产与经营关系着居民的基本生活需要和切身利益，作为投资环境，它又关系着地区企业和地区经济的发展，因而，这些企业的生产就应该不只是从属于营利最大化的目标，而且要承担一定的社会目标，如对居民、企业提供优质、价廉和周到的服务。因而，可以采取：（1）公用事业由政府来办，某些决策权——价格及行业进入——由政府行使，但同时确保企业的市场主体的性质，确保企业的产权明晰，使企业成为自主经营的市场主体，以保证企业的效率。（2）一些领域引入市场竞争机制。如允许公共交通领域多种性质企业进入，即实行政府管制的市场竞争机制。

第二，自然垄断性的企业产权安排。航空、铁路、邮政、电信等行业的生产等，具有自然垄断性的特征，实行放开的自由经营，会带来盲目发展，重复建设，以及破坏性"杀价"等浪费现象。这些行业一般要实行政府所有，或公有公营，但是基于市场经济的特点和开展竞争的需要，这些领域内的企业也应该确立自主经营、自负盈亏的竞争主体的性质，而不应是依靠财政拨款，吃国家"大锅饭"。例如铁路、公路等可以实行多层次的政府所有制和混合所有制，以加速其发展和提高效率。要吸取国外在邮电、交通等行业中引入竞争机制的经验，采用主体多元化的公司制和通过某种主体财产权的设计，在这一类行业中实行政府所有、企业化的经营或允许民营。

（三）精神产品领域的主体产权的构建

精神产品指：科技性的技术创造发明、技术诀窍，即科技产品；文学艺术性的产品，包括绘画、诗歌、小说、乐曲等；社会科学的理论创新；教师的教案安排与方法，等等。精神产品并不是一开始就成为生产者的财产。原始人制作的精美的绘画是共同占有的，古希腊的行吟诗人的绝妙的朗诵诗不成为诗人的财产，因为行吟诗人本身是奴隶，是奴隶主的财产。只有在商品经济形态下，在诗作可以出版并在市场销售的条件下，诗歌才成为创作者的财产。可见，商品交换才使精神产品的交换者拥有某种主体财产权。

在发达的市场经济中，有关"专利权""版权"等法律，赋予精神产品的生产者以依法界定的产权，即知识产权。它包括：专利权、版权、商标权、商誉权，等等。知识产权的确立，无疑是现代产权制度的一项重要的创新。其意义是：（1）它通过精神产品的生产者、经营者和持有者的财产权的明确和得到保障，使他们成为市场竞争主体，由此进一步扩大了市场经济的微观基础；（2）它从财产价值的利益机制上有效地激励精神生产者的积极性；（3）借助财产使用的利益机制，促使了精神产品的市场转让；（4）造成一个庞大的从事精神产品生产和经营的产业，包括创作者和从事各类精神产品的市场转让以及营销的企业、中介组织，各种精神产品市场及拍卖企业，传播精神产品的新闻媒体和印刷出版业、音像出版业以及信息产业，等等。总之，有关精神产品的主体产权的构建，促进了精神产品的生产，润滑其市场交换，促使其转化为物质生产力和精神使用价值的更充分的发挥。

为了建立起社会主义市场经济体制，必须赋予和构建起完备的精神产品的主体产权制度。首先需要赋予一切精神产品的主体（包括直接生产者个人，以及组织精神生产的企业、事业单位）以财产权，使其成为市场主体。要改变传统计划体制下精神产品生产者财产权缺损和模糊的状态。这种精神产权缺损和模糊，由于破坏了"产益"机制，严重地挫伤了广大科技人员和知识分子从事创造的积极性；而且，由于主体和产权边界的模糊，堵塞了财产权的市场转让，造成有限的精神产品处在"闲置"状态，而难以转化为物质生产力和发挥其精神使用价值。特别是在传统生产体制下，不可能有从事精神产品生产的组织和经营的企业以及中介组织的产生。人们看到，传统体制下不存在技术市场，也不存在文学、艺术作品的市场交换，从而造成精神产品的经营事业的薄弱和第三产业的难以发展。总之，构建主体产权制度，不仅能大大提高精神产品生产的效率，而且它由此将市场竞争主体引入广阔的精神生产领域，从而能够大大充实和壮大社会主义市场经济的微观基础。

（四）自然资源占用中的产权结构

社会主义市场经济体制要求在自然资源的占用中实行公有财产制度。如像社会主义国家的法律宣布，土地、河流、矿山等，实行国家所有或集体所有制。公有制使这些关系人类生存和发展的自然要素的利用，杜绝了私人垄断及其所固有的种种弊端。随着人口的增长、经济和社会的发展，上述基本自然资源越来越变得匮乏，稀缺性越加突出，因而公有产权制度的意义越发重要：（1）它是在社会主义市场体制下实现分配社会公正的基本保证；（2）它是防止各种滥用行为，合理而有效地利用自然天赐和后天相结合而创造的宝贵资源，形成良好的生态环境和高质量的生活环境以造福于社会成员的重要条件；（3）它是节约使用稀缺自然资源，保持社会可持续发展的重要制度保证。

在实行市场经济条件下，自然资源占用中的社会主义公有制，需要寻找恰当的实现形式。对于那些尚未进入经济开发和现实的生产的潜在的自然资源来说，确立法律上的国家所有制是必要的。但是对于那些业已被各种市场主体所占用和实行市场性经营的自然资源来说，人们就要寻找确立起适应市场性质的主体财产权形式，其核心是要将使用权与所有权相分离和将使用权（包括使用权的转让权）赋予使用者，由此形成一种促使自然资源获得有效率地使用的财产权机制。例如就土地财产权来说，现阶段要在农村中实行家庭承包制形式下的集体所有、农户使用的主体产权结构，这有利于调动广大农民从事市场性的家庭经营和有效地使用土地资源。农村土地集体所有、农户使用的主体产权结构，还要进一步地完善，其趋势是搞好使用权的自主流动和合理的集中。

合理地利用与节约土地、水资源，已经成为世界各国的共同要求。对于人口多、土地人均占有量少的我国来说，节约用地、用水，保护国土资源，就更加重要。特别是在转型期体制下产生的主体的土地盲目占用冲动下，搞好节约用地，保护国土资源，更是关系到经济可持续发展和子孙后代生存的大事。为此，要健全保护国家所有权的行政杠杆，加强中央政府对土地占用和使用的管理。更为重要的是要确立起国有产权的有效实现机制，如实行政府主导的土地使用权的合理定价制以及土地使用权转让的税费制，由此来促使土地的合理使用和抑制土地滥占和滥用。合理地利用和节约水资源，已成为我国经济发展中一个十分迫切的现实问题，有效解决这一问题，也在于探索一种水资源的国有产权的具体形式和实现机制。

解决好后工业社会发展中产生的污染与生态环境的恶化、居民生活质量的下降问题，也属于自然资源的合理使用范畴。土地、水、空气等既然是社会公有财产，每个社会成员就对其拥有平等使用的权利和合理地使用的义务。在上述自然资源越来越稀缺的情况下，维护稀缺的自然资源，维护人类最宝贵的公共财产，防止对公共财产的侵犯，更成为当代公民的职责。因此，人们应该把在使用上述资源中的

"外部性"，即将成本转嫁给他人的行为视为对公有产权的侵犯。不仅仅是那些造成严重公害的将有害气体排入空中，将有毒的工业用水倾入江河等行为，即使是攀折公园中的花木，践踏毁损城市绿地，甚至是在公共场所随地吐痰、扔烟头，都属于对公共环境与公共生存条件的破坏，从而是损害公共财产的行为。因此，在上述资源使用中，确立起公有产权观念和建立起公有产权的有效的实现机制，就是一项重要的改革探索。

着力制度创新　转换企业机制[①]

　　《中共中央关于国有企业改革和发展若干重大问题的决定》（以下简称《决定》）是我国当前国有企业深化改革的行动纲领。《决定》高瞻远瞩，基于跨向21世纪的时代特征、世界政治、经济形势和我国建设有中国特色社会主义要求，进一步阐明了我国国企改革和发展的目标和指导方针。

　　建立社会主义市场体制必须要有适应于这一体制性质的微观基础，这一基础的构筑关键在于国有企业的改革。《决定》再次强调"建立和完善社会主义市场经济体制，最重要的是使国有企业形成适应市场经济要求的管理体制和经营机制"；《决定》强调要通过深化国企改革，"实现公有制与市场经济的有效结合"；《决定》再次从理论上阐述了我国进行国企改革的性质和目标：要使企业能在市场之海中自由游泳，适应市场而运作，又要坚持企业的公有制性质。上述性质和目标，是我国进行国企改革的指导思想，是小平同志所阐述的，也是党的十四大、十五大明确定的，是《决定》再一次加以阐述

---

① 　原载《四川日报》1999年11月23日。

的。从理论上把握和加深对国企改革的性质和目标认识，对于更有成效地进行这一场国企改革攻坚战，是十分必要的。

国有企业要能在市场中自由游泳，适应市场状况变化而灵敏地作出反应，只有不断地自我调整产品结构、企业组织结构，不断地进行科技创新，不断地自我完善，提高自身竞争力，这才是拥有真正企业的行为。真正的企业，一不靠国家减免税利，二不依赖银行，三不等待宏观环境的变化，而是靠企业的自主精神和创新精神。真正的企业是一个自动机，它在利益驱动下，发挥自身的内在的积极性，不靠政府下指标，不靠外力来推动。真正的企业是一个永动机，它追求营利最大化，为此不断地创新、调整、完善，不断增强发展后劲，追求长期的目标，而不是只顾当前上产值，短时期风光一阵子，而不顾今后长远的发展。真正的企业是一个灵敏的"活体"，它充满活力，生气勃勃，能适应市场信号灵敏地作出反应，决策快，调整快，创新快，在市场瞬息万变的情况下能经常使产品适销对路，不断提高自身竞争力，而不是行为僵化，决策程序繁多，行动迟缓，不断丧失时机。

国有企业要做到具有真正的企业行为机制，关键在于体制转换。《决定》再次明确了企业要把"比较完善的现代企业制度"作为改革的目标模式；要对国有大中型企业实行规范的公司制改革，明晰产权，搞好产权主体多元化和公司法人治理结构，确保出资人到位，加强激励机制和约束机制；要探索国有资产管理的有效形式。《决定》为我们指出了适应于市场经济的现代企业，特别是公司制企业的制度结构的主要内容。国有企业改革近20年，不少企业近年也进行了"公司制改组"，但绩效不理想，许多企业困难越来越多，其原因是多方面的，但是根本的原因是制度创新未到位。不少企业"翻牌公司化"，公司产权制度、法人治理结构未能形成，企业或是仍然从属于政府干预，或是从属于内部人控制。上述企业制度转换的不到位，特别是产权制度改革滞后，是新的企业机制未能形成的根本原因。搞好当前国有企业的改革攻坚，应该把制度创新和机制转换作为主要目标。企业由传统国有制到新的市场公有制的转换是一场"致命的飞跃"和深刻的革命，不可能有现成的范本可以照搬。《决定》要求人们解放思想，实事求是，从实际出发，勇于创新，着力于寻找公有制的新的实现形式，和着力于建立有活力的，生气勃勃的市场主体。

只要我们坚持邓小平理论，按照《决定》精神，着眼于企业制度的创新，致力于国有企业真正的、彻底的体制转换，又使企业拥有高素质的经营者，那么，国有经济完全有可能搞活，我国正在进行的公有制与市场经济有效结合的历史性探索的前景也将是十分光明的。

论中国的社会主义产权改革[①]

一、有序地推进经济领域主体财产权的构建，使微观生产单位成为市场主体

市场经济的经济体制结构，包括市场主体结构、市场体系结构、宏观调控结构。构建社会主义市场经济体制，要从构建市场主体结构着手，为此要进行市场主体财产权构建。

主体财产权构建，主要指的是对参与市场生产与交换的企业、农民家庭、从业人员（包括自由职业者），赋予他们以应有的和法定的独立支配使用生产要素和资产的财产权，并享有产益，成为拥有权、利、责的经济实体和市场主体。

我国传统经济体制下表现在企业层面上的根本问题是：政府把资产所有权、经营权、收益权、处置权集于一身，即实行"大一统"的国有制，作为生产活动的直接组织者的企业则没有应有的对资产的支配权和收益占有权，由此成为政府管理机构的附属物和按指令办事

---

① 原载《经济学动态》2009年第7期。

的车间。没有对生产要素与资产的支配权，企业就不能自行掌握人、财、物、产、供、销，也就不可能有生产自主性。特别是没有收益占有、分享权，企业丧失了经济利益激励，就不可能调动职工的积极性。同时，收益权的丧失，也意味着企业不能进行资金自我积累，也就不可能形成自我发展。而没有自身的产权，不享有产益，自然地企业也不为它所从事的生产活动承担责任。

一个没有自身的财产权、不享有产益，也不为自身活动承担经济责任的微观生产组织，是不可能发挥出有效聚合生产要素、组织好生产活动和安排好生产成果分配的功能，更不可能形成对市场作出灵敏迅捷反应、"围绕市场团团转"的企业行为。我国传统体制下国有企业在生产上之所以表现出照章办事、消极被动、活力缺乏、效率低下，如人们所说"成为由政府拨动的算盘珠子"，其根本的和深层的原因，就在于这种国家拥有全权而企业"无权"的企业产权制度。上述情况也表明，我国的国有企业改革，必须走构建企业主体财产权之路，更确切地说，走一条赋予和构建企业财产权，使企业成为真正的市场主体和法人之路。

中国30年的经济体制改革，可以说，是围绕"搞活"直接组织生产的微观组织——包括企业、农民家庭、个体经营者——来开展的。经济体制改革的序幕始于1978年的农村。农村家庭承包制，实行"保证上交国家的，留够集体的，其余都是自己的"，实质上是实行土地的所有权和经营权相分离，在土地集体所有制不变条件下，将经营权赋予承包农户，这也就是构建农户主体土地财产权。我国国有企业的改革，经过了"扩权让利""经营承包""两步利改税"等表层性改革阶段，而进入深层次，即进入公司制改组，这一被称为"转换企业机制"改革的内容就是实行所有权与经营权两权分离，在国有制不变的条件下，把充分的经营权赋予企业，从而是企业主体财产权的构建。此外，20世纪80年代初以来的城乡改革，包括集体企业的从"大集体"中放开、乡镇企业的产生，以及个体、私营企业的发展，等等，也是个体生产者、私有业主和集体等不同性质主体财产权构建的具体形式。可见，从微观生产组织财产权的角度进行考察，那么，我们可以清晰地看出，我国30年经济体制改革过程中贯穿着的微观单位主体财产权构建的脉络。

如果把考察的视野放宽，我们还将看到近年来逐步获得实施和硬化的知识产权法以及允许科技劳动入股，赋予和保障了科技人员的财产权；实行住房商品化后居民拥有了房产权以及土地使用权和从事住房抵押、租赁、出售等权利，特别是物权法实施赋予和保障了居民生活中广泛的个人财产权。可见，我国产权体制改革和创新，还为广大人民群众带来了可以看得见摸得着的丰富而多彩的主体财产权和拓宽了获得财产收益的空间。上述情况更加表明我国经济体制改革在微观层面上带有的主体财产权构建的性质。

二、找到了社会主义制度下构建公有主体财产权的道路

中国产权制度改革中取得的最重大成就是：找到了在公有制基础上构建和明晰微观组织主体财产权的形式和方法。

我国社会主义经济以公有制为主体、国有制经济为主导，这就要求国有企业的产权制度改革，既要使企业成为拥有充分的财产权的市场主体，同时又要保障企业的国有制性质。中国通过积极、勇敢的改革实践探索和理论创新，确定了把股份制作为国有企业改革的主要方向，立足于我国实际和发展公有制的要求来进行国有企业的股份制改

造，找到了一条通过股份制来构建企业产权主体，同时又保持企业国有制性质不变的正确的企业产权改革之路。

国有企业的改革肇始于1979年的四川成渝两地，20世纪80年代以来在实践探索中逐步向前发展，大体上经历了四个阶段：扩权让利；经营承包；两步利改税；转换企业机制，也就是进行企业的公司化改组。第一、第二阶段是国家与企业在管理方式、分配关系上的局部调整，属于表层的改革。在实行租赁、承包制等场合，一方面企业独立经营应有的财产权、产益未能到位，企业对搞好生产应承担的责任也不可能确立。这样，不仅企业未能真正活起来，另一方面却出现了大量企业短期行为，如像在生产中拼设备，营销中搞"一锤子买卖"，损害消费者利益，在收益分配中多留少交，损害国家利益，等等。为了从根本治理上述企业短期行为，促使人们把企业改革推进到深层，这就是80年代中期以来不少地方国有企业进行以建立现代企业制度为目标的股份制改革的原因和客观依据。我国国有企业改革发展进程表明：进行产权制度改革，是社会主义市场经济改革向深层发展固有的要求和不可回避的事。正如人们说：改革深入动产权。

股份公司是一种进行资本联合的企业组织形式。股份公司的所有者表现为作为出资人的股东，所有者的财产权不再表现为所有权、支配使用权、收益权、处置权一体化的"全权"结构，而是由所有者行使选择和监督经营者的权利以及收益权、重大处置权，而将资产的实际支配使用权、收益分享权、部分处置权——我们称之为广义"经营权"，以法人财产权形式赋予企业。股份制是一种所有权与经营权充分地相分离的复杂的现代企业产权结构。作为一种企业组织形式和企业行使财产权的方式，它本身不存在固定的所有制属性，从而，人们也就能将它作为一种有效组织微观生产单位的方法和工具，使其为发展社会主义市场经济服务。

股份制企业拥有保证企业独立自主经营必要的和充分的资产实际支配权、收益分享权、必要处置权的复合权利结构，或权利束，人们称之为法人财产权，在经济学范畴上应称之为现代企业经营财产权。拥有法人财产权的企业，是承担民事责任的法人单位。经过公司制改组的国有企业不仅仅构建了自身的独立的财产权，而且拥有明晰的和硬化的法定财产权，企业真正就成为财产权主体和独立营运的市场主体。此外，企业获得收益分享权和产益，意味着生产有了充分的经济利益激励，也有了进行企业积累和自我发展的内在源泉。此外，作为财产权主体的自负盈亏的机制，以及作为法人的承担更多法定社会责任的机制，使企业有了多种行为约束。上述明晰而充分的财产权利、产益、产责的结构形成，完成了国有企业的市场主体的塑造。与此同时，（1）在法权上企业的所有者仍然是国家。国家通过有关机构——如国资委——承担和履行出资人职责，不仅履行选择经营者的权利，而且制定国有资本使用和营运的重大方针和基本要求；（2）经营者行为要从属于所有者的意志和要求，它为所有者充当资产委托代理人；（3）出资人通过董事会参与公司治理结构，为使企业活动体现所有者意志提供了制度保障；（4）出资人拥有收益权，享有红利分配权，从而掌握着所有权的最核心部分。

股份制企业的公司治理结构，通过股东会、董事会、监事会和总经理的各司其职和职能制衡机制，形成科学决策和有效管理，使企业得以创造良好业绩，提升经济效益，而企业业绩特别是效益则是所有者核心权益之所在。可见，股份公司制产权结构，把所有权与经营权分离和强化企业经营权，不仅没有削弱所有者权益，恰恰相反，倒是更有效地实现所有者权益之途。而对于那些实行国家控股或单一国有股的股份公司，股份制改组，只是体现国有制企业的财产权、益、责具体结构的调整，而不是企业的公有制的性质的变化。

我国国有企业产权制度改革不搞"一刀切"，大中型企业主要实行股份制，国有中小企业则根据具体情况，分别采取租赁制、承包制、股份合作制等形式，或是出售给私人。特别是我国将推进国有企业改革与进行国有经济布局结构的调整相结合，按照社会主义初级阶段基本经济制度的性质和多种经济成分并行发展的要求，以及按照产品性质——充分竞争性产品、公共产品、社会产品——选择主体财产权形式规律的要求，实行了国有资本从一些不具有竞争优势的领域退出，向关系国计民生的行业、领域集中，以及向带有公益性的生产领域——如战略性大生产、环保、科技基础设施——倾斜。其结果是：一方面通过结构调整，使企业做大做强，提升了国有企业的活力、竞争力和影响力；另一方面，它又带来在广阔的产业领域内对社会资本的"放开"和"准入"，促进了立足于多种经济成分的众多微观生产主体的出现和发展。可见，实行国有企业改革与国有经济布局调整相结合，不仅仅更有效地实现了国有企业主体财产权的构建，而且带来了所有制结构的调整，实现了公有制为主体和多种主体和多种经济成分的共同发展。在公有主体和私有主体并存基础上，促使主体财产权结构的更加多样化，出现了个体、合伙、私营、租佃、承包、合作制、股份制等多种主体财产权形式，它意味着人民群众进行自主创业和社会资本进行自主组合的广阔门路得到开启和多种性质市场主体参与竞争的活跃的市场经济格局与态势的形成。

国有企业的产权改革，既要进行使企业成为市场主体所必要的财产权的调整，但又要细心维护企业的社会主义所有制性质，因此这项改革具有高难度和充满风险，产权改革也因此长期困难重重，这项深层改革也因此裹足不前，而1989年后苏东休克式"私有化"改革，更造成了社会主义制度解体。但中国却通过自身敢闯敢干和稳健慎重的实践，走出了一条在公有制基础上进行市场经济的微观产权主体构建的成功之路，由此解决了使市场经济与公有制相兼容的"制度转型的难题"，使我国国企改革闯过了"产权关"，而且更重要的是：把明晰和构建主体产权立足于公有制基础之上。应该说，这是30年中国改革实践中意义最重大、影响最深远的成就。

社会主义产权制度改革，无疑是一项史无前例的新事物，没有成功的经验可以遵循。由于经验不足，以及理论认识准备不足，在"摸着石头过河"的实践中不可能没有缺陷，也会有这样或那样的失误。如一些地方在股份制改组中也出现过"化公为私"和国有资产流失、权钱交易、"官商勾结"等现象。但是，这些改革负效应，并非纯然是由产权改革本身引起，更主要是由于企业改革所需要的各种配套改革的难以跟上，特别是由于政府职能转换和民主政治改革的滞后，以及改革的具体操作不当，更增大了改革顺利推进的困难。尽管有上述问题，但我国产权改革坚持了正确的大方向，国企产权改革不仅没有改变企业的资产的国有制性质，而且它带来了国有企业做大做强和国有经济实力的增强。据有关材料表明，1997年全国国有企业25.4万户，到2007年减少到11.5万户，但国有企业资产总额由1997年的13.9万亿元，增至2007年的35.5万亿元。1998～2007年全国国有亏损企业由163562户减少到2882户，2006年全国国有企业实现利润达1.2万亿元，较之1997年增长了14倍。我国国有大中型企业实现了进一步做大做强，表明国企产权改革是一场取得巨大成功的实践。

三、意义重大的社会主义产权理论创新

中国的微观组织产权制度改革的开展和推进，体现了理论与实践的互动。一方面，共产党自始至终坚持以马克思主义基本理论和邓小平中国特色社会主义理论为指导，为各类微观组织主体进行适应于市场的产权制度的构建指出了正确方向。另一方面，开展和支持基层和企业进行产权改革的实践探索，及时总结实践经验，特别是开展和推动产权的理论研究和学术讨论，集中了理论家的智慧，由此形成了有关财产权的正确理论和进行产权改革的正确政策、措施。30年的产权制度的改革结出了丰硕的理论成果，带来和实现了社会主义产权理论的大发展和大创新。可以大体归结为以下七点：

第一，基于社会主义经济立足于公有制的马克思主义理论和邓小平关于社会主义市场经济的理论阐述，基于发展公有制经济在解放和发展生产力与保证社会公正的要求，中国自始至终将国有企业公有产权主体的构建作为进行国有企业产权改革的目标。坚持了在国家所有权不变的基础上赋予和明晰企业产权方向；提出了和阐述了国有制不变前提下构建现代企业产权制度和塑造公有市场主体的新理论。这一理论成为中国社会主义产权理论的核心和基石，它成为中国进行国有企业产权改革的指针。

第二，结合社会主义市场经济中的财产权的实际，深化了对物的所有权、支配使用权、收益权、处置权等理论范畴的认识，明确了产权（property rights）一词的含义是各类主体对物质资料和其他要素支配、使用、收益的具体形式。而所有权（ownership）一词的含义则是指上述主体财产权具体形式中体现的社会占有关系，是财产权的基本制度。也就是说：财产权是所有制的实现形式和"载体"。上述基本

理论范畴含义得到理清，澄清了那种将财产权等同于所有制的模糊认识，也从根本上解除了将国有企业产权改革等同于实行所有制变革和"私有化"的疑虑。

第三，把马克思的财产权理论应用于社会主义市场经济的新实际，阐述和形成了社会主义公有制企业经营权与所有权相分离的原理，突破与摆脱了企业中将所有权、支配权、利得权、处置权合一的传统大一统国有财产权理论，为进行深度放权于企业的市场化产权改革，提供了理论依据。

第四，基于社会主义市场经济的实际，进一步阐明了国有企业应成为拥有充分的和明晰的产权的法人实体和市场竞争主体的经济学原理和社会主义企业理论，阐明了企业应进行自主经营、自负盈亏，政府不直接干预微观活动，彻底突破和摆脱了政企不分，政府对企业活动大包大揽的传统企业理论，由此指出了一条把企业产权主体构建和政府职能转换相结合的深化改革的途径。

第五，明确了个体、合伙、承包、租佃、公司制，包括股份公司等主体财产权形式是市场经济中主体财产权的一般形式，而不是资本主义制度的特有形式，人们可以利用这些具体的主体财产权形式来为构建社会主义市场经济的微观主体服务。

第六，把国家控股的股权多元化的公司企业作为构建公有主体财产权的主要形式，找到了使企业主体财产权构建立足于国有制基础之上的产权改革的具体道路。特别是党的十五大使用的公有制实现形式的范畴和作出的有关公有制有多种实现形式的论题，使人们获得了正确认识微观单位（及个人）财产权性质的方法，为开展进行各种各样的公有主体财产权构建，扫除了思想认识障碍。

第七，基于社会主义基本经济制度和社会主义初级阶段多种经济成分并存和共同发展的理论，明确了社会主义市场经济条件下要进行多种性质和众多具体形式的主体财产权的构建，除了多类别的公有制主体财产权外，还包括非公有制的多类主体财产权以及个人财产权。由此明确了多种性质不同的财产主体和市场主体的形成，是当前我国产权制度构建的重要任务。

有关财产权的上述七个方面的理论创新涉及社会主义条件下产权制度改革的目标和主要任务、性质、中心环节、改革的方法、途径等。上述问题是我国开展产权改革面对的最重大的理论问题。中国共产党对上述重大问题，予以了马克思主义的理论阐明。上述有关理论，可以说，形成了中国社会主义产权理论基础。

四、推进和搞好新时期的产权制度，改革为进一步发展和完善市场主体结构夯实制度基础

当前我国进入了发展和全面改革的新时期，党中央提出了科学发展、以人为本和建设社会主义和谐社会的新理念，党的十七大制定了新时期建设全面小康社会和推进经济、社会、政治、文化改革的方针、政策。发展是硬道理，改革是发展的动力。构建社会主义市场经济的经济改革，仍是改革的核心，而进一步深化和发展产权制度改革，仍是经济体制改革中的重头戏。在新时期，为了构建更加完整和完善的社会主义市场体制，我们应该按照党中央的要求，继续推进和进一步搞好新一轮的产权制度改革和主体财产权的构建。

（一）深化和全面推进国有企业产权制度改革

我国国有企业已经实行了公司制改造，但是要真正确立起现代产

权制度，并使之立足于我国国情，还面对着许多挑战。特别要解决好许多企业中存在的"所有者虚置"和"经营者越位"问题，以及近来又有所抬头的政府干预现象。在当前，要进一步深化国有企业产权制度的改革，搞好和完善法人治理结构，切实落实法人财产权；同时，要大力推进政府的职能转换，切实做好"政企分开"，使企业真正成为独立的产权主体和生气勃勃的市场主体。

（二）推进全面的主体产权构建

进一步的经济市场化是新时期的特征。适应于经济更广泛领域市场化发展的要求，要在面上推进微观单位（以及个人）主体产权的构建。（1）当前社会资本不断深入农村，多种多样的新合作制、新股份制、新集体制经济组织形式不断涌入，这就要求理顺产权关系，构建起稳定的产权制度，使这些农村经济组织进一步成为拥有凝聚力和内在活力的市场主体。（2）适应于以企业为主体和动员广大科技人员进行科技创新，要大力落实知识产权，使新技术、新发明创造者成为能切实享有权益的产权主体。（3）适应于当前文化产业的发展，要大力推进文化体制改革，通过公司制改组和产权制度构建，创造出适应市场进行文化生产的、充满活力的市场主体。还要认真完善文化、知识产权制度，切实维护独立文化工作者——音乐作曲人，歌词、剧本写作人等——以及网络文化创作者的知识产权，由此激励群众性的独立文化生产。（4）适应于社会建设和改革的要求，当前多种多样的提供公益性产品和社会服务的微观单位正在涌现，按照公共产品提供最大化和成本最小的原则和单位的具体情况，搞好产权制度构建就十分必要。（5）适应于资源节约、环境保护和节能减排的要求，搞好自然资源使用中的产权制度安排，也是当前须做好的新工作。

（三）统筹城乡的大政，启动我国第二轮农村改革

土地是农村最重要的生产资源，在市场体制下实行和搞好土地经营权的流转，能够在使用价值形态上将零散的"小农地"转变为规模化经营的"大农场"；同时能够在价值形式上将不具有价值的"自然土地"转变为拥有交换价值和能提供级差收益的经济资源，从而有力促进规模化、集约化、现代农业和多样化农村商品经营的发展，增强农村内在积累能力，加快农村公共（居民点、村、镇）建设和社会事业的发展，特别是它将为我国农民开拓一项财产性收入。因而，按照农村土地集体所有制的性质和根据各地具体情况和农村发展的要求，通过对土地产权流转的全盘科学设计，做好产权流转主体的明晰、主体土地产权的界定以及土地流转市场的构建、土地流转原则的制定，形成农民自主、政府规制的有序的产权流转，已成为当前农村产权改革的重中之重。

（四）进行规范化的主体产权制度的建设

新时期的企业、个人以及事业单位的财产权的构建，要着眼于规范化。当前需要进一步确立市场经济中规范化的微观单位（企业以及个人）产权制度，构建和完善有关财产权法律，确立法制界定的主体财产权限，规制主体行使财产权的行为，建立起对主体的财产权扩张活动的多方面制度约束，由此来保证立足主体财产权的市场经济运行有序和社会生活的有序。

（五）不断完善主体财产权结构，发展和完善社会主义生产关系

可以通过各类公有主体产权结构的完善，来实现公有制的发展和完善。如在国有企业中通过股份制的完善，实行国家控股的多元化股权结构，发展职工持股，特别是搞好包括经理人、职工在内的收入分

配，纠正少数企业经理人索取不合理高薪的现象，使改制后的企业，更加体现公有制性质。立足于股份制产权制度的混合所有制，是我国发展社会主义公有制的重要载体，完善股份制产权结构，通过对多种行业的众多的股份制企业——包括私人控股企业——渗入国家股，发展混合所有制，可以使这些企业体现公有制因素，实现公有资本与私有资本的"对接"和"共融"。

可见，借助进一步完善企业主体产权结构，特别是通过股权多元化的主体产权结构的完善，通过企业内公有股的渗入，国有股权、劳动股权的增强，特别是通过企业内的"产益"的分配，即国民收入初次分配的调整和国家对企业上缴税利，即总体的"企业产益"的调整，即国民收入再分配，这样就能实现企业范围内的和国民经济整体范围内的收益分配关系的调整。这种现实的分配关系的调整，由于更充分体现劳动者权益，实际上体现了社会主义生产关系的发展和社会公有制的完善。在社会主义条件下，有着通过微观组织主体财产权的完善来推进公有制完善和发展的很大空间。

我国正在开展中的产权制度——企业、科技、文化以及农村土地产权制度——的改革，一方面旨在使众多微观单位成为市场主体以增强经济活力；另一方面，我国经济改革的目标是社会主义市场体制，我国国有经济以及农村经济中市场主体财产权的构建，都是立足于公有制之上，因此，产权改革要体现所有制的要求，而不能采取财产权"一放了之"的方法。而更主要的是要搞好各种权、益、责在不同当事人中的配置和组合，特别是在当前农村土地流转中，要切实搞好强化"农民私人产权"和维护好"集体公有产权"的结合。我国产权改革面对着许多难关。因而，顺利推进我国新时期产权改革，既要靠大胆而稳健的实践探索，更重要的是深化对社会主义产权的理论研究。

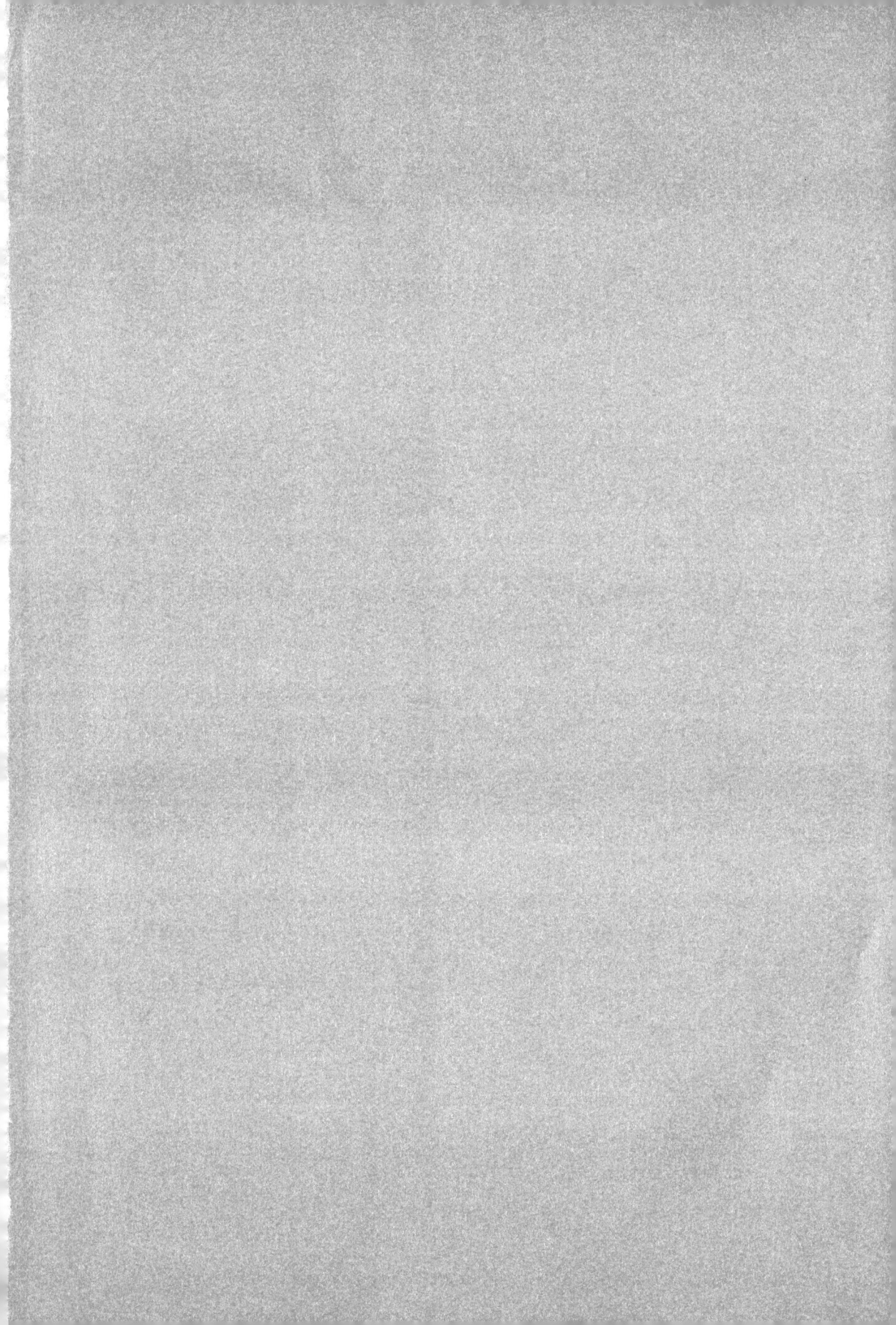